KB232206

꿈을 찾아 떠난
젊은이들

※ 이 책은 한국언론재단의 연구저술 지원으로 출판되었습니다.

꿈_을 찾아 떠난 젊은이들

이강렬 지음

황소자리

불혹의 40대, 지천명의 50줄을 넘어선 이 땅의 아비들 소원을 들어보면 대체로 두 가지다. 하나는 '건강하고 안락한 노후'이고, 다른 하나는 '성공한 자녀교육'이다. 30년 가까이 가난한 딸깍발이 신문기자를 하면서 안락한 노후에 대한 꿈은 접은 지 오래다. 그러나 결코 포기하고 싶지 않은 것이 있으니 그것은 '성공한 자녀교육'이다.

국민소득 100달러가 겨우 넘던 1960년대, 시골에서 초등학교 교장을 지내신 필자의 선친은 경제적 어려움에도 불구하고 자식들을 도회지로 보내 교육시키셨다. 필자가 철나고 들은 이야기지만 부모님은 한 달 월급을 타서 자식들에게 학비와 생활비를 보내고 나면 거의 가용할 돈이 없어 극히 고단한 삶을 사셨던 모양이다. 그분들의 가없는 희생 덕에 자식들은 오늘날 못 배웠다는 소리는 듣지 않으며 살고 있다.

일본인들이 좋아하는 비단잉어 '코이'는 환경에 따라 크기가 달라지는 재미있는 물고기다. 치어를 어항에서 기르면 다 자랐을 때 크기가 8센티미터 가량이다. 그런데 이 고기를 조금 큰 연못에서 키우면 20센티미터까지 자란다. 큰 강이나 호수에서는 1미터까지 큰다. 곧 환경이 이 물고기의 크기를 결정한다는 것이다.

필자는 딸과 아들, 두 아이를 두었다. 어릴 적 교육에 열정이셨던 부모님의 영향을 받아서인지 아이들에게 어렸을 때부터 한국이라는 '작은 나라'에 머물지 말고 더 넓은 세상에 나가라고 가르쳐왔다. 아이들도 자연스레 부모의 뜻을 받아들여 지금 둘 다 미국에서 공부하고 있다.

첫째 아이는 서울 가락고등학교 1학년 때 미국 교환학생으로 가서 사우스캐롤라이나의 로우컨추리데이스쿨을 졸업한 뒤 아이오와 주 대표 주립대학인 아이오와 대학교에 다니고 있다.

둘째는 한국과학영재학교를 다니다 2학년 때 캐나다 뉴펀들랜드에 있는 엘우드 하이스쿨을 거쳐 미국 아칸소 주에 있는 수비아코에 재학 중이다.

필자는 두 아이를 모두 유학원의 힘을 빌리지 않고 손수 보냈다. 아이들을 미국에서 공부시킨 경험을 토대로 지난 2005년 12월, 《가난한 아빠, 미국에서 아이 공부시키기》란 책을 출간했다. 가난한 월급쟁이 아빠가 두 아이를 미국에서 공부시키며 겪는 고민과 함께 적은 비용으로 아이들을 공부시킬 수 있었던 경험을 공유하고자 하는 마음에서였다. 책이 출간된 이후 지금까지 참으로 많은 가난한 아빠와 엄마들이 큰 도움이 됐다며 감사의 마음을 보내주셨다.

그러던 차에 '성공한 자녀교육'에 대한 열망이 지금 우리만의 것이 아니라 먼 옛날 우리 조상들도 같았을 것이라는 생각에 이르렀고, 역사적으로 '유학'이 어떻게 진행됐을까 호기심을 갖게 되었다. 관련 서적과 자료들을 접하다가 우리나라 최초 조기유학생인 고운 최치원 선생의 아버지 최견일 공의 이야기를 읽었다. 1,100여 년 전 그는 12살 어린 아들을 당나라에 유학보내며 "10년 공부하여 과거에 합격하지 못하면 나의 아들이라 하지 않을 것이다."라고 말했다. 고운 선생은 아버지의 뜻을 저버리지 않고 유학 6년 만에 당나라 빈공진사과에 장원으로 합격했다.

우연한 기회에 필자를 통해 고운 선생의 이야기를 전해들은 황소자리 지평님 사장이 이런 감동적인 유학 이야기들을 엮어 책을 내자고 제의해왔다. 곧바로 집필을 시작해 일년여 만에 정리를 마쳤다. 더욱이 한국언론재단에서 2007년 언론인 연구저술 지원 대상자로 선정해주어서 개인적으로 영광이 아닐 수 없다.

그간 필자의 졸저 세 권 모두 황소자리 지평님 사장의 배려로 빛을 보게 되었는데 이번에도 은혜를 입었다. 다시 한 번 감사의 마음을 전한다.

이 책은 미국에서 여러 가지 어려움에노 물구하고 미래의 희망으로 커가고 있는 이슬, 이삭 두 아이와 경제적 어려움에도 필자와 함께 '성공한 자녀교육의 꿈'을 키우고 있는 사랑하는 아내 김영미에게 바친다. 더불어 자신의 살을 먹이로 내주는 우렁이처럼 헌신적으로 자식들을 키우는 이 땅의 '가난한 아빠 엄마들'에게 이 책을 헌정

한다. 황소자리 김재균 부장과 직원들, 그리고 꼼꼼히 교열을 봐준
이병갑 〈국민일보〉 교열부장에게도 깊은 감사를 드린다.

2007년 겨울, 이강렬

2부: 한국 유학사留學史

13 | 한국 파워 엘리트로 성장한 유학파 • 288

1부_

고난은 성공을 약속한다

01

한국사 최초 조기유학생 _ 최치원

"10년 안에 과거에 합격 못하면 아비라 부르지 마라."

서기 884년 8월 어느날, 최치원은 이역만리 당나라 땅에서 사촌동생 최서원을 만난다. 당나라 사절의 신분으로 신라에 가는 자신을 맞이하기 위해 신라 조정이 사신(신라국입회남사新羅國入淮南使)을 파견할 때 동행한 것이다. 15년 만에 만나는 혈육이었다. 최치원은 최서원을 통해 건강이 급격히 나빠진 아버지의 소식을 전해듣고 하루라도 빨리 배를 띄워 신라로 돌아가고자 했다.

앞가림도 제대로 못하는 12살 어린 나이에 조각배에 몸을 싣고 당나라로 온 지 16년, 꿈속에서라도 만나보고 싶던 아버지에 대한 그리움이 절절했다. 코흘리개 어린 소년에서 27세 건장한 청년으로 자란 최치원. 그의 가슴 속 저 깊은 곳으로부터 울컥 뜨거움이 솟아올랐다. 누르면 누를수록 튀어오르는 용수철처럼, 화선지에 번지는 먹물처럼 부모님과 고향에 대한 아련한 그리움이 커졌다.

최치원은 사촌동생으로부터 아버지 건강이 아주 좋지 않으며, 타국에 있는 아들을 몹시 보고 싶어한다는 소식을 들었다. 치원은 천지신명에게 기도했다. "제가 서라벌에 도착할 때까지만이라도 아버님을 지켜주십시오."

그날 저녁, 최치원은 밤늦도록 잠을 이루지 못했다. 고향을 떠나 중국으로 향하던 당시 모습이 생각나서였다. 그때 아버지는 자신이 탄 배가 수평선 너머 한 점으로 변할 때까지 손을 흔드셨고, 멀어져가는 아버지를 뱃머리에서 바라보며 자신은 끝없이 눈물을 훔쳤다. 오랜 뒤척임 속에 새벽녘 잠든 최치원은 꿈속에서 수천 리 밖 고향 길을 달려가고 있었다.

최치원이 아버지 손을 잡고 서라벌에서 지금의 전라도 영산포까지 10여 일을 걸어와 중국행 배를 탄 것은 869년. 12살 소년이 걷기에는 다소 먼 길이었으나 그는 불평 한 마디 없이 아버지 뒤를 따랐다. 중국으로 떠나기 전 아들과 함께한 많은 시간 동안 아버지 최견일은 아들에게 왜 중국에 유학을 가야 하며, 객지에서 어떻게 어려움을 극복해야 하는지 가르쳤다. 아버지는 또한 기울어져가는 신라의 정세에 대해서도 아들이 쉽게 이해할 수 있도록 설명했다. 총명한 치원은 아버지의 말을 한 마디도 놓치지 않고 깊이 가슴에 새겼다.

제가 열두 살에 집을 떠나 서쪽으로 가려고 배를 탈 때였습니다. 돌아가신 아버지께서 말씀하시길 "10년 공부하여 과거에 합격하지 못하면 나의 아들이라 하지 않을 것이며 나 또한 아들을 두었다 하지 않을 것이다. 가거든 부지런히 힘써 나태하지 말고 노력해라" 하셨습니다.

역사적으로 훌륭한 인물 뒤에는 반드시 어머니가 있었다. 지금도 그렇지만 예전에 자녀교육은 어머니의 몫이었다. '맹모삼천지교孟母三遷之敎'와 '맹모단기孟母斷機' 고사를 만들어낸 맹자 어머니, 공부에 자만한 아들 석봉을 불러 떡 썰기와 글씨 쓰기 시합으로 아들의 나태를 꾸짖은 한석봉 어머니, 율곡 이이를 키운 신사임당의 이야기가 그렇다. 그러나 최치원의 경우, 어머니에 대한 기록은 찾을 수 없다. 최견일은 유학이 흔해진 요즘 기준으로 봐도 대단한 아버지임에 틀림없다. 어린 아들을 중국에 보내면서 10년 안에 과거에 합격하지 않으면 아들이라 하지 않겠다고 단호하게 말하는 아버지의 모습에서 아들에 대한 기대가 얼마나 컸는지 읽을 수 있다.

저는 아버지의 엄훈을 마음에 깊이 새겨 게으름을 피우지 않았습니다. 쉴새없이 노력했으며 오로지 아버지의 뜻을 받들고자 노력했습니다. 남이 100번 해 이루면 저는 1,000번을 해서 유학온 지 6년 만에 이름을 올리게 되었습니다.

최치원은 당나라 수도 장안에 설치된 국자감에서 학업을 연마했다.

여기서 최치원이 신라에서 그 먼 길을 마다 않고 당나라로 유학을 떠나게 된 역사적 배경을 설명하고 넘어가는 게 좋겠다.

당 태종 이세민은 즉위 14년 되던 서기 640년에 국자감을 확장했다. 국자감의 공부방(학사)을 1,200칸으로 대폭 늘려 학생들을 받아들이도록 한 것이다. 학생 수는 3,260명이었다. 현재 한국의 어지간한 종합대학보다 큰 규모다. 학문 진흥이 국가 발전의 지름길이라고 생각한 태종의 구상이 반영됐다. 그는 천하에 이름난 유학자들을 국

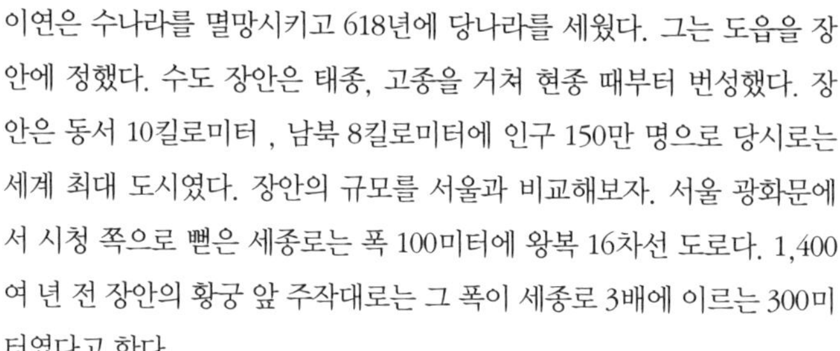

당나라 수도 장안

이연은 수나라를 멸망시키고 618년에 당나라를 세웠다. 그는 도읍을 장안에 정했다. 수도 장안은 태종, 고종을 거쳐 현종 때부터 번성했다. 장안은 동서 10킬로미터 , 남북 8킬로미터에 인구 150만 명으로 당시로는 세계 최대 도시였다. 장안의 규모를 서울과 비교해보자. 서울 광화문에서 시청 쪽으로 뻗은 세종로는 폭 100미터에 왕복 16차선 도로다. 1,400여 년 전 장안의 황궁 앞 주작대로는 그 폭이 세종로 3배에 이르는 300미터였다고 한다.

로마와 함께 당시 세계 최대의 국제도시였던 장안에는 각 나라에서 온 상인은 물론 유학생들로 북적였다. 기록에 따르면 이곳에 머문 외국 사신들 수가 약 4,000명에 이르렀다고 한다. 장안은 지금 산시성陝西省 성도省都인 시안西安이다. 역사적으로도 주周, 진秦, 한漢, 당唐나라의 수도였으며 서역으로 통하는 비단길(실크로드)이 이곳에서 시작된다. 진시황제의 무덤인 병마용이 있는 곳으로도 유명하다.

자감에 대거 초빙하여 학생들을 가르치게 했다.

이 시절부터 신라는 본격적으로 당나라에 유학생을 보내기 시작했
다. 물론 고구려와 일본은 당나라 이전 수나라 때에도 중국에 유학생
을 보냈다는 기록이 나온다. 당시 신라는 한반도 남동쪽에 치우친 보
잘것없는 소국이었다. 중국 산시성의 시안 역사박물관 내 지하 전시
관을 구경하다 보면 당나라 시절 고분 벽화를 옮겨다놓은 방이 있다.
그 방의 끝부분에 가면 머리에 꿩 깃털을 꽂은 인물들이 보인다. 바
로 신라 사신들이다.

그렇다면 얼마나 많은 신라 젊은이들이 당나라 유학을 떠났을까?
기록들을 보면 신라 41대 헌덕왕 17년(825년)에 왕자 김흔을 당나라
에 사신으로 보내면서 귀족 자제 12명을 함께 보냈다. 헌덕왕은 당나
라 선종에게 이들을 국비 장학생으로 받아줄 것을 요청해 허락을 받
았다.

> 왕자 김흔을 당나라로 보내 상주하기를, '먼저 대학에 재학했던 최
> 이정, 김숙정, 박계업 등을 신라로 돌려보내기를 청하며 새로 조정에
> 도착한 김윤부, 김입지, 박양지 등 12인이 머물러 숙위할 것을 청합니
> 다. 거듭 청하건대 국자감에 배속하여 학업을 익히게 하고 홍려시가
> 양식을 공급하게 해주십시오.' 라고 하니 황제가 이를 따랐다.

| 《삼국사기》 중에서 |

문성왕 2년(840년)에는 당나라에 유학간 신라인 105명이 한꺼번에

귀국했다는 기록이 《삼국사기》에 나오는 것으로 보아 후대로 갈수록 유학생 수가 늘어났음을 알 수 있다. 오늘날 우리나라에 불고 있는 조기유학 바람 못지않았던 것으로 보인다.

최치원은 자비 유학생이었다

앞서도 이야기했지만 최치원이 유학을 떠날 때쯤 이미 신라 귀족들 사이에서는 자녀들을 당나라로 유학보내는 것이 보편적이었다. 더욱이 최치원 같은 천재 아들을 둔 아버지로서야 아들에게 선진 학문을 가르치고 싶었던 것이 당연하다. "최치원이 네 살 때 글을 배우기 시작해 열 살 때 사서삼경을 두루 읽었다."는 기록이 있을 정도다. 그렇게 영민한 최치원이었지만 신라 국비로 유학을 했다는 기록은 없다. 여러 정황으로 볼 때 최치원은 자비로 유학을 떠났을 가능성이 높다.

최치원보다 훨씬 전인 서기 804년에도 자비 유학생에 관한 기록이 있다. 하급귀족 출신의 진감선사 혜소는 사신이 탄 배에 동승하려 했으나 태워주지 않자 그 배의 노꾼이 되기를 자청해 당나라로 갔다고 기록돼 있다. 노꾼이 되어 중국 유학을 떠났던 혜소에 비해 최치원은 6두품 귀족인 아버지의 뒷받침으로 비교적 풍요롭게 중국 유학을 떠날 수 있었다.

최치원의 아버지 최견일은 당시 임금이 각별한 관심을 갖던 숭복사 건립에 참여했었다. 따라서 최치원이 다른 견당유학생처럼 적령기에 유학을 떠나고자 했다면 나라가 책값을 대는 국비 유학생으로 선발되는 데 별 문제가 없었을 것으로 보인다. 그러나 만 11세의 어린 나이에 경쟁이 치열한 국비 유학생 시험에 도전하기는 쉽지 않았을 것이다. 또 그 나이라면 아예 선발조건에 미달됐으리라는 시각도 있

견당遣唐유학생

신라가 당나라와 교류를 시작한 것은 당 태종 때부터다. 신라 진덕여왕 2년인 648년, 후에 태종 무열왕이 되는 김춘추는 당나라에 가서 태종에게 신라와 당이 연합해 고구려를 치자고 제의한다. 이때 함께 데리고 간 셋째 아들 김문왕金文汪을 숙위로 남겨놓는다. 이후 김춘추는 김문왕을 불러들이고 대신 둘째인 김인문金仁問을 보냈다. 숙위라 함은 당나라에 인접해 있는 국가의 왕자들이 당나라 황궁에 머무르면서 황제를 호위하던 의장대를 말한다. 당초에는 인근 국가들이 반란을 일으키지 못하도록 왕자나 인척을 인질로 삼는 성격이 짙었으나 당나라와 신라 관계에서 '숙위' 는 외교에 문화적 의미가 가미된 복합적인 형태의 '인질' 이었다고 할 수 있다.

처음에는 신라 왕자들만 숙위를 설 수 있었으나 귀족 자제들도 가길 원해 확대됐다. 신라 숙위 왕자들의 당나라 유학이 시작된 지 80년 후인 728년, 성덕왕은 당 현종에게 신라 귀족들도 숙위학생으로 당나라에서 공부할 수 있도록 해달라고 요청했다. 현종이 이를 받아들여 이때부터 신라 귀족 자제들이 본격적으로 딩니리에 가서 유학하게 되었다. 성덕왕이 열어놓은 당나라 유학길은 신라 귀족 자제들이 출세하는 지름길이었다. 귀족 자제들은 당나라 유학을 떠나면 예외 없이 국자감에서 공부를 했고, 귀국한 뒤에는 대부분 조정 고위직에 올랐다.

다. 최치원은 처음부터 국비 유학생 선발에 참여하지 않고 바로 사비 유학을 떠났을 가능성이 크다. 최견일로서는 천재 아들을 확실한 보장이 없는 국비 유학생 선발 때까지 기다리게 할 수 없었을 것이다.

앞서도 설명했듯이 최견일은 6두품 관리였다. 6두품은 상급 지배계층이긴 하나 진골에 비해서는 관직 진출 및 신분상의 제약이 따랐다. 그러나 그는 시대를 읽는 감각이 있었고, 특히 자녀교육에 남다른 관심을 가졌다. 그는 신분사회의 한계를 극복하기 어렵다는 것, 천재적 자질을 타고난 아들을 신라에서 키워서는 크게 출세시킬 수 없다는 것을 깨달았다. 6두품이 진골과 같은 지배계급으로 올라서는 데는 당나라에서 과거에 급제하는 것이 첩경이었다. 당나라 황제의 권위를 빌려 신라의 고위직으로 나아가는 것이다.

일엽편주로 서해를 건너다

열두 살 최치원이 중국 유학을 위해 아버지와 이별하고 배에 올랐던 곳은 어디였을까? 요즘 외국 유학을 떠나는 학생들은 인천국제공항에서 부모와 이별하지만 1,100여 년 전 사정은 많이 달랐다. 그가 당나라로 떠난 869년은 발해가 대동강 이북부터 만주의 드넓은 벌판까지 장악해 강력한 독립국가를 형성하고 있었기 때문에 육로로 중국에 가는 것은 사실상 불가능했다. 따라서 신라의 당나라 유학생 즉, 견당유학생들은 대부분 배로 서해를 건너야 했다.

하지만 김춘추가 진덕여왕 2년(648년)에 아들 김문왕을 당나라에 숙위학생으로 두고 올 때만 해도 백제가 지금의 호남 지역을 장악하고 있었기 때문에 서해안에서 배를 탈 수 없었다. 삼국시대 때 당나라로 향하는 전초기지는 당항성이었다. 지금 행정구역으로는 경기도 화성시 구봉산九峰山 위에 있는 삼국시대의 석축 산성이다. 원래는 백제 땅이었으나 후에 고구려가 점령하고, 최후에는 신라가 이 땅을 차지했다. 신라는 이곳을 당나라 교역의 관문으로 이용했으며 신라 말기에는 완도의 청해진, 강화의 혈구진과 더불어 이곳을 해군의 주요 근거지로 삼았다.

통일신라 이후에는 많은 유학생들이 이곳을 통해 중국으로 떠났다. 그러면 최치원도 서라벌, 지금의 경주에서 경기도 화성 당항성까지 가서 배를 탔을까?

앞서 언급한 것처럼 초기에는 신라가 바다를 장악하지 못했기 때문에 견당유학생들은 사신들이 타는 사행선단使行船團(사신을 태우고 떠나는 여러 척의 배)에 동승하여 가는 방법이 유일했다.

해상왕 장보고가 828년(흥덕왕 3년) 완도에 청해진을 설치한 이후 841년 염장에 의해 살해되고 청해진이 완전 해체되는 851년까지 23년 동안 한반도의 제해권은 신라에 있었다. 따라서 이 시기 유학생들은 초기 사행선단에 동승하던 것과 달리 자유로이 신라의 상선을 이용해 바다를 건넜을 것으로 추측된다. 장보고가 죽기 일년 전인 840년(문성왕 2년) 당에 유숙하고 있던 신라 유학생 105명이 한꺼번에 귀국했다는 기록은, 유학생의 내왕이 자유로웠던 당시 분위기를 짐작케 한다.

장보고 사후 청해진이 무너지고 신라가 제해권을 상실하자 문성왕은 청해진 세력들을 육지로 이주시켜 농사를 짓게 했다. 그러나 제해권을 잃은 뒤 많은 어려움이 발생하자 문성왕은 청해진 뱃사람들을 다시 불러들여 바다 일을 시켰다고 한다. 따라서 이 시기는 과거만큼 해상 장악력을 갖지는 못했지만 어느 정도 영향력은 행사했던 것으로 보인다.

장보고

8세기 말 통일신라 시절 남해 완도 부근의 섬에서 출생했다. 다른 이름은 궁복弓福 궁파弓巴다. 장보고는 805년경 후배인 정년과 함께 당으로 건너가 장쑤성 서주徐州의 무령군 절도사 이원 휘하로 들어가 활동을 했다. 그는 당시 산둥성 일대의 평로치청 절도사 이정기의 난을 진압하는 데 공을 세웠다. 이후 신라로 돌아와 해적들의 인신매매를 근절시키려고 해로의 요충지 청해에 진을 설치하고 청해진 대사淸海鎭大使로 해적을 완전 소탕했다.

837년(희강왕 3년) 왕위계승 다툼에서 밀려난 우징祐徵·신무왕이 청해진에 오자 이듬해 우징과 함께 반란을 일으켜 839년 민애왕閔哀王을 죽이고 우징을 왕위에 오르게 하여 감의군사感義軍使가 되었다. 신무왕이 죽고 문성왕文聖王이 즉위하자 진해장군鎭海將軍이 되었다. 840년(문성왕 2년) 일본에 무역사절을, 당나라에 견당매물사遣唐賣物使를 보내어 삼각무역을 했다. 845년(문성왕 7년) 딸을 왕의 차비次妃로 보내려 했으나 군신들의 반대로 좌절되었다. 846년(문성왕 8년) 그의 세력에 불안을 느낀 조정에서 자객 염장閻長을 보내 살해했다.

간송미술관 최완수 연구실장이 쓴 논문들을 보면 청해진 선단의 편의를 제공받고 당나라에서 공부했던 불교의 유학승과 유학생들이 장보고가 피살된 후 청해진 세력 재건에 노력했다고 한다. 특히 역사학자들은 서해안 일대에서 군사권을 장악했던 인물들의 벼슬 이름으로 보아 그들이 당나라 유학생 출신이었을 것으로 보고 있다. 따라서 당나라 유학생들은 그 이후에도 지금의 전남 완도 지역과 영산포 부근의 회진會津 등을 이용해 당나라로 떠났을 가능성이 크다. 이로 미루어 어린 최치원이 배를 타러 갔던 곳은 당항성보다는 전라남도 영산포 부근이었을 가능성이 높다.

耳故其文集有上大師侍中狀云.伏聞東海之外有三國其名馬韓卞韓辰韓馬韓則高麗卞韓則百濟辰韓則新羅也高麗百濟全盛之時強兵百萬南侵吳越北撓幽燕齊魯為中國巨蠹隋皇失馭由於征遼貞觀中我唐太宗皇帝親統六軍渡海恭行天罰高麗畏威請和文皇受降廻蹕此際我武烈大王請以犬馬之誠助

《삼국사기》 최치원전 중 일부.

최치원은 왕경인 서라벌 사량부 출신으로 겨우 12세 때인 경문왕 8년(868년)에 해박海舶(바닷배)을 따라 당나라로 유학을 떠났다.

| 《삼국사기》 중에서 |

학자들은 ‘해박’이 ‘바다 배’라는 뜻으로 사신이 탔던 사행선단과는 구별된다고 해석한다. 즉 사신들을 따라서 중국에 간 것이 아니라

민간 선박인 상선을 이용해 중국에 갔다는 이야기다.

그렇다면 최치원이 타고 간 배는 얼마나 컸을까? 신라시대의 배가 발굴된 적이 없어 그 크기를 알 수 없지만 최근 중국 산둥성에서 발굴된 고려시대 배들을 보면 신라시대 선박이 어떠했을지를 미루어 짐작할 수 있다.

중국 산둥성 펑라이시 내항에서 최근 발굴된 배는 14세기 후반 고려 화물선으로 추정된다. 최치원이 활동하던 시기보다 400여 년 뒤의 것이다. 선박 건조 기술의 발전을 고려할 때 최치원이 탔던 배와는 비교할 수 없을 만큼 커졌다고 볼 수 있다. 발굴된 배의 전체 길이는 23~28미터이고, 폭은 6.2미터이다. 전문가들이 추정해보니 160톤 정도 된다고 한다. 요즘 서해 연안의 고깃배만하다.

최치원은 이보다 훨씬 작은 배에 올라 목숨을 걸고 망망대해를 건넌 것이다. 당시 당나라로 가던 신라 사신의 배가 폭풍으로 침몰한 기록들도 나온다. 지금이야 인천항에서 여객선을 타고 산둥성까지 가는 데 14~16시간 정도 걸리지만 당시에는 서라벌을 떠나 양저우까지 가자면 빨라야 3~4개월, 많이 걸리면 5~6개월이 소요되었다.

어린 최치원이 조각배를 타고 중국 땅을 밟은 곳은 지금의 장쑤성江蘇省 양저우揚州 시다. 지금은 깊숙한 내륙 도시지만 신라 유학생들이 오가던 시기에는 양쯔강 가의 항구였다. 양저우 시에 있는 당성유지 박물관 내 최치원 사료관의 자료를 보면 신라시대 양저우가 항구였다는 기록이 남아 있다. 지금은 아주 깊숙한 내륙 도시인데 당시는 양자강의 포구였다니 이런 것을 상전벽해라고 하는지 모르겠다. 지금은 상하이가 최대 관문 도시지만 당나라 시기에는 양저우가 중국으로 들어가는 관문이었다. 당나라 때 출입국관리소는 장안, 광저우, 양저우 세 곳에 있었다. 수도 장안은 실크로드를 타고 들어오는 서역인들의 출입을 관리했고, 광저우는 베트남과 태국 등 동남아시아 사람들을, 그리고 양저우는 한반도의 삼국과 일본, 오키나와 열도에서 들어오는 외국인들의 출입을 관리했다. 중국 산둥성 쪽에서 활동했던 신라 장보고도 양저우를 통해 입국했다는 기록이 중국에 남아 있다. 따라서 당나라 때 고구려, 신라, 백제 사람들은 거의 모두 양저우를 거쳐 중국에 들어갔다고 보면 된다.

유학 6년 만에 빈공진사과 장원급제

10년 넘게 공부를 해도 빈공진사과에 합격하지 못하는 이가 부지기수였던 상황에서 최치원은 유학을 간 지 6년여 만에 빈공진사과에 그것도 장원으로 합격을 한다.

> 치원이 당나라에 이르러 스승을 좇아 학문을 배우기에 게을리하지 않았다.
>
> | 《삼국사기》 권46 중에서 |

이 짧은 문장 속에 최치원의 피나는 노력이 숨어 있다. 앞에서도 잠깐 언급했지만 최치원은 자신이 당나라에서 어떻게 공부했는지

《계원필경》 서문에 적어두었다. 그 기록을 통해 사춘기 시절 최치원이 아버지의 말씀을 가슴에 새기고 형설의 공을 쌓았음을 짐작할 수 있다.

한나라 손경孫敬이 졸음으로 고개가 떨궈지는 것을 막기 위해 새끼줄로 상투를 대들보에 걸어맨 채 공부했고, 전국시대의 소진蘇秦이 송곳으로 무릎을 찔러가며 졸음을 쫓았다고 한다. 최치원도 이에 못지않게 치열하게 공부했을 것이다.

당나라는 국자감에서 공부하는 관비 유학생들에게 학비를 받지 않고 숙소와 식사까지 제공했다. 요즘 미국 국무부가 시행하고 있는 교

미국 교환학생 제도

미국은 1949년부터 연간 30만 명의 세계 각국 학생을 불러들여 미국 문화를 체험하게 하는 교환학생 제도를 실시하고 있다. 이 가운데 15~18세의 고등학교 학생은 10퍼센트 수준인 3만여 명이며, 이들은 일년 간 미 공립학교에서 무상으로 공부하고 자원봉사자가 제공하는 홈스테이(하숙) 서비스를 이용할 수 있다. 당나라가 주변 국가에 자기 문화의 우월성을 알리기 위해 유학생을 받아들였듯이 미국도 문화교류라는 명목으로 세계 청소년들을 선발해 미국을 배우게 하고 있다. 만 15세에서 18세 청소년 가운데 학교 성적 '미' 이상, 슬렙테스트 67점 만점 가운데 50점, 영어인터뷰에 통과한 이에게 교환학생 자격이 주어진다. 우리나라의 경우 연간 1,900명 정도가 참가하고 있다.

환학생 제도와 유사하다.

헌덕왕 17년, 서기 825년에 당나라에 간 왕자 김흔이 당 선종에게 자신이 데리고 간 유학생 12명을 국자감에서 공부할 수 있게 하고 외국 사신들을 접대하는 홍려시鴻臚寺에서 양식을 공급해달라고 요청했다는 기록이 나온다. 서적 구입비는 신라에서 지급했다. 유학생들이 책을 구입하는 데 드는 비용은 300냥으로 이는 신라가 부담했다고 한다. 적지 않은 돈이다.

최치원은 사비 유학생이었으므로 중국 국자감에서 식사와 숙소를 제공했다 하더라도 책값 등 기타 비용은 본가에서 부담했을 것으로 추측된다. 치원은 유학 6년만인 서기 874년, 4년에 한 번씩 치르는 정기 과거시험인 갑오식년시에 응시해 장원을 했다.

최치원이 이 어려운 일을 열여덟 살에 이뤄냈다는 것은 정말 대단한 일이다. 치원의 아버지는 자신의 아들이 천재임을 알면서도 10년

홍려시鴻臚寺

외국의 사신들이 머물고 유숙하는 영빈관. '寺' 는 지금은 '사' 라고만 읽지만 예전에는 '시' 로도 읽었다. 옛날 중국에서는 일의 성격에 따라 관공서를 9개 부서로 나누었는데, 국빈 체류를 관장하는 부서를 '홍려시' 라고 부른 데서 기원한다. 모든 외국 사신들은 다 홍려시에 머물게 했다. 고려, 조선 시대 궁중의 가마와 마필馬匹, 목장 등을 관장한 관청으로 사복시司僕寺가 있다. 이 경우에도 '寺' 를 '시' 라고 읽는다.

당나라 과거제도와 빈공진사과

인재를 뽑는 당나라 과거시험 제도는 수나라 것을 거의 그대로 모방했다. 당나라 과거는 수재秀才 · 명경明經 · 진사進士 등 세 과목에서 인재를 뽑았다. 수재는 정치학, 명경은 유학儒學, 진사는 문학이다. 시간이 흐를수록 점차 수재 과목은 소홀히 다루게 되고 진사과와 명경과가 성행하였다. 이 가운데서도 특히 진사가 존중되었다. 이밖에 법률 과목인 명법明法, 서書, 산算 등의 과목이 있었다.

진사과의 경우 지방의 주현州縣에서 향시鄕試(예비시험)를 보았고 이 시험을 통과한 사람을 향공진사鄕貢進士라 불렀다. 시험은 예부, 지금 우리로 말하자면 행정자치부에서 주관했는데 예부는 이들을 장안으로 불러 모아서 중앙의 국자감에서 선발된 사람들과 함께 공거貢擧를 보게 하였다. 이 공거에 통과되면 즉시 진사 급제의 칭호를 주고 고급관리가 되는 길을 열어주었다.

진사시험은 아주 어려워 일생 동안 시험을 보아도 합격하지 못하는 경우도 많았다. 50살이 넘어 급제하기도 했다. 중국인들의 평균 수명이 50세가 안 되었을 때니 그 나이까지 과거에 매달린다는 게 참 허무하게 느껴진다. 기록을 보면 과거시험 응시자들은 솜털이 보송보송 난 16세 소년으로부터 백발이 무성한 70세 노인까지, 그 연령대가 무척 다양했다고 한다.

당나라 속담에 '삼십노경 오십소진사三十老經 五十少進士'란 말이 있다. 지방에서 보는 과거 예비시험 즉 명경明經에 30세에 합격하면 늙은 편이고 진사(과거 본시험 합격자)는 50세에 합격해도 젊다는 뜻이다.

빈공진사과賓貢進士科란 당나라에 유학온 외국인 학생들이 보는 과거시험이다. 별시別試의 일종으로 외국 유학생들끼리 경쟁을 하게 한 것이다. 따라서 중국 학생들이 치르는 진사과에 비해서는 경쟁률이 낮았다는 의견도 있으나 일부에서는 '빈공'이라는 말을 쓰지 않고 진사과라 쓰고 있으며 따라서 중국인들만이 보는 진사과 못지않게 힘들고 어려운 시험이라는 주장도 있다.

말미를 주었으나 치원은 그 시기를 4년이나 앞당겼다.

견당유학생이 중국에 머물며 공부할 수 있는 기간은 10년이었다. 비자 유효기간이 10년인 셈이다. 그러나 일단 빈공진사과에 합격해 벼슬을 얻으면 10년쯤 더 머물 수 있었다. 따라서 당나라에 유학간 주변국 학생들의 최대 목표는 빈공과에 합격하는 일이었다. 합격하면 당나라에 계속 머물 수도 있고, 작은 벼슬이나마 얻어 귀국하면 이를 바탕으로 고위직에 오를 수도 있었다. 최치원은 바로 이 빈공진사과에서 장원을 한 것이다. 《삼국사기》에는 이렇게 기록돼 있다.

건부 원년元年, 예부시랑 배찬이 주관하는 과거에 급제했다.

당시 빈공진사과 장원은 거의 신라 유학생들이 휩쓸었다. 일본, 티베트, 서역 그리고 동남아 유학생들이 함께 국자감에서 공부를 했지만 신라 유학생들의 실력이 단연 돋보였다.

우심憂心을 씹어 계구鷄口가 되다

그러나 발해 유학생들이 9세기 중엽부터 빈공진사과에 응시하면서 신라 유학생들의 독주에 제동이 걸렸다. 장원을 독점하던 신라 유학생들이 발해 유학생에게 1등을 내주는 일이 종종 발생했다. 이에 신라가 발해 유학생들이 과거를 보지 못하도록 해달라고 청원했다는 기록이 나온다. 최치원이 빈공진사과에 응시하기 3년 전인 872년 발해 유학생 오소탁은 신라 유학생 중에서도 가장 공부를 잘했던 이동을 따돌리고 장원을 했다. 자존심이 하늘을 찔렀던 신라 유학생들은 이 사태에 경악하지 않을 수 없었다. 이때 한창 과거시험을 준비하고 있던 최치원은 "이미 사방의 기롱譏弄(비웃으며 놀림)을 불러왔으니 한 나라의 수치로 남을 것이다."라며 장원을 빼앗긴 데 울분을 토했다. 이로부터 3년 뒤인 874년 최치원은 유학 후 첫 번째로 치른 빈공진사과에서 최연소 장원급제를 했다. 그는 장원을 한 뒤 "실로 공정하여 예전의 수치를 씻었다."고 소감을 밝혔다.

서거정의 《동문선》에 기록된 최치원 관련 기록들 가운데 이런 내용이 있다.

전도통순관전중시어사 최치원은 다행히 하찮은 재주로 제생의 열에 끼이자 먼저 우심憂心을 씹어 계구溪口가 되었습니다. 즉 설후와 석차 다투기를 면했고 조장으로 하여금 혐의를 품지 않게 했으니, 실로 지극히 공정함을 입어 예전의 수치를 씻을 수 있었습니다.

신라 유학생 가운데 김운경이 821년 당나라 빈공신사과에 최초로 합격한 것으로 되어 있다. 김운경은 당나라에서 20여 년 간 벼슬을 한 뒤 당의 사신으로 841년 신라 문성왕에게 책봉칙서를 전달했다. 조국의 임금에게 자신을 임명하도록 허락하는 당나라 황제의 책봉칙서를 들고 귀국한 것이다. 견당유학생들의 위세를 짐작케 하는 대목이다.

신라는 김운경이 급제한 이래 당나라가 멸망해 빈공진사과가 폐지
되기까지 총 58명의 합격생을 낸다. 반면 발해는 통틀어 10여 명의
합격생을 배출했다. 신라는 고구려 멸망 이후 그 후예임을 자처하며
고구려 유민을 모아 나라를 세운 발해와 9세기 말부터 서로 경쟁을
벌였다. 이후 꾸준히 국력을 키워온 발해는 897년 당나라에 외교사
절의 좌석 배치에서 신라 앞쪽에 서게 해달라고 요청했다. 그동안 신
라는 발해 사신보다 앞쪽에 자리하고 있었고, 역사적으로 보나 국력
으로 보나 당과의 인연으로 보나 그것이 당연하다는 게 신라의 생각
이었다. 이 같은 발해의 '방자한' 요구에 대한 신라의 분노는 극에
달했다. 당나라는 발해의 요청을 거절했으나 이로 인해 신라와 발해,
양국 간 경쟁은 한층 치열해졌다. 빈공진사과 장원을 둘러싼 양국 유
학생들 간의 경쟁도 더욱 심해졌다.

과거 합격 후 2년 만에 율수현 현위에 임명되다

당나라 빈공과에 합격하면 약 반년 간은 수도인 장안에 머물
면서 축하 기간을 가졌다. 치원은 기쁨과 동시에 자신이 앞으로 헤쳐
나가야 할 진로에 대해 많은 고민을 했을 것으로 추측된다. 당시 쓴
시에서 그의 고민이 배어난다.

대국에서 타향살이 하도 오래 하니

만리 저편 가족들에게 무척 부끄럽구나.

타향이라 지기知己가 별로 없으니

그대 자주 찾는 것 귀찮다 마시라.

장안이 좋다는 말을 듣고 만리 길을 날아왔으나

이 서울에서 어디로 가야 할지 방향이 막연하다.

비록 계수나무 한 가지를 꺾었으나

급제 방문榜文에 군살만 덧붙인 격이 아닐까.

괜히 멀리 왔나보다.

최치원의 당나라 생활에 대해서는 여러 가지 이야기들이 있으나 기록들을 살펴보면 그리 풍요롭고 행복한 기간만은 아니었던 것 같다. 특히 과거에 합격하고 2년 동안은 직업이 없었으므로 생활이 매우 쪼들렸다. 할 수 없이 그는 낙양 등지를 떠돌며 서류 대필 등으로 생계를 유지했다.

'양양 이상공께 관급館給(객사에서 주는 밥)을 사양하는 글'에 그의 곤궁한 삶이 질 묘사돼 있다. 이상공은 양양자사 산남동도질도사를 지낸 이위李蔚를 지칭한다.

지난번에 제 간절한 정성을 갖추어 사양하는 말씀을 드렸음에도 불구하고 이번에 다시 은혜를 내려주셨습니다. 50일이 지나도록 늘 세끼

밥을 꼬박꼬박 받으니 실로 살얼
음을 밟는 듯합니다. 원컨대 밥
을 지어 상까지 차려주는 것은
그만두도록 조치해주십시오. 바
라는 바는 식량이 떨어지는 것이
나 면하고 잠시 동안 부평초 같
은 신세를 의지하는 것뿐입니다.

그는 과거 급제하고 2년 뒤인
876년에 첫 벼슬로 선주 율수현
의 현위 자리를 얻는다. 그의 나
이 20세 때다. 최완수 선생이 〈신

고운 최치원의 초상.

동아〉 2001년 9월호에 쓴 글에 따르면 현위는 현의 두 번째 자리, 즉
부책임자로 연봉이 200석에서 300석에 이르는 초급관리였다고 한
다. 율수현은 현재 중국 장쑤성江蘇省 금릉도 율양현의 옛 이름이다.
현위가 어떤 일을 하는 자리인가에 대해서는 많은 이론이 있으나 사
정기관이라고 보면 무리가 없을 것으로 보인다.

현위는 직급은 낮으나 임무는 매우 중해서 죄수들을 살펴야 하고 피
로한 백성을 위무하니 동료 공직자는 그 직언을 겁내고 지방 수령들도
두려운 마음을 가진다.

| 《계원필경》 중에서 |

　최치원은 율수현 현위 자리에서 일년 간 봉직하다가 이듬해 겨울에 박학굉사과博學宏詞科에 응시하기 위해 사임했다. 박학굉사과는 중국에서 현직 관료들을 대상으로 시행하던 승진시험의 일종으로서 조선시대의 중시重試와 같다. 조선시대에는 관리들을 과거로 뽑았으나 과거에 합격해 출사한 관리들은 안이한 자세로 학문에 정진하지 않았다. 따라서 국가는 이들의 공부를 진작시킬 목적으로 관료들을 대상으로 시험을 보고, 여기에 합격하는 사람들에게는 승진 등의 특혜를 주었다. 박학굉사과는 말하자면 승진자격시험이었다.

황소黃巢의 난

당나라 말기 857년부터 884년까지 일어난 농민대반란이다. 희종 황제 연간에 극심한 당쟁과 환관의 횡포로 지배력이 흔들리고 백성에 대한 수탈이 가혹해지면서 지방의 토호나 상인들은 왕조에 대해 극도의 저항심을 갖고 있었다. 전국적으로 기근이 심해지자 소금장사로 부를 축적한 산둥성의 왕선지와 황소가 이런 분위기를 몰아 난을 일으켰다. 왕선지가 죽은 후 황소는 파산농민, 불평불만자, 유랑의 무리들을 끌어모아 전국적으로 약탈을 자행했다. 880년에 낙양과 장안이 함락되자 희종 황제는 쓰촨성으로 피신을 했다. 황소는 스스로를 황제라 칭하고 국호를 대제大齊, 연호를 금통金統이라 불렀다. 그러나 황소는 경제적 기반이 없었고 결국 이극용 등 토벌군에게 격파되어 산둥성 태산 부근으로 도망을 했다. 쫓기던 황소가 그곳에서 자결함으로써 난은 진압되었다. 그러나 당나라는 황소의 난을 계기로 붕괴가 가속화되었다.

그러나 막상 벼슬을 놓자 녹봉이 끊겨 공부에 정진할 수 없게 되었다. 가난도 가난이지만 서기 875년, 난을 일으킨 황소가 4년 뒤인 879년 6월에는 율수의 주도인 선주를 함락하고 파죽지세로 몰고 들어왔다. 식량을 마련하는 것도 문제였지만 황소 일당에게 잡히면 벼슬을 한 기록 때문에 자칫 처형당할 처지에 놓여 있었다.

하늘이 높으니 물을 곳이 없고, 날이 저무니 어디로 가야 할까.
天高莫問 日暮何歸

절박했던 그의 당시 심정을 너무도 잘 설명해주는 시구다. 또한 최치원이 벼슬까지 던지고 준비하던 박학굉사과는 황소의 난이 일어나 장안이 함락되자 시험이 무기한 연기되었다. 이 시험은 이로부터 18년 뒤에 부활되었다.

선주가 황소 일파에게 점령당한 서기 879년, 진해 절도사였던 고병高騈이 회남淮南 절도사로 부임해왔고 그에게는 황소의 난을 진압하도록 동부지방 군 총사령관인 동면제도행영병마도통東面諸道行營兵馬都統이란 자리가 주어졌다.

〈토황소격문〉으로 초고속 승진

회남 절도사 고병에게는 인재들이 필요했다. 고병의 막하에 있던 최치원의 급제 동기생 고운顧雲은 최치원을 천거했다. 그의 추천으로 최치원은 관역순관館驛巡官이라는 비교적 높은 지위에 올랐다. 그 자신의 말대로 거적을 덮는 설움을 면하게 된 것이다. 황제에게 주청을 해 허락을 받는 자리라면 꽤 고위직으로 볼 수 있다. 요즘도 6급 이하 공무원의 경우 임명권자가 각 부처 장관이지만 5급 사무관부터는 대통령이 임명권자가 되는 것과 마찬가지다.

최치원은 친구 고운의 권유에 따라 자신을 발탁한 고병에게 다음과 같은 글을 써서 보낸다.

공자의 문하에도 타향의 제자들이 있었고, 맹상군의 문하엔들 어찌면 지방의 사람이 없었겠습니까. 저는 신라 사람으로서 재주는 크지 못하고 배움은 넉넉지 못합니다. 다만 형해形骸는 비록 보잘것없으나 연치年齒는 아직 쇠하지 않았습니다. 지금 잠깐 현위의 직을 내놓고 홀로 산수에 의지하여 옛 글을 보면서 몇 해 동안 부賦를 지었으매, 졸작인 잡편장雜篇章 5축과 진정陳情(7언 장구 시) 100수를 올립니다.

| 초투헌태위계 |

희종 황제의 명을 받아 황소의 난을 토벌하던 고병은 최치원을 종사판으로 말탁했다. 그는 서기 879년부터 884년 6월까지 6년 동안 이 자리에서 문장으로 큰 활약을 한다. 그러나 최치원이 고병의 종사관이 되어 황소의 난 토벌에 나선 시점에 대해서는 의견이 엇갈리기도 한다.

《계원필경》 서문에는 "내가 회남에 종군하여 고시중 앞으로 오는 필연의 일을 도맡게 되면서 답지하는 군의 문서 등을 힘껏 처리했는데 4년 동안이나 마음을 써 이룬 작품이 1만여 수나 된다."라고 적혀 있는데, 일부에서는 이를 근거로 황소의 난을 토벌하기 시작한 시점을 879년이 아닌 880년으로 보기도 한다. 최치원이 귀국하기로 마음을 먹고 공직에서 물러난 것이 28세 되던 6월이므로 이를 역으로 환산하면 24세 되던 880년이라는 것이다.

여하튼 최치원은 고병의 추천을 통해 종사관이 되었고 그 유명한 〈토황소격문〉을 써서 황소의 난을 평정한 공로로 '도통순관승무랑시어사내공봉'이라는 지위에 올랐다. 동시에 '자금어대'를 하사받았다. 종사관이라 하면 오가는 모든 문서를 처리하는 자리로 요즘으로 하면 정훈참모나 공보관쯤 된다고 보는 게 옳다. 진사과에 합격을 하고도 긴 세월 배고픔과 외로움을 겪던 최치원은 비로소 삶의 안정과 여유를 찾았다.

지난날 과거 합격했을 때는 별로 뜻에 맞은 줄 몰랐더니, 이제 직책이 이곳에 있게 되매 비로소 영광스러움을 깨닫게 되었다. 부평초 같던 신세가 안정되어 날마다 학문의 배양이 불어간다.

| 출사出師 후 고사장 |

최치원은 오랜 인고의 세월을 이기고 본격적인 벼슬길에 오른다. 그는 절도사 겸 도통인 고병의 추천으로 승무랑承務郎(6부 소속의 낭관), 전중대어사殿中侍御使(어사대에 소속됐던 벼슬), 내공봉內供奉(황제

거소에 물품을 조달하는 벼슬) 등 세 가지 직책에 비어대緋魚袋까지 하사
받았다. 그는 여러 단계를 뛰어넘는 초고속 승진에 대한 심경을 이렇
게 밝히고 있다.

지방의 한 현위로부터 곧바로 내전의 직함을 받고 또 장章(인끈)마저
겸했다. 이 나라에 벼슬하는 빛나는 젊은 사람들을 볼 때 등용 20~30
년에도 남루한 도포를 입는 이가 많거늘, 항차 나와 같은 외국인에게
이런 일이 있다니… 그 옛날 하루에 벼슬이 아홉 번이나 올라감(한나
라 전천추의 고사)도 이렇게 영광일 수는 없었을 것이다.

| 《계원필경》 중에서 |

"귀신도 너를 죽이려 한다."

최치원은 881년 7월 8일 소금장수 황소가 난을 일으켜 장안을
점령하고 스스로 황제를 칭할 때 그를 꾸짖는 격문을 썼다. 회남淮南
절도사 겸 동부지방 군 총사령관인 고병은 최치원의 〈토황소격문討黃
巢檄文〉을 황소가 장악한 모든 지역에 뿌리게 했다. 당나라에 반감을
갖고 황소의 난에 동참했던 많은 농민들이 이 격문을 보고 마음이 흔
들려 태도를 바꾸었다고 한다. 최치원의 〈토황소격문〉 가운데 가장 유
명한 구절이다.

온 천하 사람이 너를 드러내놓고 죽이려 할 뿐 아니라 지하의 귀신

들까지 너를 죽이려 이미 의논했을 것이다.

격문에는 이런 구절도 있다.

네가 궁궐을 침략하여 공후들은 험한 길로 달아나게 되고 어가는 먼 지방으로 행차하게 되었다. 그렇다고 궁궐이 어찌 네가 머무를 곳이랴.

희종은 황소가 낙양을 거쳐 장안으로 쳐들어오자 쓰촨성으로 피란을 갔다. 이렇듯 대단했던 황소의 위세를 흔들어놓은 것이 〈토황소격문〉이었다. 칼보다 붓의 힘이 세다는 것을 입증한 것이다.

고려 때 문장가 이규보(1168~1241)는 "황소가 이 격문을 읽다가 너무 놀라서 침상 아래로 굴러 떨어졌다."고 말하기도 했다. 그 진위야 알 수 없지만 그는 "만일 귀신을 울리고 놀라게 하는 솜씨가 아니라면 어찌 능히 그러한 경지에까지 도달할 수 있었겠는가."라며 최치원의 글을 칭찬했다. 당시 중국인들 사이에서 "황소를 격퇴한 것은 칼이 아니라 최치원의 글이다."라는 이야기가 떠돌았다고 한다. 이 〈토황소격문〉이 최치원을 중국 사회에 널리 알리는 계기가 되었던 것만은 분명하다.

16년 만에 8개월 걸려 금의환향

최치원은 당나라에서 공부하는 동안 "가거든 나태하지 말고 열심히 공부하라."고 일렀던 아버지의 말씀을 잠시도 잊을 수가 없었을 것이다. 그의 글 여러 곳에서 부모님에 대한 애절한 그리움이 뚝 뚝 묻어난다. 자신의 석 달치 월급을 미리 받아 차와 약을 사서 신라 사신 편에 아버지에게 보내고 싶다는 글을 보면 가슴이 뭉클해진다.

아득한 바다가 막혀 부미負米(부모 봉양)의 뜻을 이루기 어렵고 하물며 오래도록 고향 사신이 없어 편지도 부치기 어렵던 차, 마침 본국의 사신 배가 바다를 지나간다 하니 이 편에 차와 약을 사 집에 부쳤으면 합니 다. 제가 어버이 품을 떠난 지 오래라는 것과 이왕 품팔이 신세를 면한 이상 반포反哺(부모 봉양)의 심정이 간절하다는 것을 감안하셔서, 석 달 치의 급료를 받아 쓰도록 해주셨으면 합니다. 바라는 바는 저의 녹이 마 침내 어버이에게 미쳐 멀리 이역에 영광을 나누고자 하는 것입니다.

그는 또한 급료를 인상해준다는 통보를 받고 이를 고향의 부모님 에게 보내주었으면 좋겠다고 청했다.

전달하는 조치를 받으매 매달 요전料錢(급료) 20꿰미씩을 더 준다는 것이었습니다. 바라건대 제 끼니 때울 것만 남기고 먼 고향에 게시는 어버이[遠鄕之親]에게 나누어주었으면 합니다.

최치원은 마침내 884년 신라로 돌아갈 결심을 했다. 당나라 정세 가 기울어져가고 있었지만 그의 직접적인 결심 동기는 아버지의 병 환이었다. 사촌동생 서원을 포함해 김인규 일행이 귀국하는 자신을 맞이하기 위해 신라에서 온 것을 보면 신라왕의 초청과 아버지를 비롯한 가족들의 바람이 크게 작용한 것 같다.

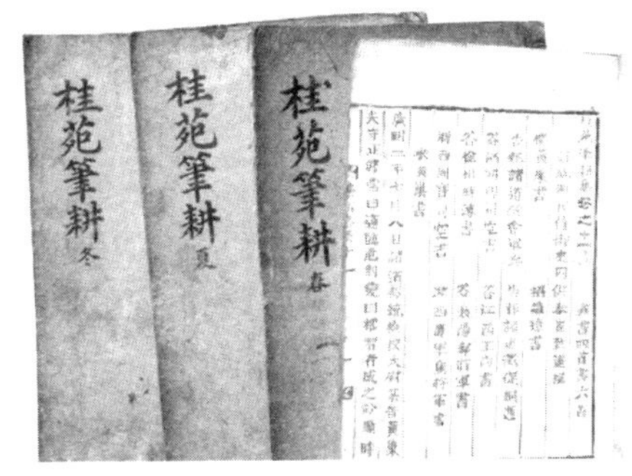
최치원의 문집 《계원필경》.

그해 7월 최치원은 희종 황제에게 상소를 올려 귀국할 뜻을 밝혔다. 이 무렵에는 황소의 난이 대부분 진압됐기 때문에 황제로서도 기쁜 마음으로 그를 돌려보낼 수 있었다. 《삼국사기》는 "28세 되던 해에 부모를 뵈려 돌아갈 뜻을 비치자 희종이 이를 가납하고 광계 원년에 사신을 제수해 조서를 가지고 귀국하게 했다"고 썼다. 희종은 최치원에게 자신의 조서를 갖고 신라로 가는 사신 자격을 부여했으며 최치원을 발탁했던 고병은 그에게 귀국 비용과 배편을 마련해 넉넉하게 보냈다.

최치원은 당시 상황을 이렇게 기록하고 있다.

어제 사령부 경리 직원이 8월분 봉급을 보내왔습니다. 이미 귀국허가에 따라 특별히 노자를 받았는데 어찌 다시 봉급을 받음이 합당하겠습니까. 그래서 반납했더니 도리어 재송부 명령을 내렸습니다. 집을 윤택하게 하는 데 쓰라는 말씀에 놀라 삼가 감사히 받습니다.

또 다른 편지의 내용은 이렇다.

저의 사촌아우인 서원이 신라국 사신단원 자격으로 집안 편지를 가지고 저를 맞이하러 왔습니다. 장차 고국으로 돌아가려 하는데 이러한 제 동생에게 어제 특별히 돈 30관을 내려주시는 큰 은혜를 주셔서 감사합니다.

최치원은 884년 8월 회남의 병영지를 떠나 10월에 신라로 가는 배를 탔다. 그는 배를 타고 풍랑을 멎게 해달라는 고사를 지낸다.

오늘 부모님을 뵙기 위해 고향에 가려고 합니다. 삼가 박주薄酒(남에게 대접하는 술을 겸손하게 이르는 말)로써 감히 도움을 바라오니, 산신께서는 가만히 명하셔서 파도 귀신으로 하여금 팔짱을 끼게 해주십시오. 편안히 물에 떠서 순식간에 '군자의 나라'에 돌아가는 것은 오직 산신께서 바람을 어떻게 불게 하느냐에 달려 있습니다.

| 최치원이 쓴 고사문 중에서 |

간절한 염원을 담아 제사를 올렸음에도 불구하고 바람은 최치원의 귀국을 쉽사리 허락하지 않았다. 거센 바람에 최치원과 그를 맞이하러 온 신라 사절단은 곡포라는 곳에서 겨울을 나게 된다. 최치원은 그곳에서 여러 지인들과 아쉬움을 나누는 시를 지어 화답하며 하루 빨리 돌아가고 싶은 조급함을 달랬다. 최치원과 같은 해에 진사과에 합격한 고운顧雲은 다음과 같은 시를 지어 그를 송별했다.

열두 살에 배를 타고 바다를 건너와

그 문장 중국을 감동시켰네!

열여덟 살에 글 싸움하는 곳에 나아가

한 화살로 금문책을 깨었네.

최치원과 동문수학한 진사 양섬楊贍 등 친우들도 헤어짐을 아쉬워
하는 시를 남겼다. 최치원은 양섬의 시에 다음과 같이 답했다.

슬퍼도 아녀자들 같이 슬퍼하지 말자.

이별은 그렇게 마음 상할 일 아니니.

중국 산신들도 최치원이 떠나는 것을 시기했는지 날씨는 계속 사
나웠고 출항은 연기됐다. 최치원은 상관 고병에게 보내는 편지에서
떠나지 못하는 상황을 이렇게 전했다.

저희 일행이 탄 배가 유산乳山에 이르러 10여 일 간 바람이 잔잔해지
기를 기다리던 중 겨울이 닥쳤습니다. 뱃사공이 출항하기 어려우니 좀
더 머물러야 한다고 요청했습니다. 무서운 풍파를 만나니 어쩔 수 없군
요. 지금 곡포라는 곳에 닻을 내려서는 띠를 엮어 몸을 가리고 미역을
끓여 배를 채우고 있습니다. 겨울이 지난 뒤에 출발 일자를 정하겠습니
다. 따뜻한 봄이 되면 바람도 잘 테니 그때 고향으로 떠나겠습니다.

| 최치원이 고병에게 보낸 서신 중에서 |

최치원은 모시던 상관에 대한 존경과 정이 깊었다. 그는 또 다른 편지에서 "고향을 이별한 지 오래되고 바다에 갈 길이 멉니다. 당나라 땅에 머물려니 부모를 봉양하고 싶은 마음이 저리고 이 땅을 떠나려니 모셨던 일이 그립습니다."라고 적었다.

최치원이 당나라를 떠나는 순간까지 편지를 주고받으며 존경을 표했던 절도사 고병은 그가 떠난 지 3년 뒤인 887년에 참소를 받아 삭탈관직된 뒤 필사택이란 자에게 피살된다. 최치원이 신라 땅에서 이 비참한 소식을 들었는지 모르나 아마 들었더라면 애끓는 슬픔을 감출 길 없었을 것이다.

최치원의 통곡

최치원은 곡포에서 겨울을 나고 이듬해 3월에 드디어 고국으로 돌아왔다. 회남을 떠난 지 8개월여 만이다. 어린 아들을 그 먼 당나라에 보내놓고 16년의 세월, 자식을 그리워하던 아버지 최견일은 끝내 최치원을 보지 못하고 세상을 떠났다. 참으로 통곡할 일이다. 최치원이 바람이 자길 기다리며 바닷가에서 보낸 반녀 동안 아버지는 아들을 더 기다리지 못하고 생명의 끈을 놓았던 것이다. 봉양을 다짐하며 모든 벼슬을 버리고 귀국했던 최치원으로서는 하늘이 무너질 일이었다.

지금 같으면 전화나 전보로 부친의 사망 소식을 알았겠지만 교통편이라고는 배밖에 없던 당시로선 그 비보를 알 방법이 없었다.

나는 중국에서 과거에 급제했지만 우구자虞丘子의 긴 통곡만 해야
했다. 이제 부모 가신 뒤의 부질없는 영광만 누릴 뿐이다.

풍수지탄風樹之嘆의 고사를 인용한 것이다.

신라 헌강왕은 당나라 사신 자격으로 29세에 금의환향한 최치원
을 극진히 대접했다. 헌강왕은 곧바로 시독 겸 한림학사侍讀兼翰林學
士 벼슬을 주어 문한文翰을 전담하게 하고 이어서 수병부시랑守兵部侍
郎 지서서감知瑞書監의 벼슬을 내려 문무의 권한을 총괄하도록 했다.
그의 능력을 높이 평가한 예우로 볼 수 있다.

그러나 세월은 그의 편이 아니었다. 자신을 높이 쓴 헌강왕이 죽고
아우 정강왕이 등극했으나 그 역시 일년 만에 세상을 떠났다. 뒤이어

풍수지탄風樹之嘆 고사

공자가 길을 가다가 슬피 우는 이 있어 다가가니 고어皐漁였다. 고어는
《한시외전》에 나오는 이로 우구자를 말한다. 공자가 왜 그리 슬피 우는가
물으니 이렇게 답하였다.
"나무는 고요히 있으려고 하나 바람이 그치지 않고樹欲靜而風不止, 아들
은 부모를 봉양하고 싶으나 부모께서 기다려 주지 않으십니다子欲養而親
不待. 한 번 가면 다시 뵐 수 없는 것이 부모입니다."

여동생 진성여왕이 보좌에 올랐으나 신라는 회생불능의 상태였다.

그는 문란한 국정을 통탄하며 외직으로 나가기를 청해 태산太山(지금의 전북 태인) 등지에서 태수를 지냈다. 894년 시무 10여조를 상소했고 6두품이 오를 수 있는 최고위 관직인 아찬에 올랐다. 그후 관직을 내놓고 난세를 비관, 각지를 유랑하다가 가야산 해인사에서 여생을 마쳤다. 일부에서는 그가 해인사에서 산신이 되었다고도 한다.

그는 사후 문창후文昌侯라는 시호를 추증 받았다. 고려 현종 때 내사령內史令에 추증되었고 문묘에 배향되었다. 조선시대에 태인泰仁 의 무성서원, 경주의 서악서원 등에 종향되었다.

그는 신라로 돌아온 후 발전된 당 문화를 전하는 데 노력했다. 그에게는 '동국 유학의 대가' '신라 문화의 성인' 등 많은 별칭이 주어졌다. 그는 신라 문학과 학술을 발전시켰으며 수많은 문학작품을 남겼다. 최치원은 우리나라보다 오히려 중국에서 더 잘 알려졌고 그곳에서 그의 유지를 발전시키려는 노력이 활발하다.

그가 활동했던 장쑤성 양저우 시는 장쩌민江澤民 전 중국 주석의 고향이다. 양저우 시는 중국 국무원과 한국 내 여러 단체들의 지원을 받아 한중수교 15주년인 2007년 당성유지 박물관 내에 최치원 시료진시실을 확대해 4,000여 평의 부지 위에 최치원 기념관을 만들었다.

최치원의 성공은 아버지 교육열의 결과

12살에 당나라로 유학해 29세에 금의환향하기까지 최치원의 유학 역정을 따라가보니 그의 성공은 한마디로 아버지 최견일의 '자녀교육에 대한 열정'이 일궈낸 결과였다.

고금을 막론하고 자녀교육은 어머니의 책임이라는 인식이 지배적이었다. 최견일은 아마 역사에 기록된 최초의 '극성 아버지'가 아닐까 싶다. 이상하게도 최치원의 여러 글에서 어머니에 대한 기록은 단 한 줄도 나오지 않는다. 일찍이 세상을 떠났는지 모른다.

최견일의 교육에 대한 열정과 역할은 1,000여 년을 뛰어넘어 21세기 우리 사회에 불고 있는 해외교육(유학)에 대한 인식과도 일맥상통한다.

2006년 한 해 동안 유학 비자F1를 받아 미국으로 공부하러 떠난 우리나라 초중고 학생 숫자가 3,749명에 이른다. 또한 미국 교환학생 자격으로 J1비자를 받아 떠난 중고등학생 숫자는 1,804여 명이었다. 이 학생들은 10세에서 18세 사이로, 당나라로 떠날 당시의 최치원 또래다.

해외유학 비용으로 연간 10조 원이 사용되고 있는 데 대해 비판적 시각을 가진 이들은 "이처럼 엄청난 비용을 써야 하는가?"라는 의문을 제기하지만 당나라 시대에도 그랬듯, 교육에는 국경이 없다.

최치원이 중국 유학 후 귀국해 아버지의 벼슬을 능가하는 고위직에 올랐듯 많은 어려움에도 불구하고 자녀를 해외에 유학시키는 부모들에게는 자식이 자신을 뛰어넘기를 바라는 마음이 간절하다.

또 하나, 최근 발표된 논문들을 보면 아버지와 아이의 의사소통이 아이의 자아개념과 행동발달에 큰 영향을 미친다고 한다. 자녀교육에 대한 아버지의 역할은 대단히 중요하다. 어쩌면 최치원과 아버지 최견일이 실증적으로 보여주는 것은 아닐까.

02

근세 유학생 효시 _ 김대건과 최양업

사제 양성을 위한 '맞춤 유학'

한국의 첫 가톨릭 사제인 김대건은 중국이 아닌 다른 나라에서 서양 학문을 제대로 배운 명실상부한 근세 첫 번째 유학생이다.

김대건은 25살 되던 1846년(헌종 12년) 9월 16일 한강물이 유유히 굽이쳐 흐르는 서울 용산 부근 새남터 모래밭에서 '사학죄인' 이란 죄목으로 휘광이의 칼에 목이 떨어졌다. '어린 철부지' 가 프랑스인 사제에게 이끌려 한국 최초의 신부가 되어 신앙을 지키다 장렬하게 순교한 것이다.

소년 김대건과 그 친구 최양업, 최방제가 1836년 포르투갈 영토인 마카오로 유학을 떠나기 전까지 1,000여 년 동안 신라, 고려, 조선으로 이어지는 역사 속에서 젊은이들은 중국으로 건너가 주로 경세철학인 유학을 배워왔다. 서양인에게 서양의 언어로 서양 학문을 배운 것은 김대건이 처음으로, 근대 유학의 효시라고 부를 만하다.

김대건이 형장에서 아쉽게 삶을 마감한 1846년의 조선은 군왕과 조상을 몰라보는 '말세 신앙' 천주교 전파를 막기 위해 온갖 노력을 기울이고 있었다. 다산 정약용으로부터 가톨릭 신앙을 전수받은 진산(현재의 금산) 사람 윤지충은 한양에서 활동을 하다가 천주교 박해를 피해 낙향한 후 1791년 어머니 권씨가 돌아가자 가톨릭 의식에 따라 위패를 없애고 제사를 지내지 않았다. 이 사실이 관가에 알려져 전주감영에서 불효, 불충, 악덕죄로 사형당함으로써 그는 한국 천주교의 첫 순교자가 되었고 이 일로 천주교는 '무군무부'의 '불쌍놈'들이 믿는 종교로 낙인찍혔다. 이 사건은 이른바 '신해박해辛亥迫害' 혹은 '진산사건珍山事件'으로 불린다.

조선에서 기독교에 대한 박해가 전국을 휩쓸고 있을 무렵 서양은 기독교 신앙을 바탕으로 하는 과학문명이 우리의 상상을 초월할 정도로 발전해 있었다. 참고로 김대건이 순교한 1846년에 독일 천문학자 요한 고트프리트 갈레와 하인리히 루이스 다레스트는 태양계의 8번째 행성인 해왕성을 발견했다. 당시 조선의 관상감 관리들이 밤하늘의 별을 눈으로 보고 있을 때 서양의 천문학자들은 망원경을 통해 우주를 관측하고 있었던 것이다. 뒤늦은 가정이지만 조선이 이때 천주교를 용인하고 서양의 문물을 받아들였다면 우리의 근대화는 엄청나게 빨랐을 것이고 더불어 한국의 근현대 역사는 달라졌을 것이다.

김대건 일행의 마카오 유학이 지난 천년 간의 유학과 또 하나 다른 것은 단순한 학문이나 세속적 출세를 위한 것이 아니라 한국 천주교회의 부름에 따라 사제가 되기 위한 비세속적 '맞춤 유학'이었다는 점이다.

학문을 신앙으로 받아들인 조선 천주교

김대건이 유학길에 오른 1836년, 시시때때로 조선 전역을 흔드는 천주교 탄압으로 가톨릭 신자들은 숨조차 제대로 쉬지 못한 채 신앙생활을 하고 있었다. 조선 천주교의 특색 가운데 하나는 가톨릭의 전래가 서양 선교사에 의해 이뤄진 것이 아니라 학문을 연구하던 학자들이 스스로 신앙으로 받아들였다는 점이다. 세계 교회사에서 유례를 찾아볼 수 없는 희귀한 사례다.

김대건과 그 동료들의 '맞춤 유학'을 주도한 사람은 파리외방전교회 소속 피에르 모방 Pierre Philibert Maubant 신부다.

모방 신부가 김대건과 그 친구들을 유학생 후보로 선발한 것은 그의 나이 33살 때로, 그 과정은 드라마나 다름없다. 1836년 봄, 조선에 몰래 입국해 활동하던 그는 삼엄한 관헌들의 눈을 피해 경기도와 충청도 일대를 돌고 있었다. 당시 관헌들은 천주교 신자, 그 가운데서도 서양 신부를 찾는 데 혈안이 돼 있었다. 모방 신부는 관헌들의 눈을 피하기 위해 서양 신부들이 그러했듯이 큰 삿갓으로 얼굴을 가린 채 주로 밤에 돌아다녔다. 그가 어느날 들른 곳은 지금의 경기도 용인시 양지면 남곡리의 은이 공소였다.

모방 신부는 파리외방전교회의 규칙에 따라 젊은 현지인을 선택해 사제를 만들겠다는 결심을 했지만 국법으로 천주교를 금하고 있는 나라에서 이는 무모한 계획이었다. 기록에 따르면 그의 이 같은 결심은 조선에 들어와 더욱 확고하게 굳어졌다고 한다. 그는 조선말을 열심히 배웠으나 대화를 할 정도는 아니었다. 신자들에게 고백성사를 주기 위해 고해소에 들어갈 때는 조선인 통역을 데리고 들어가야 했다. 이러한 상황은 조선인 사제를 만들고자 했던 그의 열망을 더욱 뜨겁게 했다.

모방 신부는 조선 천주교 평신도 지도자인 정하상 등에게 조선의 소년들을 신학생으로 뽑아 사제로 양성하겠다는 뜻을 조심스럽게 밝

파리외방전교회

파리외방전교회는 1653년에 아시아 포교를 위하여 교황청이 프랑스에 설립한 해외 전도단체다. 이 단체는 조선을 비롯해 중국, 베트남, 태국, 말레이시아 등 아시아 지역에 프랑스 선교사를 파견하고 그 지역에서 사람을 선발하여 성직자로 양성하고 그들로 하여금 교회를 운영하게 하는 방식을 택했다. 김대건과 최양업 등을 신학생으로 선발한 것도 파리외방전교회의 선교 방식에 따른 것이다. 파리외방전교회는 선교 3세기 동안에 4,000여 명의 선교사들을 아시아 지역에 파견하였으며 이 가운데 160여 명이 순교했다.

혔고 그들도 주저 없이 모방 신부의 계획에 동의를 했다. 천주교를 믿는 것이 곧 죽음인 상황에서 조선인 사제를 양성한다는 것은 무모한 모험이었다. 정하상 등은 모방 신부에게 평소 눈여겨보았던 15살의 최양업과 최방제를 천거했다. 이들이 조선 천주교회 '맞춤식 유학' 대상자 1호가 된 것이다.

김대건과 최양업의 마카오 유학을 주선한 파리외방전교회 소속 모방 신부.

모방 신부

모방 신부는 1803년 9월 20일 노르망디 지방의 바이어교구 관할인 바시에서 태어났다. 바시는 사제나 선교사를 많이 배출한 유서 깊은 신앙도시. 가난한 농부의 아들로 태어난 모방 신부는 출생한 날 바로 바시성당에서 '피에르'라는 세례명을 받았다. 1829년 사제가 된 그는 베트남의 통킹에서 선교활동을 하고 싶어했다. 그러나 목적지가 중국의 쓰촨성으로 바뀌었고 또다시 마카오에서 조선 천주교회의 초대 교구장으로 부임하던 브뤼기에르 주교를 만나면서 목적지가 조선으로 바뀌었다. "조선에서 활동하고 싶다"는 간청에 브뤼기에르 주교는 그와 함께 조선으로 향했다. 모방 신부는 김대건 일행을 마카오로 유학을 보낸 지 3년 뒤인 1839년 조선에서 체포돼 새남터에서 35세의 나이로 참수형을 당했다.

"저 철부지를 데려다 무엇에 쓰시렵니까?"

최양업의 세례명은 토마스, 1821년 지금의 청양군 화성면 다락골에서 출생했다. 그의 아버지 최경환(프란치스코)은 천주교 박해의 회오리 속에서 순교해 1984년 교황 요한 바오로 2세에 의해 시성돼 한국 천주교 103위 성인에 올랐다. 그의 어머니 이성례 마리아는 남편과 함께 순교했으나 잠시 배교했다는 전력 때문에 성인의 반열에는 오르지 못했다. 그의 가계는 증조부인 최한일이 천주교를 믿기 시작한 이래 대를 이어 신앙을 지켰다. 그의 가족은 천주교에 대한 대대적인 박해가 시작되면서 청양 다락골에서 한양으로 피신했다가 다시 청계산으로 숨어들었다. 오늘날 청계산이야 서울 근교 사람들이 주말이면 오르는 등산코스로 유명하지만 당시에는 호랑이가 나오는 깊은 산이었다. 이 시기에 최양업이 모방 신부의 눈에 띄어 15살 나이에 신학생으로 선발된 것이다. 기록에 따르면 아버지 최경환은 청계산에 숨어 있다가 포졸들이 잡으러 오자 여기까지 오느라고 수고했다며 닭과 개를 잡아 대접을 하고 순순히 오라를 받아 포청으로 압송됐다고 한다.

최방제(프란치스코 사베리오)는 최양업의 사촌이다. 앞서 설명한 대로 증조부인 최한일이 천주교를 받아들이면서 자연스레 그의 아들에 이어 손자, 증손자들까지 신앙을 갖게 되었고 모방 신부가 이런 가족 배경 때문에 최양업과 함께 그의 사촌 최방제를 신학생으로 선발한 것으로 보인다.

모방 신부는 1836년 부활절을 즈음해 경기도 용인 굴암, 지금의 은이 공소를 찾았다. 모방 신부는 이때 15살이던 소년 김대건에게 세례를 주었다. 그날 저녁 김대건의 아버지 김제준金濟俊을 만난 모방 신부는 그에게 "대건이를 제가 데려가도록 허락해주십시오."라고 요청했다. 김제준이 "신부님, 저 철부지를 데려다 무엇에 쓰려고 그러십니까?"라

최양업의 아버지이며 천주교 박해의 회오리 속에서 순교한 프란치스코 최경환.

고 묻자 모방 신부는 "저의 제자로 삼아 외국에 데려가서 신부로 만들려 합니다."라고 답했다. 아버지 김제준이 아무리 신심이 깊었어도 모방 신부의 엄청난 제의를 도대체 어떻게 받아들여야 할지 순간 고민을 했을 것이다. 그는 잠시 생각을 한 뒤 "주님의 뜻이니 그대로 하십시오. 육신의 정을 이야기해 무엇하겠습니까."라고 말했다고 한다.

앞서 신라시대 최치원의 아버지 최견일의 예에서도 보듯이 훌륭한 이들의 뒤에는 바위 같이 든든한 아버지가 있었다는 것을 다시금 깨닫게 된다. 기특하게 어린 김대건도 모방 신부의 제안에 순순히 따르겠다고 했다. 이렇게 근대 조선의 맞춤 유학생 세 명이 선발됐다.

김대건은 1821년 8월 21일 충청도 솔뫼, 지금의 충남 당진군 우강면 송산리에서 아버지 김제준과 어머니 고씨(세례명 우르술라) 사이에

서 태어났다. 그의 신분은 양반이었으나 당시 국법으로 금하는 천주교를 믿었으니 집안이 온전할 리 없었다.

김대건 가계의 가톨릭 신앙은 그의 증조부로부터 시작된다. 증조부 김진후는 1791년(정조 15년) 전라도 진산의 윤지충과 권상연이 제사를 폐하고 신주를 불사르면서 시작됐던 신해박해 때 체포되었다. 이후 1801년에 또다시 붙잡혀 유배되었으며 1805년 해미海美에서 다시 잡혀 10년 동안 감옥살이를 하다가 1814년 끝내 옥사 순교하였다.

김대건의 조부 김택현은 고향을 떠나 서울로 이사를 왔다가 용인 골배마실로 옮겨 신앙생활을 했는데 이때 대건의 나이 일곱 살이었다. 그는 이곳에서 한문을 익히는 등 양반 자제로서의 식견을 갖추었다. 김대건의 아버지 김제준은 1836년 모방 신부가 입국, 서울 정하상의 집에 거처하자 그곳에 찾아가 세례를 받았다고 한다. 김제준은 1839년 기해박해 때 순교했고 최경환처럼 1984년에 103위 성인의 한 사람으로 시성됐다.

십자가를 지고 가는 형극의 길

다시 김대건 이야기로 돌아가보자. 1836년 7월 11일 모방 신부가 거처하는 서울의 안가에 도착한 소년 김대건은 이후 자신과 운명을 같이할 두 명의 친구들을 만난다. 앞서 기술한 최양업과 최방제다. 기록에 의하면 모방 신부는 김대건을 신학생으로 선발해 외국에 보내는 데 주저했다고 한다. 최양업과 최방제는 이미 오래 전 신학생 후보로 선발돼 상당한 기초교육을 받은 상태였다. 하지만 김대건은 준비가 덜 되어 있었다. 더구나 모방 신부가 김대건을 안 지 고작 4개월밖에 안 된 시점이었다. 김대건을 보낼 것인가 말 것인가? 그러나 모방 신부의 고민은 오래가지 않았다. 그 기회를 놓치면 영원히 다시 기회를 얻지 못할 것 같은 예감이 들었다. 결국 그의 판단은 옳았다. 모방 신부는 12월 3일 수천 리 먼 길을 떠나는 세 소년을 불러 세워 성경에 손을 얹고 서약을 하도록 했다.

"성부와 성자와 성신의 이름으로 비나이다."

"나와 조선 교회의 후계자들에게 순명을 약속합니까?"

"약속합니다."

"나와 조선 교회의 후계자 장상들에게 허락을 받지 않고서는 다른 회에 들어가지 않을 것을, 그리고 장상이 지정한 장소 외에는 가지 않을 것을 약속합니까?"

"예, 약속합니다."

세 소년의 유학길은 세속의 잣대로 볼 때 결코 축복의 길이 아니었다. 지금이야 유학을 떠난다면 모두가 부러워하고 축복하지만 그들이 걸어간 길은 천길 낭떠러지에 난 소로였다. 고통과 죽음이 입을 벌리고 있는 형극의 길, 신앙이 아니고는 결코 걸어갈 수 없는 길이었다.

12월 말 미인의 눈썹처럼 가냘픈 하현달은 어둠을 내몰지 못했다.

코앞의 사물도 가늠하기 어려울 정도로 캄캄한 밤. 살을 에는 강추위가 몰아치는 가운데 김대건과 그 친구들은 묵묵히 어른들을 따라 얼어붙은 압록강을 건넜다. 이들이 가는 길을 정하상, 현석문, 조신철 등 조선 천주교 평신도 어른들이 배웅했다.

관원들의 삼엄한 감시를 피해 국경을 넘은 세 소년은 중국 봉황성 책문에서 그들을 마중나온 자크 호노르 샤스탕 신부를 만났다. 샤스탕 신부는 나중에 조선에 들어와 활동을 하다가 1839년 기해박해 때 모방 신부와 함께 새남터에서 효수됐고 1984년 시성됐다.

압록강에서 마카오까지 걸어서 6개월

세 소년은 샤스탕 신부가 데려온 중국 측 안내자를 따라 선양(옛이름 봉천)–산하이관–베이징–톈진–광저우를 거쳐 목적지인 마카오로 향했다. 중국 대륙을 북에서 남으로 6개월 동안 종단한 끝에 이듬해인 1837년 6월 6일 드디어 마카오에 도착했다. 이곳에서 그들은 파리외방전교회 리브 신부의 따뜻한 영접을 받았다. 발은 부르트고 행색은 남루할 수밖에 없었다. 비행기로 2~3시간이면 갈 수 있는 길을 타박타박 6개월을 걸어 도착한 것이다. 꼬박 6개월을 걷는 일은 어린 소년들에게 엄청난 인내를 요구했을 것이다.

파리외방전교회는 마카오로 유학온 조선의 소년들을 위해 '마카오 조선신학교'를 세웠다. 유학생들을 맞이하기 위해 학교가 설립된 것은 세계에 유례가 없는 일일 것이다. 세 명의 소년들은 마카오 조

선신학교에서 칼레리, 데플레슈 교수들로부터 수업을 받았다. 교사
는 모두 신부들이었다. 칼레리 신부는 조선 선교사로 입국을 기다리
는 상황이었기 때문에 이들에 대한 교육은 르그제즈와 신부가 사실
상 전담했다. 르그제즈와 신부는 신학교 교장인 동시에 교수, 기숙사
사감, 의사 등 1인 4역을 담당했다. 칼레리 신부는 김대건 등에게 발
성법을, 르그네즈와 신부는 프랑스어를 가르쳤다고 한다. 조선 신학

마카오

모방 신부는 왜 김대건 일행의 유학지를 마카오로 정했을까? 마카오는
본래 중국 광둥성 샹산현香山縣에 속해 있었다. 1553년 항해 중이던 포
르투갈 선원들이 물에 젖은 화물을 말린다는 구실을 내세워 마카오에 상
륙한 이후 포르투갈은 1557년 중국 관리들에게 뇌물을 주고 마카오 반도
거주권을 획득하였다. 로마 교황은 1575년 가톨릭 국가인 포르투갈 정부
후원으로 그곳에 마카오 관구管區를 설립하였다. 로마 가톨릭이 동양 포
교의 거점을 마련한 것이다. 그후 마카오는 포르투갈의 대對 아시아 진
출을 위한 거점이 되는 동시에 1841년 영국이 홍콩에 식민지를 개설하기
까지 중국과 서양의 유일한 교류기지가 되었다. 중국은 마카오를 통해
천문학, 유클리드 기하학, 근대적인 지도투영법, 대포 주조기술 등을 받
아들였다. 동·서양의 지리적 지식 교류에 커다란 역할을 한 마테오리치
도 마카오를 거쳐서 중국에 들어왔다. 그야밀로 서양과 동양이 만나는
길목이었던 것이다. 김대건과 그 동료들이 마카오를 유학지로 택한 것도
그런 이유였다. 포르투갈이 1999년 12월 20일 마카오를 중국에 정식으
로 반환해, 홍콩에 이어 두 번째로 중국의 특별행정구가 되었다.

생들은 수업을 아주 잘 따라와 교수 신부들에게 큰 기쁨을 주었다.

그들은 1842년 2월 15일 마카오를 떠날 때까지 4년 6개월 간 그곳에서 사제 수업을 받았다. 그들이 수업을 받을 당시 세계는 어떤 상황이었을까. 미국에서는 링컨이 1834년 일리노이 주의원 당선을 시작으로 정치계에서 활동하고 있었고. 독일에서는 카를 마르크스가 이해 1월 새로 창간된 급진적 반정부 신문 〈라인 신문〉에서 이름을 날리고 있었다. 과학사 쪽에서 보면 도플러가 이른바 도플러법칙을 확립했다. 중국은 아편전쟁에서 영국에 패해 난징조약을 맺고 홍콩을 할양하는 수모를 겪었다. 격변하는 세계 정세는 그동안 우물 안 개구리에 불과했던 조선에도 커다란 영향을 끼쳤다.

최방제의 죽음

조선을 떠나올 때도 그랬지만 세 소년의 유학은 그야말로 고난의 연속이었다. 마카오에 도착한 지 2개월 만인 8월에 마카오에서 민란이 일어나자 세 사람은 필리핀 마닐라로 수 개월 간 피신을 했다. 필리핀에서 돌아오자마자 또 한 차례 비극이 닥쳤다. 최방제가 병에 걸려 세상을 떠난 것이다. 부모와 이별하고 수천 리 길을 함께 걸어와 동고동락하던 최방제의 사망은 두 사람에게 견디기 힘든 슬픔을 안겨 주었다.

1837년 11월 26일(11월 27일이라는 기록도 있다) 김대건과 최양업이 지켜보는 가운데 신학생 최방제는 가쁜 숨을 몰아쉬며 임종을 맞고

마카오 성 안토니오 성당에 있는
김대건의 동상.

있었다. 칼레리 신부가 그에게 마지막 병자성사를 주었다. 최방제는
"신부님 감사합니다."란 말을 마지막으로 숨을 거두었다. 그의 유해
는 조선으로 오지 못하고 마카오에 묻혔다. 지금은 그 무덤을 찾을
길이 없다.

남은 신학생 김대건과 최양업은 1839년 4월 초, 아편 문제로 마카
오와 광저우 지역에서 소요가 일어나자 또다시 마닐라로 피신을 했
다. 칼레리, 데플레슈 신부 등이 이들을 데리고 떠났다. 그들은 4월
한 달을 마닐라에 있는 도미니코 수도회에서 보낸 뒤 5월에 마닐라

로부터 30여 킬로미터 떨어진 롤롬베이의 수도원 농장으로 피난을 가 그해 11월까지 머물다 마닐라로 다시 돌아왔다. 두 소년은 데플레슈 신부로부터 매일 강의를 들으며 지식을 넓혀나갔다. 그들은 11월 사태가 진정되자 다시 마카오로 귀환했지만 김대건은 몸이 허약해 많은 고통을 겪었다. 복통과 두통, 신장병이 늘 그를 괴롭혔다.

1839년 조선에서는 이른바 기해박해가 일어나 천주교 신자들이 흘린 핏자국과 피비린내가 조선 전역을 휩쓸고 있었다. 조선 말에 일어난 제2차 천주교 박해사건이다. 김대건 아버지 김제준과 최양업 아버지 최경환은 모두 이때 순교했다. 김대건 일행을 선발해 마카오 유학을 보낸 모방 신부도 그 소용돌이를 피해가지 못했다.

표면적으로는 천주교 박해지만 내면적으로는 조정 내에서 안동 김씨와 풍양 조씨 간의 권력투쟁이 빚어낸 참극이었다. 천주교에 호의적이었던 안동 김씨를 일거에 제거하기 위해 풍양 조씨였던 형조판서 조병현이 '천주교인은 무부무군無父無君, 즉 아비도 임금도 없는 무리'로 이 극악무도한 이들을 근절해야 한다며 천주교에 대한 탄압책을 상소하였다. 《헌종실록》에 따르면 이때 신앙을 지키다 사형을 당한 사람이 118명, 옥사한 사람이 1명이다. 현석문玄錫文은 《기해일기》에 참수된 사람이 54명, 교수형 또는 매를 맞아 죽거나 병사한 사람이 60여 명이라고 기록했다. 결국 이 사건으로 천주교는 다시 위기를 맞았고 권력은 안동 김씨에서 풍양 조씨로 옮겨졌다. 새우 싸움에 고래 등 터진 격이다.

성 바오로 성당 계단을 무릎으로 오르며 기도하다

당시 마카오에서 어렵게 공부하던 상황에 대해 최양업 신부는 훗날 이렇게 기록했다.

저는 가난한 집안 형편으로 (먹지를 못해) 어릴 적부터 건강이 좋지 않았습니다. 키는 컸지만 영양부족으로 늘 가슴앓이와 위장병, 요통, 두통을 달고 다녔습니다. 그래서 얼굴은 황달에 걸린 사람처럼 늘 누렇게 떠 있었고 머리카락도 하얗게 탈색이 됐습니다. 그래서 교수 신부님들은 항상 제 건강을 염려해주셨습니다. 그러나 정작 제 동기인 최방제가 위열병으로 먼저 하느님의 부르심을 받았습니다. 신학교에 온 지 6개월여 만이었으니 이 일은 저희들에겐 날벼락이었으며 교수 신부님들에게는 태산 같은 걱정을 안겨드렸습니다.

신부들 밑에서 공부를 했다고는 하나 풍족하게 살았을 리 없다. 그럼에도 김대건은 깊은 신심으로 사제의 길을 묵묵히 걸어갔다.

당시 마카오의 성 바오로 성당 가운데 정문은 사제들만 통과할 수 있었다. 김대건은 계단을 무릎으로 오르며 기도했다. "반드시 사제가 되어 이 문을 통과하게 해주시옵소서."라고.

김대건과 최양업은 신학생이 되기 위한 공부를 하면서 기초교양 과목을 철저히 배웠다. 지금도 신학생들은 사제가 되기 위해 먼저 철학 공부를 끝마쳐야 신학과정에 들어갈 수 있다. 김대건은 1841년 철학과정을 마치고 신학과정으로 진급했다. 사제가 되기 위한 긴 여정에서 반환점을 돈 셈이다. 조선은 그 당시 굳건하게 쇄국정책을 고수했지만 김대건과 최양업은 서구 학문을 배우며 최고의 엘리트로 탈바꿈했다. 나중에 김대건이 조선 관헌에게 잡혀 심문을 받는 기록에도 나오지만 조선 조정도 학문이 뛰어난 김대건을 살려서 쓰고 싶어 했다.

두 사람의 의지와는 관계없이 국제 정세는 빠르게 그리고 예측 불허의 상황으로 떠밀려갔다. 1840년 프랑스 루이 필립 황제는 극동 지역으로 군함 3척을 파견해 청나라와 조선의 사정을 알아보게 했다. 함대 사령관인 세실은 마카오에 입항해 김대건을 교육시키고 있던 파리외방전교회를 찾았다. 세실 함장은 프랑스 함대가 조선을 정탐하려는데 도와줄 사람이 없는지 프랑스 신부들에게 물었다.

그렇지 않아도 어떻게든 조선에 들어갈 기회를 엿보던 파리외방전교회 사제들은 사제양성 과정에 있는 김대건과 최양업을 추천했다. 1842년 김대건과 천주교 조선교구의 메스트로 신부는 세실 함장이 지휘하는 에리곤 호에, 최양업과 만주교구 소속의 브뤼니에르 신부는 파즈 함장이 이끄는 파보리트 호에 올랐다. 특히 세실 함장은 이 기회에 조선과 통상조약을 체결하겠다는 야심찬 계획으로 작전을 수행하고 있었다.

하늘이 허락하지 않은 귀국

김대건은 메스트르 신부와 함께 에리곤 호에 승선하여 2월 15일 마카오를 출항했다. 마닐라, 대만을 거쳐 주산舟山에서 2개월쯤 체류한 후 다시 북상, 6월 27일 양쯔강 어구의 오송구吳淞口에 도착하여 조선으로 떠날 준비를 하고 있었다. 그러나 아직 김대건이 조선으로 돌아갈 때는 아닌 듯했다. 아편전쟁이 종료되고 난징조약이 체결됨에 따라 프랑스 군함들은 임무를 더 수행할 필요가 없게 된 것이다. 프랑스 함대들은 김대건과 최양업을 남겨두고 마닐라로 철수했다. 프랑스 함대에서 내린 김대건과 최양업은 중국 강남교구장 베지 주교관에 머물면서 조선으로의 입국을 준비했다. 그들은 베지 주교가 알선해준 중국 배를 타고 조선 입국을 시도했다.

이때부터 조선으로 돌아가려는 김대건과 최양업의 눈물겨운 고난의 여정이 시작된다. 김대건 일행은 1월 2일 상하이를 떠나 북쪽으로 향했다. 남쪽 바닷길보다 압록강을 건너는 편이 낫다고 판단했기 때문이다. 그들은 20여 일 만에 요동에 도착했다. 최양업이 먼저 하선했고 뒤이어 김대건이 파리외방전교회 선교사들과 함께 내릴 계획을 세웠다. 세관원들에게 발각돼 어려움을 겪기도 했으나 김대건의 언변과 재치로 위기를 넘겼다. 그들은 신도회장인 두杜씨 집에 머물렀으나 지방 교우들은 박해가 두려워 그들을 받아들이지 않았다.

김대건 일행은 백가점으로, 최양업 일행은 양관으로 각각 갈라져 입국을 시도했다. 김대건은 백가점에 머물러 입국의 기회를 살피면서도 메스트르 신부로부터 매일 신학 강의를 들었다.

김대건과 메스트르 신부는 조선 국경을 돌아다니며 밀입국할 방도를 찾았으나 파란 눈의 서양인 신부가 주변의 도움 없이 관헌의 눈을 피해 국경을 넘는다는 것은 현실적으로 어려운 일이었다. 11월 초 변문을 다녀온 한 중국인 신자는 조선에서 대대적인 천주교 박해가 벌어져 많은 이들이 순교했다는 소식을 전했다. 만주교구장 베롤 주교는 조선에 입국하려는 두 사람의 계획이 무모하다며 말렸다. 메스트르 신부는 자신으로 인해 김대건이 위험에 처할 것임을 알고 김대건 혼자 조선으로 들어가는 것으로 계획을 변경했다.

나무꾼으로 변장한 김대건은 12월 23일 변문으로 가다가 베이징으로 가는 조선 사신단과 조우했다. 일행 중에는 중국에 조선 천주교회의 소식을 전하러 가는 신자 김 프란치스코가 있었다. 그에게서 기해박해 소식을 들었다. 김대건은 이 박해로 조선에 있던 서양 선교사들과 자신의 아버지, 최양업의 부모를 비롯해 200여 명의 천주교 신자들이 순교했다는 이야기를 듣고도 입국 의지를 꺾지 않았다. 그는 국경선을 넘어 의주를 통과했으나 관헌들의 날카로운 눈길에 위험을 느끼고 다시 중국으로 발길을 돌렸다. 국경을 넘는 도중, 눈길에 쓰러져 동사할 뻔했으나 그는 기적처럼 살아났다.

9년 만에 귀국한 김대건

김대건이 조선으로 입국하기 위해 2개월 간 걸어다닌 거리는 줄잡아 2,000리였다. 김대건과 최양업은 그해에 신학과정을 마치고 연말에 부제품을 받았다. 부제품이란 정식 사제가 되기 직전에 받는 직이다. 두 사람은 스물두 살로 사제로 서품될 수 있는 만 24세가 되지 않았다. 김대건은 1845년 김 프란치스코의 안내를 받아 국경을 넘었고 마침내 오매불망 그리던 조선 땅을 밟았다. 하현달이 비추는 캄캄한 밤 얼어붙은 압록강을 몰래 건너 조선을 떠난 지 9년 만이었다.

김대건은 평양에서 그를 기다리고 있던 현석문(가롤로), 이재의(토마스) 등과 합류한 후 1월 15일 서울에 당도했다. 만주를 떠돌며 극심한 영양실조와 피로 그리고 스트레스를 겪어 건강이 극도로 쇠약해졌으나 김대건이 해야 할 일은 태산 같았다. 자신의 뒤를 이을 신학생을 뽑아 가르치고 조선 지도를 작성하고 기해박해 때 순교한 이들에 관한 기록들을 정리했다. 무엇보다 자신을 기다리고 있을 페레올 주교를 만나 이 모든 상황을 보고해야 했기에 상하이로 돌아갈 준비도 서둘렀다.

김대건은 조선에 도착한 지 3개월여 만인 1845년 4월 30일 작은 나룻배 하나를 구해 제물포항을 떠나 중국 상하이로 향했다. 항해는 길고 험했다. 1개월여 동안 그는 두 번이나 풍랑을 만나 죽을 고비를 넘겼고 거기에 해적까지 만나 고생은 이루 말할 수 없었다. 김대건은 6월 4일 마침내 상하이에 도착했다. 페레올 주교가 다블뤼 신부와 함께 김대건을 보기 위해 상하이로 왔다.

김대건은 8월 17일 페레올 주교로부터 상하이 부근 김가항金家巷

에서 사제로 서품된다. 한국 최초의 사제가 탄생함으로써 모방 신부가 계획한 '맞춤 유학'의 1차 목적이 달성된 것이다. 이는 한국 천주교회사뿐 아니라 한국 유학사에도 큰 기록으로 남을 일이다. 일주일 후 그는 다블뤼 신부와 함께 만당 신학교 성당에서 첫 미사를 올렸다. 사제가 된 김대건은 더욱 큰 힘과 용기를 얻어 조선으로 과감하게 입국을 시도했다. 이번에는 김대건뿐 아니라 페레올 주교와 다블뤼 신부까지 함께 조선으로 향했다. 김대건은 자신이 타고 온 작은 돛단배 라파엘 호에 그들을 태우고 8월 31일 상하이를 출항해 조선으로 향했다. 이들 일행은 상하이를 떠난 지 얼마되지 않아 거센 풍랑을 만났다. 갑판은 부서지고 키는 부러졌으며 돛은 찢어져버렸다. 김대건 일행은 돛을 거둬내고 흐르는 조류에 몸을 맡길 수밖에 없었다. 이렇게 하여 그들이 처음 도착한 곳은 제주도 서쪽 작은 섬 비양도였다. 이들은 그곳에서 물과 식량을 얻은 뒤 서울로 가려던 계획을 바꿔 충청도 강경 인근의 작은 교우촌 나바위에 10월 12일 도착했다. 사제가 되기 위해 유학을 떠난 지 9년여 만에 목표를 이루어 귀국한 것이다.

군문효수형으로 마감한 사제의 꿈

김대건은 조선 최초의 사제답게 활발한 활동을 전개했다. 그의 깊은 신심, 놀라울 만치 유창한 말씨는 단번에 신자들의 존경과 사랑을 얻었다. 이때 김대건은 10년 만에 처음으로 안성에서 어머니

고 우르술라를 만나 꿈같
은 시간을 보내기도 했다.
그는 4월 12일 부활절을 지
내고 다음날 서울로 올라
왔다.

새 사제 김대건에게 새
로운 사명이 주어졌다. 페
레올 주교는 김대건에게
중국에 거주하는 파리외방
전교회 선교사들을 영입하
기 위한 새로운 길을 개척
하도록 했다. 그는 5월 14

한국 최초의 사제가 된 김대건의 초상.

일 7명의 사공들을 거느리고 마포 나루를 떠나 서해 바다로 나갔다.
중국 어선들에 페레올 주교의 뜻을 알리는 편지와 입국하는 경로가
그려진 조선 지도를 전달했다.

그가 임무를 완성하고 옹진반도 남쪽에 위치한 순위도에 6월 5일
도착했을 때, 관헌들이 그를 기다리고 있었다. 중국 어선에 전달했던
편지와 지도가 조선 관헌들에게 압수되었던 것이다. 김대건은 5일
후 해주 감영으로 압송되어 문초를 받았고 해주 감영은 다시 그를 6
월 21일 한양 포청으로 압송했다. 이후 좌우포도청에서 7월 19일까
지 40여 차례 심문을 받았다. 이 과정에서 자신의 생이 얼마 남지 않
았음을 감지한 김대건은 7월 20일 르그레즈, 리브와 신부 등 자신을

가르쳐주었던 교수 신부들에게 하직 편지를 썼다.

그는 사학죄인의 신분으로 옥에 갇혀 있으면서도 조선 조정의 요청으로 영문으로 된 세계지도를 조선말로 번역하기도 했고, 지리 개설서를 편찬하기도 했다. 그해 8월 20일 프랑스 극동함대 사령관 세실이 함대를 이끌고 서해안에 나타났다. 1839년 기해박해 때 프랑스 선교사 세 명을 살해한 데 대한 책임을 조선 정부에 묻기 위해서였다. 당황한 조선 조정은 프랑스어를 구사할 줄 아는 김대건을 대표로 내세워 프랑스 함대와 협상하도록 했다. 그러나 역사는 조선 천주교회와 김대건 편이 아니었다. 프랑스 함대는 조선 조정에 항의 편지만 전달하고 물러가버렸다. 세실 함장이 보다 강경한 태도로 조선 조정을 압박했더라면 김대건은 살아남을 수도 있었을 것이다. 프랑스 함대가 물러간 후 조선 조정은 더이상 김대건의 효용가치를 인정하지 않았다.

김대건은 자신의 사형이 앞당겨졌음을 직감하고 8월 29일 페레올 주교와 친구인 최양업 토마스 그리고 조선 천주교 신자들에게 마지막 편지를 썼다.

지극히 사랑하는 나의 형제 토마스여, 잘 있게. 천당에서 다시 만나세. 나의 어머니 우르술라를 특별히 돌보아주도록 부탁하네.

저는 그리스도의 힘을 믿습니다. 그분의 이름 때문에 묶였기 때문입니다. 하느님께서 끝까지 형벌을 이겨낼 힘을 저에게 주실 것을 기대합니다.

하느님, 우리를 불쌍히 여기소서.

우리의 환난을 굽어보소서. 주께서 만일 우리의 죄악을 살피신다면,
주여, 누가 감히 당할 수 있으리이까!

9월 15일, 조선 조정은 김대건에게 군문효수형을 확정했다. 넓은
식견을 갖춘 그를 이대로 죽이기는 아깝다는 일부 고관들의 상소에
도 불구하고 외국인과 교섭했으므로 역적의 죄로 다스려야 후환이
없다는 영의정 권돈인의 의견이 받아들여진 것이다. 형이 확정된 다
음날인 1846년 9월 16일, 김대건은 25세의 나이에 새남터에서 목이
잘렸다.

그는 1925년 7월 5일 로마 베드로 대성전에서 교황 비오 11세 주
례로 한국 순교자 78명과 함께 복자로 선포되었고, 1984년 교황 요
한바오로 2세에 의해 한국 천주교 103위 성인 가운데 한 사람으로 시
성됐다.

땀의 사제 최양업

한편 최양업도 김대건처럼 조선으로 입국하기 위해 피나는
노력을 기울였다. 신부로 서품되기 3년 전인 1846년 1월 그는 메스
트르 신부와 함께 조선으로 들어오려고 만주 훈춘을 거쳐 두만강 국
경 근처까지 갔다가 중국 관헌에게 체포되었다. 석방된 후에는 입국

을 포기하고 창춘의 소팔가자 성당으로 다시 돌아왔다. 그해 말 압록강 근처에서 조선 밀사들에게 동료인 김대건의 순교와 병오박해 소식을 듣는다. 그에게는 참으로 허망한 소식이었다. 그는 파리외방전교회 극동대표부가 있는 홍콩으로 다시 돌아갔다.

홍콩에서 조선 순교자들의 전기를 라틴어로 번역하던 최양업은 1847년 7월 28일 조선으로 돌아가기 위해 메스트르 신부와 함께 조

병오박해

김대건 신부가 1846년 6월 5일 백령도 부근에서 외국인 선교사 밀입국 루트를 개척하다가 관헌에 체포된 것을 계기로 시작되어 3개월여 간 계속된 천주교 박해. 이로 순교한 사람은 성직자 1명과 평신도 8명 등 총 9명이다. 이들은 1984년 5월 6일 여의도광장에서 열린 시성식에서 교황 요한 바오로 2세에 의해 순교 성인으로 시성됐다.

김대건 신부가 체포된 것을 시작으로 그와 관련된 많은 천주교 신자들이 체포되었다. 이 시기 중국에 있던 프랑스 함대 사령관 세실이 이끄는 군함 3척이 충청도 외연도에 나타나 기해박해 당시 조선 조정이 프랑스 선교사 세 명을 학살한 데 대한 항의문을 전달했다. 그러나 이 사건은 오히려 김대건 신부 등 체포된 천주교 신자들의 처형을 앞당기는 역할을 했다. 서양 세력을 국내로 불러들였다는 죄목이었다. 김대건 신부는 9월 16일 한강변 새남터로 끌려가 군문효수형을 받았고 그로부터 3일 후에는 현석문도 군문효수형으로 순교하였다. 한편 포도청에 남아 있던 임치백과 남경문, 한이형, 이간난, 우술임, 김임이, 정철염도 모진 매질을 견디지 못하고 숨을 거뒀다.

선 원정에 나선 프랑스 군함을 타고 전라도 고군산열도 인근에 도달
했다. 그러나 하늘은 아직 그에게 조선으로 돌아갈 기회를 주지 않았
다. 최양업을 태우고온 함대의 군함 한 척이 난파하는 바람에 상하이
로 되돌아갈 수밖에 없었다. 그는 라피에르 함장에게 자신을 조선에
남기도록 부탁했지만 거절당했다. 그는 그후 다시 한 번 백령도를 통
해 조선 입국을 시도했지만 쉽사리 길은 열리지 않았다.

1849년 4월 15일 부제 최양업은 상하이 대성당에서 메스트르 신부
가 지켜보는 가운데 강남 교구장 마레스카 주교로부터 사제 서품을
받았다. 김대건에 이어 조선인으로 두 번째 사제가 된것이다. 앞서
김대건도 그랬지만 최양업의 입국 시도는 집요했다. 최양업은 다시
요동으로 가 입국을 여러 차례 시도했으나 번번이 좌절을 겪었다.
떠날 때도 고통스러웠지만 돌아가는 것도 지루하고 초조한 길이었
다.

저는 험한 길을 계속 개척해 나가면서 조선의 철통같이 굳게 닫힌
관문을 뚫고 통과하려 했습니다. 제게는 관문경비초소의 경계망을 들
키지 않게 피해갈 수 있는 가능성이 전혀 보이지 않았습니다. 체포될
각오를 하고 밤중에 관문 경비초소에 다가갔습니다. 그날 밤은 칠흑같
이 캄캄했고 거기다가 광풍까지 참으로 거세게 불었으며 혹독한 추위
에 몸이 얼어붙을 것 같았습니다. 우리가 관문 한복판을 지나왔는데도
우리가 지난 것을 눈치채거나 본 사람이 없었습니다.

| 최양업 서간집 《너는 주추 놓고 나는 세우고》 중에서 |

조선의 두 번째 사제이자 '땀의 사제'로 불리는 최양업의 동상.

1849년 12월 3일, 그는 마침내 단신으로 조선 땅에 들어오는 데 성공했다. 15세의 나이로 조선을 떠난 지 13년 만의 일이었다. 신라의 견당유학생들이 신라왕의 책봉사로 금의환향했던 것과 달리 최초의 서양 유학생인 최양업의 귀향은 고난 그 자체였다. 조선에 입국한 그는 '땀의 사제'라는 별칭이 말해주듯 팔도를 발로 누볐다.

그는 조선에 입국하여 강원도, 충청도, 경상도, 전라도 등을 돌며 끊임없이 사목활동을 전개했다. 1854년에 세 명의 유학생을 다시 신학생 후보로 뽑아 말레이시아 페낭에 있는 신학교로 보내기도 했다. 고난의 생활이었지만 최양업은 순교자의 자세로 이 고난과 고통을 달게 받았다. 언제나 그는 "비참하게 지내는 민초民草들을 도와줄 수 없는 자신의 초라함" 때문에 가슴을 앓던 목자였다고 한다.

1860년에는 경상도의 죽림(경남 울주군 상북면 이천리) 교우촌에서 성사를 집전하다가 경신박해庚申迫害를 만나 그 뒷산의 굴에서 숨어 지낸 적도 있었다. 이때 그는 다음과 같이 주님의 자비를 구하면서 가련한 조선 포교지를 선교사들에게 부탁하였다.

원수들이 우리에게 달려들고 있습니다. 당신의 보배로운 피로 속량 하신 당신의 유산을 파멸하려 덤벼들고 있습니다. 당신이 높은 데서 도와주지 않으신다면 우리는 그들에 대항하여 설 수가 없습니다. (…) 이것이 저의 마지막 하직 인사가 될 듯합니다. 이 불쌍하고 가련한 우 리 포교지를 여러 신부님들의 끈질긴 염려와 지칠 줄 모르는 애덕에 거듭거듭 맡깁니다.

그가 조선으로 돌아와 활동한 기간은 12년이었다. 포졸들의 눈을 피해 하룻밤에 80~100리 길을 걸었다. 가히 초인적인 활동이었다. 그는 1861년 6월 사목활동을 하고 서울로 가던 도중 누적된 과로로 장티푸스에 걸렸다. 그의 몸은 병을 이겨내기에 너무 지쳐 있었고 결 국 발병한 지 보름 만인 6월 15일 경상도 문경에서 사망했다.

그는 이 땅에서 12년 동안 사목을 하고 박해로 고사되던 조선 천주 교라는 나무의 잎과 줄기에 생기를 돌게 했어도 김대건에 가려 이름 이 그리 알려지지 않았다.

모방 신부가 세 명의 소년을 뽑아 마카오로 유학을 보냈고 그 가운데 두 명이 사제가 되었으나, 그중 한 명은 입국하자마자 순교했고 실제로 이 땅에서 복음을 뿌린 사람은 최양업 한 명뿐이었다. 인간적인 눈으로 보면 절반의 성공도 못한 셈이다. 그러나 조선 천주교회가 사제 양성을 목적으로 시작한 '맞춤 유학'은 160여 년 뒤 550만 명의 신자로 급성장한 한국 천주교회의 밑걸음이 되었다.

여전히 아쉬움으로 남는 '맞춤 유학'

모방 신부가 조선 천주교회 지도자들과 함께 계획한 '맞춤 유학'이 절반의 성공으로 끝난 것은 큰 손실이 아닐 수 없다. 만일 김대건과 그 친구들의 유학이 성공을 거두고 그들이 조선 천주교회의 사제로 공식 활동했더라면 한국의 역사는 많이 달라졌을 것이다. 그들의 포교활동이 발전된 서구 문화와 문명을 받아들이는 계기가 됐을 것이기 때문이다.

조선 천주교회가 김대건과 그 친구들을 선발해 마카오로 유학보낸 것이 1836년, 김대건이 9년 간의 유학을 마치고 돌아온 지 일년도 못 돼 새남터에서 군문효수된 것이 1846년이다. 중국의 최초 미국 유학생 룽훙이 공부를 하러 떠난 것이 1847년이고, 일본의 니지마 조가 역시 미국으로 유학을 떠난 것이 1864년이다. 한국이 오히려 일본이나 중국보다도 빨랐던 셈이다.

이미 중국에서는 그 당시 가톨릭을 비롯해 개신교 선교사들이 교육을 통한 선교활동을 활발히 전개하고 있었다. 아시아 대륙 동쪽에 치우쳐 있는 지리적 여건 때문이기도 했지만 서구 열강들이 기독교 선교의 수단으로 함께 갖고 들어온 근대식 교육이 늦게 전래된 것은 두고두고 아쉬움으로 남는다.

근대 유학의 효시였던 김대건이 조선에서 마음껏 활동할 수 있었더라면, 그 영향으로 조선이 좀더 일찍 서방에 문호를 개방했더라면 조선은 1876년 일본에 억지로 문호를 개방했던 것보다도 몇십 년 앞서 근대화를 추진할 수 있었다. 그리고 만약 그렇게만 됐다면, 우리의 역사는 지금과는 많이 달라져 있을 것이다.

그러나 가정은 가정일 뿐. 역사는 가정을 허락하지 않는 법이다.

03
조선 최초 미국 유학생 _ 유길준

덤머 아카데미에 날아온 조국의 비보

1884년 12월 중순 미국 동부 매사추세츠 주, 작은 해안도시인 세일럼 시에는 거센 눈보라가 치고 있었다. 이곳으로부터 내륙 쪽으로 약 50여 킬로미터 떨어진 바이필드의 덤머 아카데미(현재는 거버너스 아카데미로 이름이 바뀌었음)에 다니던 조선 최초 미국 유학생 유길준은 기숙사에서 밤 깊도록 잠을 이루지 못했다. 낮에 본 신문 기사 때문이다.

나는 깜짝 놀라서 얼굴빛이 바뀐 채 기숙사로 돌아왔다. 그때 큰 눈이 정원 소나무 위에 쌓이고 음산한 바람이 유리창을 두드려, 밤이 다하도록 침상 위에서 엎치락뒤치락하며 잠을 이루지 못하였다. 고국 생각이 만리 큰 바다를 사이에 두고 오락가락하였다. (변란 소식을 듣자마자) 달려가 안부를 물어야 하는 도리를 다하지 못하고 중간에 소식이 막연해지니 가슴 속부터 비분강개한 마음이 용솟음쳤지만 떨치고 날아가지 못하는 것이 한스러웠다.

| 《서유견문》 중에서 |

28세의 만학도 유길준이 미국 고등학교, 덤머 아카데미에 입학한 지도 벌써 4개월이 지났다. 어느날 미국 친구가 교실에서 〈뉴욕타임스*The New York Times*〉를 건네주며 "길준, 신문에 조선에 관한 기사가 났다. 한양에서 쿠데타가 났다는데 어떻게 된 거니?"라고 말했다. 유길준은 신문을 읽는 순간 정신이 몽롱해지면서 몸이 떨렸다. 그는 눈으로는 기사를 읽고 있었으나 동시에 머릿속이 하얘지는 느낌을 받았다. 〈뉴욕타임스〉는 일주일 전 김옥균 등 이른바 개화파 청년들이 조정 내 수구파를 몰아내고 조선을 개혁하기 위해 갑신정변을 일으켰다고 상세히 보도하고 있었다.

김옥균, 박영효, 홍영식, 박영교, 서재필, 서광범 등 급진 개화파들은 대외적으로 청나라와의 종속관계를 청산하고 대내적으로 전제주의 왕조를 입헌군주제로 바꾸는 한편 사회적으로 문벌 중심의 신분제를 청산하려 쿠데타를 일으킨 것이다. 위로부터 시도한 근세 최초의 개혁운동이다.

개화파는 그동안 민씨 정권에 배척당하던 대원군의 서자이자 고종의 이복형인 이재선李載先을 궁으로 불러 정변의 취지를 설명하고 왕실과 연합정부 구성을 제안했다. 각국 공사관에도 정변의 뜻을 전달하고 지지를 요청했다. 급진 개화파는 다음날인 12월 5일 새 정부를

갑신정변

김옥균 등 개화파는 1884년 12월 4일(음력 10월 17일) 밤 10시, 한양 한복판에서 쿠데타를 일으켰다. 조선 최초의 우체국인 우정국 낙성식이 열리는 날이었다. 이날 밤 열린 우정국 낙성식에는 민영익, 윤태준, 한규직, 이조연 등 조선의 고위관리와 한성 주재 각국 외교관들이 참석했다.

이 쿠데타의 행동대원은 서재필이었다. 일본에서 사관 훈련을 받고 돌아온 서재필이 이끄는 사관생도들은 우정국 주변 민가에 불을 질렀고 참석자들이 당황해 우왕좌왕하는 사이 개화파들은 민씨 정권의 영수인 민영익을 칼로 찌르는 등 수구파 정부 고관들을 살해하려 했다. 개화파들 가운데 일부는 창덕궁으로 가 고종과 명성황후에게 청군이 공격해온다고 거짓말을 해 임금을 창덕궁에서 경우궁景祐宮으로 옮기도록 했다. 일본군 200명과 조선군 50여 명이 고종을 호위했다. 경우궁은 23대 임금 순조純祖의 생모 수빈 박씨綏嬪朴氏(정조의 후궁)의 사당이었다.

개혁파들은 대신들에게 사람을 보내 국왕이 불렀다고 거짓으로 알린 뒤 이를 믿고 입궐하는 대신 윤태준, 한규직, 이조연과 수구파의 거두 민태호, 민영목, 조영하 등 6명을 참살했다. 이들은 대부분 군권을 가진 막강한 조선의 실력자들이었다. 일면 수양대군이 한명회를 앞장세워 임금의 명을 받고 입궐하는 대신들을 척살하고 정권을 찬탈했던 계유정란과 방식이 비슷하다.

구성하고 14개조 정강을 발표했다.

남을 것인가 떠날 것인가?

그러나 명성황후는 서울에 주재하던 청나라 장수 위안스카이袁世凱에게 도움을 요청했고, 그는 청군 1,500여 명을 이끌고 12월 7일 오후 3시경 개화파에 대해 반격을 개시했다. 이 와중에 홍영식, 박영교는 청군에 사살되고 김옥균, 박영효, 서광범, 서재필 등 9명은 일본 공사관에 피신했다가 인천에서 배를 타고 일본으로 망명해버렸다. 결국 갑신정변은 '3일천하'로 끝나고 말았다. 이 사건으로 희생된 이들이 200여 명에 이르렀고, 그중 조선인 사망자는 149명이었다. 통신 시설이 미비했던 시절이라 갑신정변은 미국에 뒤늦게 알려졌다.

갑신년(1884) 겨울 강의실에서 어려운 문제를 물어보고 있었는데, 한 학생이 신문쪽지를 들고와서 '그대 나라에 변란이 일어났다'고 말하였다.

| 《서유견문》 중에서 |

그는 이어 그때의 심경을 이렇게 적었다.

한국의 분위기가 악화됐다는 소식을 들은 이래 저는 가슴이 찢어지는 슬픔을 어떻게 억제할 수 없습니다. 사실이든 아니든 비통함과 슬품을 느낍니다.

갑신정변을 일으킨 주역들은 유길준과 개화사상을 공유한 동지들이다. 연배도 비슷하다. 유길준은 1856년, 김옥균은 1851년, 홍영식은 1855년, 박영효는 1861년생이다. 유길준은 열네 살 때 이들과 함께 박규수 문하에서 실학사상을 배웠다.

그들의 스승 박규수는 연암 박지원의 손자로 근대 조선의 개화사상가다. 평안도 관찰사로 재임 중이던 1866년 7월, 미국 상선 제너럴셔먼 호가 대동강을 거슬러오자 불을 질러 침몰시켰다. 그러던 그가

양무운동

양무운동은 1861년부터 1894년까지 중국 청나라에서 진행된 자강自强운동이다. '양무洋務'란 다른 나라와의 외교 교섭에 관한 사무를 뜻하는 말이지만, 넓게는 서양의 문물과 기술을 받아들인다는 뜻으로 쓰였다. 따라서 양무운동이란 서양의 문물을 받아들여 군사적 자강과 경제적 부강을 이루려 했던 여러 정책과 사회 변동을 나타낸다. 청의 동치제同治帝(1856~1874) 때 시작해 광서제光緖帝(1871~1908) 재임기까지 전개되어 이를 동치중흥同治中興, 동광신정同光新政이라고도 히며, 일부 획지들은 자강운동自强運動, 자강신정自强新政 등의 명칭으로 사용하기도 한다. 초기에는 군사력 증강을 위해 군수 공업의 육성에 중점을 두고 전개되었지만, 1870년대 이후에는 광공업이나 교육 등 다른 부문으로 확산되었다.

1872년 대제학 시절, 진하사로 중국에 다녀온 뒤 개화파로 변신한다. 청국의 양무운동을 목격하고 조선의 개화 필요성을 절감했던 것이다. 형조판서, 우의정을 거치면서 대원군에게 문호개방의 필요성을 역설했으나 받아들여지지 않자 1874년 공직을 사퇴하고 사랑방에서 젊은 양반 자제들에게 실학을 전수했다. 유길준은 바로 여기서 개화사상을 배웠다.

박규수의 문하에서 유길준과 함께 사사했으며 갑신정변을 주모했던 개화파 김옥균.

유길준이 갑신정변 발발 소식을 듣고 그토록 충격을 받았던 것은 가해자와 피해자 모두가 그와 뗄 수 없는 인물들이었기 때문이다. 갑신정변 당일 쿠데타 주도 세력에게 칼로 난자당한 뒤 천우신조로 피신, 알렌 선교사에게 치료를 받고 목숨을 건진 민영익은 유길준이 보빙사 사절로 미국에 올 때 특명전권공사로 모셨으며 자신이 일본과 미국에서 유학을 할 수 있도록 도와준 은인이었다. 동시에 갑신정변을 주도한 세력들도 모두 친구이자 동지였다. 세상의 인연이 선연과 악연으로 교직돼 있다곤 하지만 이렇게 얽히고설키기도 힘들 것이다.

유길준은 갑신정변이 발발한 후에도 다음해 6월까지 덤머 아카데미에 머물며 공부를 했다. 그는 조선으로 돌아갈 것인가, 남아서 계속 공부할 것인가를 놓고 수많은 밤들을 번민했다. 그리고 마침내 1885년 6월, 조선으로 돌아갈 것을 결심한다.

청나라 말인 1847년 중국의 최초 미국 유학생인 룽훙이 유학을 떠나 1854년 예일 대학교를 졸업했고, 일본 최초 미국 유학생 니지마 조는 1864년 최고 명문고등학교인 필립스 앤도버를 졸업하고 하버드·예일대학교와 어깨를 겨루는 리버럴 아트 칼리지, 암허스트 대학교를 졸업했다. 덤머 아카데미에서 뛰어난 성적을 보였던 유길준도 미국에 남아서 계속 공부를 했더라면 한국 최초의 하버드 대학생이 되었을지도 모른다. 어지러웠던 조선 말 상황처럼, 한국 첫 미국 유학생의 학업도 순탄치 않았다.

유길준은 그렇게 미국 유학의 꿈을 접었다. 비록 꿈이 열매를 맺지는 못했지만 그는 한국 역사상 최초의 일본 유학생이자, 첫 미국 유학생이라는 기록을 남겼다.

과거시험을 포기한 유길준

유길준, 그는 조선 500년 왕조가 사양길에 접어들고 있을 무렵인 1856년(철종 7년)에 태어났다. 이해는 일본과 미국이 미일 수호통상조약을 맺어 일본이 문호를 개방하고 도약을 준비하던 시기이기도 하다.

그가 세상을 바라보는 시각을 바꾸게 된 것은 앞서 설명했듯이 박규수 문하에 들어가면서다.

당시 대원군은 여전히 쇄국정책을 고수하고 있었다. 그는 나라 곳곳에 "서양 오랑캐가 침입하는데, 싸우지 않음은 화친하는 것이요, 화친을 주장함은 나라를 파는 것이다."라는 내용의 척화비를 세웠다. 박규수는 대원군을 상대로 한 문호개방 주장이 받아들여지지 않자 우의정 직을 사임하고 자신의 집 사랑방에서 앞서 언급한 김옥균 등 양반 자제들을 불러모아 《연암집燕巖集》《해국도지海國圖志》 등의 책을 통해 실학을 가르치고 중국에서 보고 익힌 견문과 국제 정세를 전해주었다. 이로 인해 조선 말 개화파가 형성되기 시작한다.

유길준은 특히 《해국도지》를 읽고 큰 충격을 받았다. 유길준도 전통적 사대부들이 그러하듯 출세의 최단 코스인 과거를 준비했다. 그러나 그는 박규수 문하에서 《해국도지》를 읽은 뒤 갑자기 생각이 바뀌었다. 열아홉의 유길준은 "국가의 부강을 성취하고 인민의 안태安泰를 이룩할 수 없다"며 과거를 포기하고 실학과 중국의 양무운동에 관한 책들을 탐독했다. 뿐만 아니라 그는 1877년 〈과문폐론科文弊論〉이라는 글로 과거제도를 비판하며 폐지를 주장했다.

소위 선비를 문장으로 시험한다는 것은 방법치고는 너무 졸렬하다. 시험관 두세 명이 붓을 들고 방안 깊숙이 앉아서 그 높고 낮음에 방점을 찍어 그 잘하고 못함을 판별한다고 하나, 눈은 이미 혼미하고 마음마저 흐리멍덩하니 손놀림도 따라서 어지러워지는 것이다. (…) 그러므로 과거라는 것은 도를 해치는 함정이자 인재를 해치는 그물이며, 국가를 병들게 하는 근본이자 인민들을 학대하는 기구이다. 과거가 존재하면 백 가지 해로움이 있을 뿐이며 없더라도 하나도 손해가 없다. 위로는 조정의 백관에서부터 밑으로는 민간의 글방서생에 이르기까지 다 과거로 부몰浮沒하니, 필경 취생몽사醉生夢死하다가 끝내 각성하여 깨닫지 못한다.

| 〈과문폐론〉 중에서 |

개화파와 어울리면서 세상 공부를 하던 유길준은 25살 되던 1881년 (고종 18년) 5월에 박규수의 권유에 따라 어윤중 수행원으로 일본 문물을 돌아보는 신사유람단에 참가했다. 여기서 그의 인생이 바뀐다. 그는 일본에서 새로운 문물을 배우도록 선택된 국비 유학생이었다.

조선이 일본에 신사유람단을 보낸 것과 일본이 개항 직후 미국에

해국도지 海國圖志

중국의 웨이위안魏源이 쓴 이 책은 쉬지위徐繼畬의 《영환지략瀛環志略》과 함께 세계를 바라보는 조선 지식인들의 인식에 큰 영향을 미친 것으로 전해지고 있다. 서울대 이근 교수는 "《해국도지》는 마치 지금 기독교인들에게 성경과 같은 존재였던 것으로 보이는데, 국왕이 연행 사절들에게 해외문제를 물을 경우 사절들은 곧잘 '《해국도지》에 따르면…' 이라는 답변을 하였다고 한다."고 전하고 있다.

일본판 신사유람단을 보낸 것은 여러 면에서 대비된다. 일본은 1853년 미국의 매쉬 C. 페리 제독이 군함을 앞세워 무력행사를 함에 따라 겁을 먹고 문호를 개방했다. 그로부터 7년 뒤 일본 정부는 미국을 배우고 오라며 일본판 신사유람단 96명을 증기선 싯포마치니 호에 태워 보냈다. 일본 신사유람단이 돌아본 미국은 그야말로 경천동지驚天動地, 천지개벽天地開闢 할 상황이었다. 그들은 이후 옛것을 버리고 과감히 서양 문물을 받아들이기 시작했다. 우리는 그로부터 28년 뒤 세상을 배우겠다고 일본에 신사유람단을 보냈다. 시간적으로 불과 28년의 차이밖에 나지 않으나 이미 탄력이 붙기 시작한 문명의 발전 속도로 볼 때 조선이 일본을 따라잡기는 어려웠다.

당시 조선의 상황을 잠깐 살펴보자. 일본은 미국 페리 제독에게 당했던 방식과 똑같은 방법으로 조선을 무력으로 위협하며 개항을 요구했다. 조선은 일본과 1876년 병자수호조약, 일명 강화도조약이라고 하는 한일수호조약을 체결한다. 이미 알려진 대로 일본이 무력을 앞세워 문약한 조선을 위협함에 따라 어쩔 수 없이 체결한 불평등 조약이지만, 이로 인해 조선 내에서는 부국강병을 위해 조선도 개화해야 한다는 분위기가 조성됐다. 개화파들은 대원군의 쇄국정책에 맞서 문호를 개방하여 대외통상을 해야 한다고 강력히 주장했다. 또 이미 문호를 연 일본에 가서 그 변화의 모습을 직접 체험해야 한다고 국왕에게 의견을 올렸다.

이에 조선 조정은 1876년 4월 4일 김기수, 김굉집 등을 일본에 수신사로 파견한다. 김기수는 약 2개월 간 일본 전역을 돌아보고 6월 1

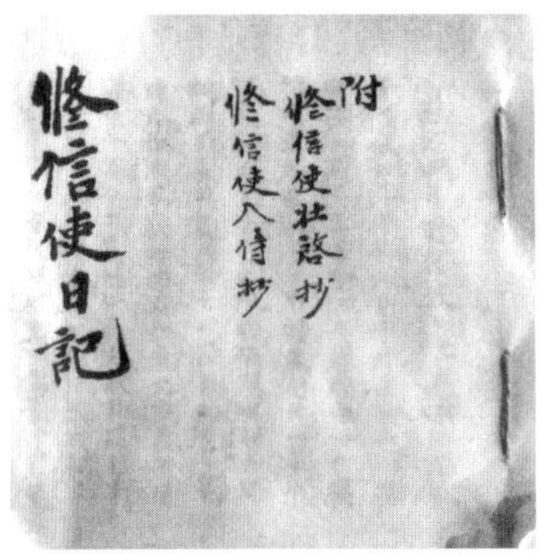

1876년 일본을 돌아본 뒤 김기수가 작성한
《수신사일기》.

일 서울에 돌아와 일본에서 보고 듣고 느낀 것을 고종에게 보고했다. 그의 보고를 한마디로 요약하면 조선이 일본의 문물을 배워야 한다는 것이었다.

다행히 고종은 수신사 김기수의 이 같은 건의를 받아들여 수구파의 강력한 제지에도 불구하고 1881년 4월 신사유람단을 일본에 파견했다. 신사유람단은 박정양, 홍영식 등 12명의 중견 관료와 유학생으로 계속 남아 공부할 수행원 27명, 일본인 통역관 12명, 하인 13명 등 총 64명으로 구성됐다. 고종은 일본에 갈 12명의 관료들을 동래부 암행어사로 임명하여 척사파들 몰래 보내려 했다. 국왕이 나라를 살리기 위해 새로운 문물을 배우고 올 사절단을 보내는 데도 신하들의 눈치를 봐야 하는 조선조 말의 상황은 암담하기 이를 데 없었다.

신사유람단은 약 4개월 동안 도쿄, 오사카 등지에 머물면서 새로운 것들을 배웠다. 그들은 문교·내부·농상·외부·군무 능 각 무를 시찰하고 세관·조폐 등의 각 분야를 둘러보았다.

조선 최초 일본 유학생

유길준은 당초 계획대로 신사유람단 본진과 함께 귀국하지 않고 유정수와 함께 게이오 의숙慶應義塾에 입학했다. 이로써 유길준은 윤치호, 유정수, 김양한, 손붕구와 함께 조선 최초로 국비 지원을 받는 일본 유학생이 되었다.

여기서 간과할 수 없는 인물이 후쿠자와 유키치福澤諭吉다. 그는 유길준을 비롯해 조선의 일본 유학생들이 일본에서 공부할 수 있도록 주선하고 도와준 인물이다. 우리나라 개화파의 정신적 지주가 박규수였다면 후쿠자와는 비록 일본인이지만 또 하나의 개화파 스승이라고 해도 과언이 아니다. 춘원 이광수는 후쿠자와를 일컬어 "하늘이 일본을 축복하셔서 내린 인물"이라고 칭송했다. 후쿠자와는 일본 개

후쿠자와 유키치福澤諭吉

일본의 계몽가이자 교육가. 에도(현재의 도쿄)에 네덜란드 언어학교인 난학숙蘭學塾을 열었다. 당시만 해도 미국이나 영국보다는 화란으로 일컬었던 네덜란드가 전세계 무역을 거머쥐고 있었기 때문에 영향력이 컸다. 후쿠자와는 실학과 부국강병을 강조하여 일본에서 자본주의가 발달하도록 하는 사상적 토대를 마련한 인물이다. 일본의 1만 엔짜리 지폐에 그의 얼굴이 들어가 있는 것을 보면 일본 내에서 그의 위상이 어느 정도인지 알 수 있다.

화기의 가장 대표적인 지식인으로 존경을 받고 있다.

그러나 그는 한국과 한국인에게 달갑기만 한 인물은 결코 아니다. 그는 아시아와의 연대를 강조했지만 내심 일본 제국주의 팽창을 염두에 두고 있었다. 그는 실제로 임오군란이 일어났을 때 일본 정부에 군대를 동원해 적극적으로 개입할 것을 요청했다. 또한 갑신정변이 청나라 위안스카이의 개입으로 3일천하로 끝나자 일본이 무력으로 개입하자는 주장을 펼치기도 했다. 그는 탈아론脫亞論, 이른바 아시아에서 탈피해 세계로 나가자는 주장을 폈다.

작금의 중국과 조선은 우리 일본에게 일체의 도움이 되지 않으며, 서양 문명인의 눈으로 본다면, 삼국의 영토가 서로 접해 있기 때문에 때로는 중국과 조선을 보는 시선으로 우리 일본을 평가할 가능성이 매우 높다. 그러므로 오늘을 도모하는 데 있어서 우리 일본은 이웃 나라의 개명을 기다려 함께 아시아를 번영시킬 여유가 없다. 오히려 그 대오에서 벗어나 서양의 문명국과 진퇴를 같이하여, 중국, 조선 등과 접촉하는 방법도 이웃 나라이기 때문에 특별히 봐줄 것이 아니라 바로 서양인이 이들과 접촉하는 방식에 따라 처리해야 할 것이다. 악우惡友와 친하게 되면 악명을 면하기 어렵다. 우리는 진심으로 아시아 동방의 나쁜 친구를 사절해야 할 것이다.

한마디로 조선 및 아시아 국가들을 우습게 본 것이다. 그럼에도 후쿠자와는 유길준이 일본을 거쳐 미국 유학을 하고, 이후 《서유견문》

을 쓰는 데 여러 모로 깊은 영향을 주었다. 그는 1858년 게이오 의숙을 세웠다. 유길준은 일본에서 공부하는 동안 후쿠자와 집에 유숙했다. 자연히 유길준은 후쿠자와에게 많은 영향을 받을 수밖에 없었다. 후쿠자와는 유길준을 시작으로 계속 조선 유학생에게 생활을 지원해주고, 상급학교에 진학할 때 필요한 모든 것을 준비해줬다. 조선 조정은 국비 유학생 경비를 후쿠자와에게 맡기고 집행하도록 했다.

일년 만에 중도하차한 일본 유학

게이오에서 어학을 공부하던 유길준은 1882년 7월 23일 조선에서 임오군란이 일어났다는 소식을 전해들었다. 앞서도 언급했지만 유길준의 유학생활은 조선에서 일어난 각종 사건에 영향을 받았다. 일본에서 유학하는 동안 임오군란이 일어났고 미국 유학생활 때는 갑신정변이 일어났다. 이들 두 사건은 그에게 정신적 고통을 주었을 뿐만 아니라 유학생활의 궤도 변화까지 불러온다.

임오군란을 계기로 조선 조정은 그해 10월 13일 박영효를 수신사로 하는 사절단을 일본에 파견했다. 유길준은 이 사절단의 통역을 맡았다. 이때 그의 후원자였던 민영익이 조선 정부에서 일해달라며 귀국을 종용함에 따라 유길준은 1883년(고종 20년) 1월 박영효가 귀국할 때 함께 귀국했다. 일년여 만에 유길준의 일본 유학이 끝나고 만 것이다.

그는 귀국 후 통리교섭통상사무아문統理交涉通商事務衙門 주사主事에

임명됐다. 유길준은 한성판윤이었던 박영효의 요청으로 〈한성순보〉
발간사업을 맡았으나 민씨 일족의 방해로 일이 수월치 않자 주사직을
사임했다.

조미 수교 후 첫 사절단으로 도미渡美

조선은 창업 500년 동안 한 번도 경험해보지 못한 엄청난 변
화를 겪고 있었다. 열강으로부터 끊임없이 문호개방을 요구받던 조
선은 1876년 한일수호조약을 체결한 데 이어 1882년 인천 제물포 화
도진 언덕에서 역사적인 한미수호통상협약을 체결했다. 한미수호통
상조약은 조선이 서구 열강 가운데 최초로 미국과 조약을 체결함으
로써 사실상 쇄국정책을 포기하고 문호를 열었다는 의미를 갖는다.

초대 주한 미국특명전권공사로 온 푸트Lucius H. Foote는 1882년 7월
5일 고종을 알현하는 자리에서 조선 정부가 보빙사報聘使, 즉 특명전
권공사를 미국에 파견한다면 미국 정부는 크게 환영할 것이라고 말
했다. 고종은 푸트 공사의 권유를 받아들여 7월 9일 사절단을 미국에
파견하기로 결정했다. 김옥균은 조정이 보빙사를 미국에 파견하기로
결정하자 민영익을 전권대신으로 추천했다.

김옥균이 민영익을 추천한 데는 나름의 치밀한 계산이 있었다. 명
성황후의 조카인 젊은 민영익을 전권대신으로 보내 미국을 살피고
돌아오게 하면 부패한 내정을 개혁하고 청나라와의 예속관계를 끊는
데 크게 기여할 것으로 생각했다. 그리고 늘 유길준을 높이 평가했던

민영익은 그를 보빙사 일행에 포함시켰다. 유길준으로서는 고마운 일이고 동시에 행운이 아닐 수 없었다.

유길준은 공식 수행원 자격으로 민영익 전권대신 특명전권공사, 홍영식 부대신, 서광범 종사관, 로얼 외국 참사관 및 고문, 최경석, 변수, 고영철, 현흥택 등의 수행원, 중국인 통역인 오예당 등과 함께 미국으로 향했다.

당시 미국에 가려면 일본에서 태평양을 건너는 여객선을 이용해야 했다. 유길준 일행은 1883년 7월, 일본에 도착했다. 그들은 일본에서 잠시 머문 뒤 8월 15일 요코하마 항에서 동양기선주식회사 소속 태평양 횡단 여객선 아라빅Arabic 호에 올랐다. 아라빅 호는 당시로서는 꽤 큰 4,000톤급 여객선으로 보빙사를 포함해 256명이 탑승했다. 아라빅 호는 홍콩-요코하마-샌프란시스코 노선을 취항했는데, 요코하마에서 목적지인 샌프란시스코까지는 약 22일이 걸렸다.

배에는 물건을 싣는 곳이 아주 견고해서 파도가 갑판 위로 올라와도 침습할 우려가 없다. 또한 객실은 침구, 세면도구 등 일용품들이 골고루 갖춰져 있었다. 식당과 목욕실, 주방의 위치가 모두 차례대로 배치돼 있으며 음식물도 육지에서 나는 것과 해산물을 골고루 갖춰 승객들이 주문을 하면 순식간에 제공된다.

이 배는 승객들이 즐길 각종 오락기구들을 갖추고 있으며 책과 음악을 준비하여 승객들에게 편의를 제공하고 있다. 뿐만 아니라 의약품을 구비하여 불의의 질병에 대비하니 만경창파에 한 조각배를 타고 가는 데도 그 생활의 편리함은 마치 대도시 한 가운데 살고 있는 것과 다름이 없다. 무릇 바다는 천하만국의 공동소유라 특정한 나라의 주인이 없고, 선박은 어느 나라 소속의 배일지라도 그 나라의 국토와 동일하게 간주되므로 다른 나라의 제재를 받지 아니하며, 양국의 배가 만날 때는 서로 자기 나라의 깃발을 게양해 예경을 표하고 있다.

| 《서유견문》 중에서 |

유길준 일행은 태평양을 건너 예정보다 이른 1883년 9월 2일, 18일 간의 항해 끝에 드디어 샌프란시스코 항에 입항했다. 미국 정부는 신임장을 제정하러 오는 조선의 사절단을 최대 예의를 갖춰 대접했다. 일행은 미 육군소장 존 스코필드 장군의 영접을 받았다. 일행이 여장을 푼 곳은 팔레스 호텔이었다. 일본 수도 도쿄에서 일년 간 유학을 한 유길준이었지만 그가 본 샌프란시스코 시가지와 팔레스 호텔은 상상을 초월하는 놀라운 모습이었다.

팔레스 호텔은 세계에서도 첫째 간다고 한다. 9층의 굉장한 건물은 흰 돌로 지었는데 3,000명이나 수용할 수 있을 정도로 크고 넓다. 기둥이나 들보로 쓰인 철근만도 철로 200리를 깔 만한 물자라고 한다. 아래층 바깥으로는 가게를 내어 술, 과일 담배 및 약 종류와 옷, 모자 등 여러 가지 물건과 영세한 종류들을 판매하여 여행객들의 수요를 공급한다. 각 층을 오갈 때에는 기계의 힘을 빌려 오르내리므로, 이 일을 맡은 자가 있어서 여러 사람들이 오르내리는 수고를 대신한다. 또 넓은 정원을 유리지붕으로 덮어 비나 눈을 가려준다. (…) 객실을 보면 벽은 백회로 칠하거나 혹은 색지로 도배하였고, 유리창에는 비단 커튼을 드리웠고 테이블과 의자가 있고 각종 필기도구文房具를 갖추고 있었다. 그리고 침대 위에는 정결한 이불衾枕이 깔려 있었으며 방마다 화장실과 욕실이 딸려 있었다. 의관을 걸어두는 옷장도 있었고, 화장대鏡臺도 갖추고 있었다. 이 호텔의 숙박비는 특실上等室은 1일은 7원元이고 보통실下等室은 2원 내지 3원이었다.

| 《서유견문》 중에서 |

당시 유길준이 묵었던 샌프란시스코의 팔레스 호텔과 서울의 여관을 비교해보면 조선과 미국의 차이를 알 수 있다. 외국인인 이사벨라 버드 비숍Isabella Bird Bishop의 눈에 비친 1800년대, 즉 유길준이 미국을 방문했을 당시의 모습은 이렇다.

한국에는 정규 여관도 있고 간이 여관도 있다. 간이 여관은 여물통이 마련된 마당이 있어서 짐승들에게도 편의를 제공한다는 점을 빼고는 마을 길가에 흔히 보이는 오두막과 다를 바가 없다. 읍이나 큰 마을의 정규 여관은 대개는 안마당이 있고 큰길가에 면해 있는데, 안마당은 웅덩이와 이것저것 쌓아놓은 짚더미로 인해 지저분하고, 큰길로 통하는 출입문도 낡아 금방 허물어질 것 같아 보이기 일쑤이다. 귀를 매어놓은 말라빠진 검은 돼지 한두 마리, 쓰레기를 뒤적이는 커다란 누렁개들, 닭, 아이들, 황소, 조랑말, 마부, 기식자寄食者, 여행객의 짐 보따리 등으로 여관은 북적거린다.

여관의 한쪽 또는 양쪽에 허름한 마구간이 있고, 그 앞쪽으로 속이 파인 투박한 나무통이 놓여 있다. 조랑말들이 거기에서 힘과 투지를 유지해줄 뜨끈한 갈색 여물을 먹는다. 또 다른 편의 헛간에는 가마솥이 있고 거기에서 밀로 여물을 끓인다. 대개는 이 불로 공용 방의 구들을 데우고, 그 안에서 좀더 작은 규모의 불을 피워 손님용 음식을 취사한다.

여관방은 토방인데 낮은 격자문을 통해 출입한다. 격자문의 창호지는 찢겨 있는 경우가 많고 지저분하다. 방에는 닳아빠진 돗자리가 깔려 있고 그 위에 베개로 쓰이는 목침 서너 개가 나뒹굴고 있다. 낮게 드리워진 대들보 위에는 농기구나 모자 상자가 놓여 있는 경우가 많다.

이런 방에서 마부, 여행객, 하인, 그밖의 하층 사람들이 묵어간다. 관리들이나 양반들은 가까운 관아官衙에서 대접을 받고, 농부들은 약간의 안면만 있더라도 원하는 사람들을 재워준다. 조금 규모 있는 여관이라면 거의 예외 없이 '정실淨室' 이라고 부르는 한 평 남짓한 특실이 있는데, 나는 그런 방이 있으면 거기에 묵었고, 없는 경우에는 뒤쪽 안채의 내실을 빌렸다. 안채 방은 특히 방바닥이 뜨겁고, 벼룩이 들끓기 일쑤인데, 게다가 큰 곡물 독, 헌 옷 꾸러미, 간장을 담그기 위해 띄우는 메주, 그밖의 잡다한 물건들로 꽉 차서 누울 자리만 간신히 남아 있는 경우가 많았다. 밤이면, 마당에 걸린 낡은 초롱과 방 안의 침침한 등잔불로는 너무 어두워, 더듬어서 물건을 찾을 수밖에 없었다.

방은 조랑말의 여물을 쑤느라 때는 불 때문에 언제나 더웠다. 방 안의 온도는 통상 섭씨 27~29도 정도인데, 종종 33도를 넘었고, 어느날

은 41도에 육박하여 문간에 앉아서 밤을 지새워야 했던 끔찍한 경우도
있었다. 방바닥과 등뼈를 편안하게 덥혀주는 이 가마솥 같은 방을 한
국의 나그네들은 무척 즐긴다.

| 《한국과 그 이웃 나라들》 |

유길준과 보빙사 일행들이 얼마나 놀랐을지 넉넉히 짐작해볼 수
있다. 몇 년 전 중국의 상하이를 방문했던 북한 김정일이 그 발전상
을 보고 '경천동지驚天動地할 일'이라고 했다는데, 유길준은 아마 '진
천동지震天動地할 일'이라고 했을지 모른다.

갓 쓴 유길준 일행, 미국인의 구경거리가 되다

반대로 미국 사람들에게 유길준 일행은 서울 대공원의 원숭
이보다 더 신기한 호기심의 대상이었다. 일행은 미국 방문 기간 내내
미국 언론의 취재 대상이 되었다.

일행은 길이가 2인치 또는 3인치 정도 되어 보이는 상투에다 호박
달린 망건, 그 위에 탕건과 갓을 쓰고 있었다. 갓은 대나무 테에다 명
주실과 말총으로 짠 것인데 투명체이다. 그 생김새는 퀘이커 교도가
쓰는 모자와 실크해트를 절충한 것처럼 보였다. 탕건은 마치 젤리 깡
통처럼 생겼다.

저고리와 통 넓은 바지를 입고 그 위에 마고자와 도포 또는 흰색 비

단 두루마기를 입고 있었다. 대님을 매고 버선을 신고 있었으며 중국인 신발처럼 가죽으로 만든 갓신을 신고 있었다. 외출 시에는 도포를 입고 다녔다. 이외에도 공식행사 때는 사모관대차림이었는데 특히 이 관복은 비단옷으로 그 색깔이 청, 홍, 백, 흑색으로 다양했다. 공무를 집행할 때나 방문객을 맞이할 때는 반드시 이 관복을 입었다. 한마디로 조선 사절단의 옷차림은 환상적인 것이다.

| 1883년 9월 17일자 〈뉴욕 타임스〉 |

샌프란시스코에서 5일 간을 머무른 유길준 일행은 7일 최종 목적지인 워싱턴 DC로 가기 위해 샌프란시스코 새크라멘토 역에서 대륙횡단 철도를 탔다. 대륙횡단 철도인 센트럴유니언 퍼시픽 철도는 새크라멘토 역을 출발해 솔트레이크시티−오그덴−오마하−시카고−클리블랜드−피츠버그를 거쳐 최종 목적지인 수도 워싱턴까지 이어지며 소요시간은 약 일주일 정도다.

우리나라에서 최초로 경인선이 개통된 것은 1899년 9월 18일로, 유길준이 샌프란시스코에서 미국 대륙횡단 철도를 탄 지 꼭 16년 뒤의 일이다.

객차는 견고한 나무로 정교하게 짰으며 너비가 4~5척, 높이가 7척 이상이며 길이는 20여 척에 이른다. 연황색 및 잡색의 페인트를 칠하여 비와 눈의 침습을 방지해주고 있다. 좌우 차창은 모두 유리로 끼워 놓았고 그 위에 커튼을 드리우고 있다. 두 줄로 된 철의자 위에는 화려

1883년 미국을 방문한 보빙사 일행. 뒷줄 왼쪽에서 세 번째가 유길준이다.

한 융단을 깔아놓았는데 한 의자에 두 사람씩 앉게 되어 있다. (…) 기차는 주야를 가리지 않고 운행하는데 차중에는 침구도 마련되어 있다, 식당차飯食車가 있어 하루 세 끼 식사를 제공한다. 뿐만 아니라 화장실도 있어서 세수도 할 수 있다. 기차는 여객선보다 빠르며 한 시간에 300여 리를 달릴 수 있다.

| 《서유견문》 중에서 |

유길준 일행은 미국 대륙에 펼쳐진 광활한 평원을 기차로 5일 간 쉬지 않고 달려 9월 12일 시카고의 버링톤 퀸시 로드 역에 도착했다. 남북전쟁 영웅인 육군중장 필립 쉐리던 장군을 포함해 M. V. 쉐리던 대령, 클라크 대위 등이 조선 보빙사 일행을 영접했다. 유길준 일행

은 군대의 성대한 호위 속에 시가를 행진한 뒤 파머 하우스에 여장을
풀었다.

> 조선 보빙사 일행의 옷차림은 참으로 이상했다. 주아브 병사(아라비
> 아 옷을 입은 알제리 인으로 편성된 프랑스 경보병)들처럼 통바지를 입고
> 있었다. 저고리는 헐렁하고 그 위에 두루마기를 입었는데 무릎까지 내
> 려왔다. 천은 비단인데 취향에 따라 색깔은 다양했다. (…) 식탁에서 식
> 사를 할 때도 그들은 모자를 벗지 않았다. 모자(갓)는 챙이 넓은 모양으
> 로 원뿔 형태였다. 비단 망건 위에 대나무와 비단실로 정교하게 짠 갓
> 을 쓰고 있었고 긴 갓 끝은 턱에 매어져 있었다.
> 보빙사 일행은 모두 기혼인데도 부인을 동반하지 않아 이상해 보였
> 다. 일반적으로 조선은 여성을 천시한다. 조선인은 조혼의 풍습이 있
> 다. 모든 남자는 본부인 외에 경제적으로 부양할 수 있으면 한두 명의
> 첩을 거느릴 수 있다. 조선인은 내외 풍습이 있다. 조선인들은 남들이
> 보는 앞에서 남녀가 절대 키스하는 일이 없다.

| 1883년 9월 13일자 〈시카고 트리뷴〉 |

유길순 일행은 저녁 내내 시카고 시내를 돌아다니며 많은 것을 구
경했다. 일행은 다음날 저녁 워싱턴을 향해 출발했다. 이틀 뒤인 15
일 보빙사 일행은 워싱턴에 도착했다.

그러나 민영익으로부터 신임장을 제정받을 아서 대통령은 워싱턴
에 없었다. 프레링휘젠 국무장관과 뉴욕에 머물고 있었다. 유길준 일

행은 프레링휘젠 국무장관으로부터 9월 18일 뉴욕에 있는 피브스 애
브뉴 호텔에서 신임장 제정식을 갖겠다는 연락을 받았다. 그들은 다
시 워싱턴에서 뉴욕으로 떠나야 했다.

사모관대 차림에 큰절로 신임장 제정

참으로 신기하고 이상한 일은 유길준 일행이 미국을 처음 방
문했음에도 불구하고 음식이나 생활에 전혀 불편함을 느끼지 않았다
는 것이다. 1883년 9월 17일자 〈뉴욕 헤럴드〉는 이때 일을 자세히 보
도하고 있다. 미국 주재 서방 여러 나라 외교관들이 이들을 초청해
만찬을 베풀었는데 이 자리에서 유길준 일행은 서방 외교관들이 지
루할 정도로 여유 있게 식사를 즐겼다고 한다.

워싱턴에서 이틀 간 머물며 각국 사절들이 베푸는 리셉션에 참석
하고 시내 관광으로 시간을 보낸 유길준 일행은 9월 17일 아서 대통
령이 머물고 있는 뉴욕으로 떠났다. 그들은 데이비스 국무차관의 안
내로 뉴욕행 특급열차에 올라 그날 저녁 저지시티에 있는 펜실베이
니아 역에 도착했다. 보빙사 일행 가운데 민영익, 홍영식, 서광범 등
고위 인사는 미국 대통령이 묵고 있는 피브스 애브뉴 호텔에 묵었고
유길준 등 수행원들은 벤덤 호텔에 자리를 잡았다. 특히 민영익 전권
대신은 아서 대통령의 배려로 호텔 3층, 대통령 침실 가까운 방을 배
정받았다. 작은 나라 조선 사절단에 대한 파격적인 예우였다.

보빙사 일행이 도착하자 〈뉴욕 타임스〉와 〈뉴욕 헤럴드〉를 비롯한

언론들은 기획기사를 통해 조선을 자세히 소개했다.

이 나라의 공식 국호는 대조선大朝鮮이다. 그 뜻은 '고요한 아침의 위대한 나라Land of the great morning calm'이다. (…) 조선 국왕은 왕비 이외에 수많은 후궁을 거느리고 왕궁에서 산다. 국왕은 이름이 없고 죽은 후 이름을 갖는다. 국왕을 모시고 있는 후궁들 대부분은 궁중용 의상과 자수를 비롯하여 환상적인 장식품 등을 만들면서 한가한 시간을 보낸다. (…) 조선 부인은 외출이 금지되어 있을 뿐 아니라 집 안에만 갇혀 지내며 사회적 지위가 부여되지 않는다. 그러나 조선 부인들은 외국인을 보고 싶은 호기심이 강해서 문 틈으로 내다보거나 수풀이 우거진 그늘에 숨어서 외국인들의 모습을 보다가 군인들에게 들켜 쫓겨 들어가기도 한다.

| 1883년 9월 17일자 〈뉴욕 헤럴드〉 |

유길준 일행은 민영익을 선두로 1883년 9월 18일 오전 11시 피브스 애브뉴 호텔 1층 대접견장에서 아서 대통령에게 신임장을 제정했다. 〈뉴욕 헤럴드〉는 당시 상황을 비디오를 찍듯 자세히 기록하고 있다. 민영익 일행은 관복과 사모관대를 착용하고 일렬종대로 행사장에 들어섰다. 보빙사는 각 직급에 따라 각양각색의 관복을 입었다. 미국인인 로얼 참사관만이 연미복을 입었다. 신문들은 이들의 복장에 대해 황홀하고 환상적이었다고 극찬했다.

〈뉴욕 헤럴드〉와 〈뉴욕 데일리 트리뷴〉은 1883년 9월 19일자 조간

신문에서 유길준 일행의 신임장 제정 모습을 자세히 스케치했다.

아서 미합중국 대통령은 11시 정각 오른편에 프레링휘젠 국무장관, 왼편에 데이비스 국무차관을 대동하고 접견실 중앙에 서 있었다. 대기실로 통하는 문이 활짝 열렸다. 대통령 일행은 대기실 문을 향해 서서 조선 보빙사 일행을 맞이할 준비를 하고 있었다. 드디어 민영익 전권대신을 선두로 보빙사 일행이 들어왔다. 그들은 대기실에 들어서자마자 대접견실에 서 있는 아서 대통령을 향해 측면으로 이마에 손을 올려 무릎을 꿇고 큰 절을 했다. 일종의 예비 절을 한 것이다.

이어 대접견실에 들어서자 일렬횡대로 서서 다시 한 번 측면으로 큰 절을 했다. 이는 국왕에게 절을 할 때 측면으로 절을 하기 때문이다. 외국의 원수에도 이 예법을 적용한 것이다. 아서 대통령에 대한 최대의 경례다. 보빙사 일행이 큰절을 올리자 아서 대통령은 선 채로 고개를 숙여 답례를 했다.

민영익 일행의 신임장 제정식은 15분 만에 끝났다. 보빙사 일행은 대기실 앞에서 입장할 때와 똑같이 큰절을 올리고 퇴장을 했다. 각 신문들은 유길준 일행의 이 같은 인사법에 대해 "국왕이나 독립국가 원수를 알현할 때에만 이 같이 예를 갖추고 그 외의 경우에는 이런 경례를 하지 않는다."고 소개했다.

그렇다면 유길준 일행이 아서 대통령에게 신임장을 제정한 지 120여 년이 지난 현재의 신임장 제정은 어떻게 이뤄질까? 1981년 전두

환 대통령 재임 시절 주한 미국대사를 지낸 워커 전 대사가 쓴 회고
록에 신임장 증정 부분이 있어서 옮겨본다.

　　마침내 대한민국 대통령에게 신임장을 공식 제출해야 하는 날이 왔
다. 이 행사는 1981년 8월 12일 아침에 마련됐다. 외무부 의전국은 식
의 진행과정에 대한 세세한 설명을 보내왔다. 대사관 직원들은 모두
예복(연미복)을 입어야 했다.

　　특히 나는 예장용 모자Top Hat를 준비해야 했다. 프랑스 궁정 모델을
토대로 한 서구식 관습에서 파생된 지침들은 마치 무대 상연을 준비하
는 사람들을 위해 마련된 것 같았다. 모든 절차는 외무부의 김형근 의
전장과 청와대의 김병훈(미국명 마이크 김) 의전 수석이 주도했다. 역
사학도로서 나는 영국과 중국 관계에서 발생한 유명한 사건, 즉 영국
의 매카트니 경이 베이징(북경) 궁전을 방문하자 첸룽(건륭) 황제의 의
전 담당자들이 그에게 머리를 조아리게 만들려고 노력했던 사실을 생
생히 기억하고 있었다.

　　나는 대통령에게 전달할 두 개의 봉투를 가져갔다. 하나는 내가 대
사직에 임명됐다는 사실을 증명하는 '신임장'이었고 또 하나는 (한국)
대통령이 대사직에 다른 사람을 원할 경우 언제든 이용할 수 있는 '소
환장'이었다. 소환장은 그러나 한미 양국간 공식적 외교관계에서 한
번도 사용된 적이 없다.

　　지침에 따르면 나는 두 손을 내밀어 이 두 개의 커다란 봉투를 대통
령에게 전해야 했다. 그런데 실제로 내가 그렇게 하자 전두환 대통령

은 한 발짝 뒤로 물러섰다. 때문에 나는 몸을 더 숙일 수밖에 없었고 공식 사진사는 바로 이때 신임장 제정 모습을 카메라에 담았다. 다음 날 아침 한국 신문들은 미국 대사가 전두환 대통령에게 머리를 숙이고 있는 사진을 실었다.

사진을 찍은 뒤 나는 수행했던 몬조 부대사와 특별 고문, 정치참사, 공보관(오랜 친구인 버나드 레빈은 한국에 오래 머물렀었다), 국방부 소속 무관 등을 소개했다. 한국 측에서는 노신영 외무장관과 김경원 청와대비서실장, 외무부 의전관, 그리고 마이크 김이 참석했다. 마이크 김의 통역 아래 전두환 대통령과 10분 정도 조용히 대담을 나눌 기회도 있었다. 그리고 의장대 사열을 받은 뒤 나는 호위차량과 함께 관저로 돌아왔다.

나는 이후 다른 대사들이 신임장을 제정하는 모습을 유심히 지켜봤다. 사진들은 한결같이 허리를 굽히고 대통령에게 신임장을 제출하는 모습을 담고 있었다. 전 대통령을 비난하는 사람들은 한 발짝 물러나 대사들이 허리를 굽히게 만드는 것은 그의 스타일에서 기인한다고 주장했다.

신임 영국대사인 L. J. 미들턴이 도착했을 때 나는 그가 신임장을 제정하기에 앞서 그의 관저를 찾아가 '사진찍기'에 대해 귀띔해주었다. 그의 관저는 우리 관저 인근에 있는데다 영국과 미국은 특별한 관계를 지녔기 때문이다. 그러자 그는 매카트니 사건을 끄집어낸 뒤 자신은 절대 그런 일을 범하지 않을 것이라고 장담했다. 그는 1986년 10월 6일 신임장을 제정했다. 다음날 신문에는 그러나 그가 나보다 더 고개를 숙인 사진이 실렸다. 이반 네메스 헝가리 대사가 1995년 9월 김영삼 대통령에게 신임장을 제정하는 신문 사진은 더욱 고개 숙인 모습을 담고 있었다. 신임장을 받는 한국 대통령의 의전 관행은 똑같은 행태로 진행되고 있으며, 전두환 대통령 개인 탓으로 돌릴 사안이 아니었다.

워커 대사의 이야기를 들어보면 한국 대통령들의 '강대국 대사 길들이기'가 관행적으로 이어왔던 것 같다. 조선의 민영익 초대 주미 전권공사의 신임장 증정 광경과 120여 년 뒤 주한 미국 대사 워커가 한국 전두환 대통령에게 신임장을 제정하는 장면을 비교해보면 정말 재미있다.

유길준 유학생으로 미국에 남다

전권대신 민영익은 1883년 11월 10일 뉴욕 항을 떠나 귀로에 올랐다. 그는 수행원으로 따라온 유길준에게 미국에 남아서 새로운 문물을 더 익히고 돌아오라고 했다. 유길준을 국비 유학생으로 남겨 개화 작업을 지속적으로 추진할 수 있기를 바랐던 것이다.

미국에 남아 공부를 계속할 수 있도록 허락받은 유길준은 어느 지역에 머무를 것인가를 놓고 고민을 했다. 일본에서부터 보빙사의 참사관으로 따라온 퍼시빌 로웰은 유길준에게서 유학을 위해 남겠다는 이야기를 듣자 에드워드 모스 교수를 소개시켜 주겠다고 했다.

그 말을 들은 유길준은 자신의 귀를 의심했다. 모스 교수는 자신이 일본의 후쿠자와 유키치 집에 머물 때 종종 만난 도쿄 대학교 생물학과 교수가 아닌가? 보스턴 출신의 로웰은 동아시아 문화에 깊은 애정과 관심을 갖고 있는 에드워드 모스 피바디 박물관장을 유길준에게 소개했다. 하버드대 출신으로 생물학자였던 그는 진화론을 입증하기 위해 자료수집 차 일본에 갔다가 전공인 생물학과는 관계가 없는 동북아 문화에 흠뻑 심취하게 됐다.

도쿄 대학교가 1877년 개교했을 때 생물학과 초빙교수로 일본을 찾았던 그는 한국 문화에도 깊은 애정을 가졌다. 1883년 11월 10일을 전후해 로웰과 함께 매사추세츠 주 세일럼 시를 찾은 유길준은 2년여 만에 모스 교수와 재회했다. 모스 교수는 미국에서 공부를 하고 싶다는 유길준의 이야기를 듣고 자기 집에 머물도록 했다. 모스는 유길준에게 영어와 미국에서 생활하는 데 필요한 지식들을 가르쳤다.

사절 수행원 가운데 한 명인 유길준은 자기 나라 복장을 벗고 서양 옷을 입고 다닌다. 그는 매사추세츠 주 세일럼 시의 에드워드 모스 교수 지도하에 학생이 되어 이 나라에 머물 예정이다. 어제 저녁 이 젊은 이는 (뉴욕) 5번가에 산책을 나왔다가 길을 잃었다. 그러나 그는 경찰관에게 영어로 숙소로 가는 길을 물어 찾아갔다.

| 1883년 11월 8일자 〈뉴욕타임스〉 |

모스 교수는 1884년 작성된 피바디 박물관의 연례보고서에서 민영익과 유길준 등 보빙사 일행이 피바디 박물관에 많은 한국 물건들

을 기증했다고 기록하고 있다. 현재 피바디 박물관에는 유길준이 당시 입고 왔던 한복 두루마기와 신발, 모자, 버선, 부채, 내복까지 남아 있다.

세일럼은 외국의 한 젊은이에게 미국의 관습과 예절을 가르치는 특별한 기회를 갖게 되었다. 모스 교수는 영어를 배우기 위해 한국에서 온 26세 청년 유길준을 로렐 가에 있는 그의 집에 유숙시키고 있다. 유길준은 일본에 일년 간 거주하면서 일본어를 배운 바 있다. 그는 모스 교수와는 일본어로 대화한다. 유길준은 지난주 처음으로 양복을 입었으나 집에서는 입지 않는다. 그는 외양과 태도에서 대단히 신사답다. 기자는 동인도해운협회 회관(현재 피바디 박물관 본관)에서 유길준을 소개받았다. 모스는 유길준이 고등학교에 입학할 수 있도록 충분히 영어를 가르칠 것이다.

| 1883년 11월 10일자 〈세일럼 이브닝〉 |

지난 1994년 세일럼 시를 방문해 '유길준과 모스 교수(유길준과 개화의 꿈)'를 기사로 실었던 당시 〈조선일보〉 기자 김태익은 피바디 박물관 부속 도서관에 보관중인 1884~1885년 세일럼 거주 시민들의 주소록에서 유길준의 흔적을 발견했다. 김 기자는 유길준의 영문 이름이 'yu chil chun'으로, 신분은 'student' 주소는 '12 linden'으로 돼 있었다고 전했다.

유길준은 덤머 아카데미에 입학하기 전 세일럼 시 린든 스트리트

12번지 모스 박사의 집에서 6개월 간 머물면서 영어를 배웠다. 그때 유길준이 모스 박사에게 보낸 편지가 지금 피바디 박물관에 보관돼 있다. 유길준은 이 편지 말고도 1884년 6월 7일부터 그가 한국으로 귀국해 활동하던 1897년까지 13년 동안 모스 교수에게 19통의 편지를 보냈고 이 모두가 잘 보관돼 있다.

오늘은 제가 세일럼 시에 와서 오랫동안 교수님과 교수님의 가족들에게 도움을 받다가 교수님 댁에서 나온 후 맞는 첫 일요일입니다. 저는 매우 건강합니다. 그리고 신선한 공기와 친절하게 잘 보살펴주시는 집주인 아주머니와 가족 때문에 즐겁습니다. 언제 저희 집에 오시겠습니까? 만약 오실 계획이 없으시면 제가 다음 주 일요일에 교수님댁을 방문하여 하루를 지내겠습니다.

| 1884년, 유길준이 모스 교수에게 보낸 편지 |

모스 박사는 유길준을 덤머 아카데미 교장인 퍼킨즈 씨에게 소개해 1884년 9월부터 다니게 했다. 1763년 뉴잉글랜드 부지사 윌리엄 덤머가 세운 이 학교는 미국 최초의 기숙사립학교로 당시 동부 지역 수재들이 다녔다. 이 학교 졸업생들의 상당수가 하버드 대학에 진학했다.

앞서 유길준이 유학 생활을 계속했다면 하버드 대학교 학생이 되었을지 모른다고 한 것은 이 같은 이유에서다. 유길준이 다니던 당시 덤머 아카데미의 재학생 수는 40명이었고 학생 모두는 기숙사 생활을 했다.

지금도 미국 기숙학교가 9학년부터 12학년까지 4년이듯 당시 덤머 아카데미도 4년 과정이었다. 주로 그리스 · 라틴어와 영문법, 수학, 과학 등을 가르쳤다고 한다.

덤머 아카데미 우등생 유길준

유길준이 당시 덤머 아카데미에서 어떻게 공부를 했는지는 모스 박사에게 보낸 편지에서 확인할 수 있다.

교수님을 즐겁게 해드릴 일이 있습니다. 어제 오후 시험을 치러 87점을 맞았습니다. 다른 학생들에 비해 16점이나 더 받은 점수입니다. 물론 100점보다 13점이나 낮은 점수입니다. 선생님들께서는 제가 신입생인데다 외국인이므로 시험을 면제해주시겠다고 했습니다. 그러나 저는 시험을 봐야 한다고 생각해 열심히 공부해서 다른 학생들과 같이 시험을 보게 되었습니다.

유길준은 1884년 11월 3일 모스 박사에게 보낸 편지에서 성적이 더욱 향상되었노라고 적었다.

화산과 지진 그리고 대륙의 생성과정 등에 대한 시험을 치러 94점을 맞았습니다. 그리고 20문항에 달하는 수학 시험에서 100점을 맞았습니다. 교수님, 저는 교수님의 충직한 제자가 될 것입니다. 믿어주십시오.

비록 27세의 늦깎이 유학생이었지만 이 편지들을 통해 유길준이 얼마나 열심히 공부를 했는지 확인할 수 있다. 이 무렵 유길준이 일본에서 공부할 때 그의 뒤를 돌봐주고 게이오 의숙에 다닐 수 있도록 배려해주었던 후쿠자와 유키치는 모스 박사에게 한 통의 편지를 보낸다. 이 가운데 일부를 옮겨본다.

상투를 자르고 양복에 나비넥타이 차림으로 탈바꿈한 청년 유길준.

덤머 아카데미|Dummer Academy

덤머 아카데미는 여러 번 교명이 바뀌었으나 항상 '덤머'라는 이름은 들어갔다. 그러나 현재는 덤머란 이름이 빠지고 그냥 '거버너스 아카데미'라고 부른다. 남녀공학으로 학교 부지는 1,821,060m²(55만 평). 한국의 학교들에 비해 대단히 넓다. 현재 학생 수는 유길준이 다닐 때보다 대폭 늘어 9학년부터 12학년까지 총 372명이다. 한 학급당 학생 수는 12명이며 교사 대 학생 비율은 1:6으로 미국 사립학교 평균 수준이다. 2004년 미국의 일류대학에 진학한 통계를 보면 보스턴 대학교 4명, 조지워싱턴 대학교 3명, 터프츠 대학교 3명, 유니언 대학교 3명, 다트머스 2명, 존스홉킨스 2명, 웨슬리 2명, 윌리엄스 2명 등이다. 유길준이 다닐 때만큼의 명성은 유지하지 못하지만 여전히 미국 동부의 명문 고등학교로 남아 있다.

모스 교수님에게 보냅니다. (…) 조선 서생 유길준도 선생님의 손길 아래 신세를 끼치고 있습니다. 이 서생은 이전에 오랫동안 일본 저희 집에 머물면서 영어는 안 되었지만 서양 문명에 대해 조금 지견을 얻은 사람입니다. 지금 귀하의 보살핌을 받아 드디어 영문도 잘 읽을 수 있게 되어 학업의 진보를 가져왔다니 저에게도 큰 기쁨입니다.

후쿠자와가 모스 교수에게 자신의 차남을 잘 보살펴준 데 대한 감사 편지를 보내며 유길준에 대해서도 언급한 것이다. 후쿠자와가 자신의 집에 잠시 머물며 공부했던 조선의 유길준에 대해 얼마나 각별하게 생각했지 잘 알 수 있다.

유길준의 미국 고등학교 생활을 엿볼 수 있는 편지가 한 통 더 있다. 역시 유길준이 덤머 아카데미 기숙사에서 모스 교수에게 보낸 것으로 피바디 박물관에 소장돼 있다.

미국 여성들은 매우 아름답지만 나약해 보입니다. 중국 여성들이 자신의 발을 묶어 매는 것과 미국 여성들이 장신구를 매다는 것이 너무 비슷합니다. 미국 여성들은 귀를 뚫어 노예같이 귀고리를 하지만 매우 교양이 있어 보입니다.

미국 남성들은 매우 애국적이고 지적이지만 몇몇 남성들은 옷에 너무 신경쓰고 노예처럼 행동하며 여성에 대해 너무 굴종적인 것 같습니다. 국민에 의한 국민을 위한 국민의 정부는 매우 훌륭합니다. 이 정책이 최상이라고 생각합니다.

남존여비의 사상이 건재하고 칠거지악이 존재하던 시대에 산 유길준으로서는 여성 앞에 나약한 미국의 남성들이 딱하게 보였을지 모른다. 그는 이처럼 미국 생활을 통해 서구적 사고방식과 행동양식에 대해 깊이 있게 공부해갔다.

유길준 관련 한국 기록을 찾다보면 그가 보스턴 대학을 다녔다고 기술한 자료들이 있다. 우리나라 말로 '보스턴 대학'이라는 곳도 'Boston University'와 'Boston College'가 있으나 유길준이 보스턴 대학을 다녔다는 근거는 없다. 그가 보스턴 대학을 다녔다는 이야기는 완전히 잘못된 것이다.

완결 못한 유길준의 미국 유학 꿈

유길준은 1885년 6월 드디어 귀국을 결심한다. 보빙사 일원으로 임무를 마치고 미국 매사추세츠 주 세일럼 시에서 본격적으로 공부하기 시작한 지 1년 8개월 만의 일이다. 영어를 제대로 익히기에도 부족한 기간이다. 20대 후반이었던 유학생 유길준이 1년 8개월 만에 영어를 능숙하게 한다는 것은 현실적으로 어려운 일이다. 일본 최초 미국 유학생인 니지마 조가 미국 명문 암허스트대를 졸업하고, 중국 최초 미국 유학생 룽훙이 예일대를 졸업한 것에 비하면 한국 최초 미국 유학생 유길준의 중도 학업 포기는 개인의 좌절일 뿐 아니라 한국 유학의 실패라고 할 수 있다.

유길준은 왜 중도에 학업을 포기하고 조선으로 돌아갔을까? 그 이

유를 설명하는 정확한 기록은 없다. 단지 조선 조정의 소환 때문이 아닐까 추측해볼 뿐이다. 그의 귀국이 갑신정변 때문이었다면 1884년 12월 정변 발발 직후 돌아갔어야 했으나 그는 6개월을 더 공부하다 갑자기 귀국했다.

유길준 자신도 중도 귀국에 대해 명확하게 밝힌 바 없다. 전 중부대학 총장이었던 이광린 씨는 유길준의 일본 및 미국 유학을 지원했던 민영익이 갑신정변에서 개화파의 공격을 받고 중상을 입어 더이상의 지원이 불가능하게 됐을 것이라고 주장했다. 연세대학교 국제대학원 석좌교수인 유영익 교수는 갑신정변 이후 총리대신 김홍집이 궁중 내 통역관 등의 요직을 제의했을 것이라고 한다. 이와 달리 유길준이 조선의 어지러운 상황으로 인해 의욕을 잃고 학업을 중도 포기했을 것이라는 설도 있다.

진실은 알 수 없지만, 유길준이 품었던 조선 개화의 꿈과 열정은 식지 않았다. 그는 미국 유학을 포기하고 돌아가는 배에서 모스 교수에게 긴 편지 한 통을 보냈다. 그 편지에서 자신이 조선에 돌아가 어떤 역할을 할지에 대해 썼다.

교수님 가족들도 만나지 못하고 제가 똑똑한 지식을 얻지도 못하고 미국을 떠나게 된 것을 매우 죄송스럽게 생각합니다. 저는 한국에 정변이 일어났고 그래서 희망이 없다는 이야기를 들었던 날을 기억합니다. 우리나라를 위해 어떻게 하면 활동력을 되찾고 악이 아닌 정의를 찾을 수 있을까 생각합니다. 저는 다음과 같은 결론에 도달했습니다.

활동 이외에 어떤 종교도 도움이 안 되며 그 활동력이란 장래를 위한 준비를 하면서 성실한 생각을 갖는 것이라고 봅니다. 그래서 제가 조선으로 돌아가 나라를 위해 무슨 일을 할 것인가에 대해 근자에 결론을 내린 것을 우리 국민들에게 제의하려고 합니다. 이 때문에 저는 조국으로 돌아가고 있습니다.

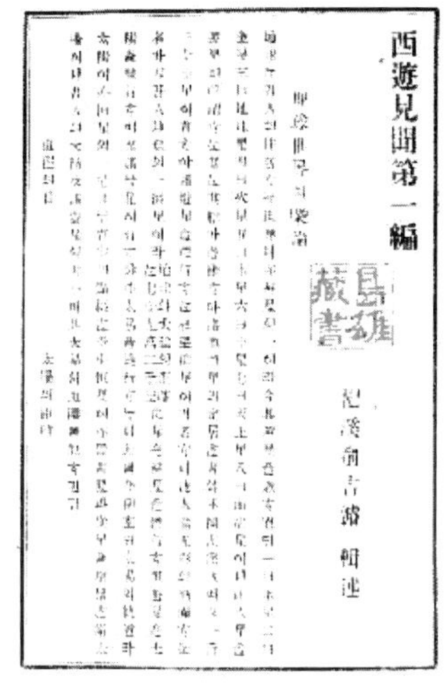

유학을 중도에 포기하고 귀국하던 길에 유럽 여러 나라를 방문하고 나서 탈고한 《서유견문》.

이 편지를 보면 그의 귀국 이유를 알 듯도 하지만 명확히 손에 잡히지는 않는다.

유길준은 귀로를 미국에서 태평양을 건너 조선으로 가는 길을 택하지 않고 유럽을 경유하는 우회로를 선택했다. 서구 문명을 더 많이 보고 싶은 열망 때문이었다. 그는 이 과정을 《서유견문》을 집필하기 위한 준비 작업으로 생각했을 것이다. 유길준은 뉴욕에서 영국행 기선에 올라 런던에 들른 다음 이집트 세이드 항을 거쳐 홍해를 통과했다. 이어 싱가포르와 홍콩, 일본을 경유해 1885년 12월 중순 인천에 도착했다. 인천 부두에 내린 그는 2년 반 전 상투에 갓 쓰고 도포를 입었던 선비 유길준이 아니라 양복을 차려입은 서양 신사의 모습이었다. 유길준은 일본에서 갑신정변의 주모자인 김옥균, 박영효 등과 친했다는 이유로 곧바로 인천에서 체포돼 우포청에 감금됐다. 두 달 만에 풀려난 그는 우포장 한규설의 집에 7년 간이나 연금됐다. 말이 연금이지 실제로는 수구파로부터 그를 보호하기 위한 조치였다. 이 사이 《서유견문》을 집필하기 시작하여 4년 만인 1890년에 탈고하고 한규설을 통해 초고를 고종에게 바쳤다.

1892년 연금에서 풀려난 그는 1894년 7월 갑오개혁이 단행되자 《서유견문》을 출판할 수 있게 되었다. 유길준은 고종의 다섯째 아들인 의친왕 이강을 정사로 하는 보빙사가 일본에 가게 되자 수행원으로 따라가 스승인 후쿠자와 유키치에게 출판을 부탁했고 후쿠자와는 자신이 설립한 교순사에서 이 책을 출판해주었다.

유길준은 1894년 갑오개혁 때 외무참의를, 1894년 김홍집 내각에서는 내무협판을 지내고 1895년에는 내무대신에 올랐다. 1896년 아관파천 후 내각이 붕괴되자 일본에서 12년 간 망명생활을 했다. 일본은 한일병합 후 유길준에게 남작의 작위를 부여했으나 거절했다. 그는 1914년 9월 14일 58세를 일기로 세상을 떠났다.

글을 마치기전에 유길준의 유학사를 추적하면서 알게 된, 한 가지 흥미로운 사실을 소개하고 싶다. 그것은 조선 최초 미국 유학생인 유길준의 일가 모두가 유학파라는 점이다. 유길준이 김옥균에게 부탁해 1883년 일본 유학을 주선해준 그의 동생 유성준은 게이오 의숙에서 일년여 공부를 한 뒤 다시 도쿄 메이지 법률대학에서 법학 공부를 했다. 그는 한국인으로서는 처음으로 1905년 《법학통론》을 저술한 법학자가 되었다. 유길준의 큰아들 유만겸도 일본에서 공부를 했다. 배재학당을 졸업한 후 도쿄제국대학 경제학과에 유학한 그는 총독부 관료를 지냈다. 또 다른 아들 유억겸도 1922년 도쿄제국대학 법학부를 졸업한 유학생이었다. 그는 귀국해 연희전문학교에서 교수생활을 했다.

04

한국 최초 미 의대 졸업생 _ 서재필

첫 코메리칸, 최초 서양의사

서재필, 미국명 필립 제이슨Philip Jaisohn. 그는 한국의 유학 사와 관련해 유길준 못지않게 많은 기록을 갖고 있는 인물이다. 우선 공식 '코메리칸' 즉 처음으로 미국 시민권을 획득한 한국인이다. 그는 또한 우리나라 최초로 미국 의과대학을 졸업하고 서양의사 자격을 얻은 사람이기도 하다. 동시에 병원을 연 첫 개업의이며 서양 여인과 결혼한 최초의 한국인이다. 과거에 합격한 뒤 일본에서 군사 유학을 하고, 갑신정변 쿠데타에 가담했다가 미국에 망명해 의사가 된 서재필. 근세 조선의 개화를 위해 일하다 87세에 미국에서 삶을 마친 그의 일생을 그저 파란만장하다는 말로 표현하기에는 너무 부족하다.

서재필이 미국 워싱턴 DC에 소재한 조지워싱턴George Washington 대학교의 전신, 콜롬비아 대학교 야간부인 코크란 단과대학Corcoran Scientific School에 입학한 것은 스물네 살 때인 1888년 가을이다. 이승만이 29세에 조지워싱턴 대학교에 입학했으니 그보다는 약간 어릴 때 유학을 한 셈이다. 하지만 유학생으로 공부하기에는 적지 않은 나이다.

코크란 단과대학은 당시 고등학교를 졸업하고 워싱턴에 근무하던 공무원들을 위해 세운 야간대학이었다. 서재필은 이 대학에 입학해 일년 간 자연과학 과목들을 수강하고 이어 1889년 3년제인 의과대학에 편입했다. 그는 1892년 3월 한국인으로서는 최초로 의과대학을

조지워싱턴 대학교

1821년 설립된 사립학교로 워싱턴 DC에 위치해 있다. 대학원 중심대학으로 대학생 1만 700여 명, 대학원생 13만 400여 명이다. 워싱턴 DC에 있는 대학교들 가운데 가장 학생수가 많다. 외국인 학생 비율은 1%이다. 학비는 37,000달러이며 기숙사비도 11,000달러로 가장 비싼 학교 가운데 하나다. 설립 초기부터 그랬지만 워싱턴 DC와 그 근교에서 일하는 사람들이 많이 다니고 있다. 이승만 대통령, 서재필, 재클린 오나시스, 덜레스 전 미 국무장관, 에드거 후버 전 미 FBI 국장 등이 유명한 졸업생이다. 로스쿨과 비스니스스쿨, 정치학과와 국제학과가 우수하다.

졸업하고 의학사 자격을 얻는다. 그의 나이 28세였다.

당시 유색인종에게 의학사 자격을 주는 것을 꺼려했던 미국에서 서재필이 의학사가 된 것은 파격이 아닐 수 없다. 그는 의과대 졸업 후 가필드 병원에서 인턴을 하면서 의사로서 실력을 키워갔다. 조선의 평범한 양반이었던 서재필이 어떻게 미국 의과대학에 진학하고 최초의 의사가 될 수 있었을까?

18세에 별시 문과에 3등 급제

서재필은 1864년 1월 17일 전남 보성군 문덕면 가천리 외가에서 태어났다. 그는 출생 후 충남 논산군 구자곡면 금곡리에서 성장했다. 그후 7촌 아재인 서광하의 양자로 입적됐으며 양모의 동생 김성근의 서울 집에서 유년 시절을 보냈다.

서재필은 만 18세 되던 1882년 알성시에 응시해 별시 문과에서 병과로 급제했다. 이 과거는 명성황후의 병이 완쾌된 것을 축하하기 위해 실시된 것으로 왕이 친히 자리한 가운데 창덕궁 춘당대에서 양반 자제들을 대상으로 실시했다. 비록 병과 3등이지만 그 나이에 합격한 것으로 보아 영민했던 사람임에 틀림없다.

내가 열셋인가 네 살 때(실제로는 18세 때였다.)에 특별히 귀족 자제 가운데서 나이 젊고 재주가 출중한 사람들만 20명을 뽑아 경복궁 대궐에서 임금께서 전강을 친히 보였는데 그때 내가 제일 나이가 어렸다. 그럼에도 암강暗講에 하나도 틀리지 않아 일등 장원(실제로는 3등이었다.)
으로 급제가 되었다. 내가 장원급제한 것은 내가 암강을 잘하여 내 힘
으로 된 것이다. 임금께서도 크게 기뻐하며 특별한 상을 주셨으니 나
자신의 기쁨은 물론 다른 사람들도 모두 부러워하였다.

| 서재필 자서전 중에서 |

채 스무 살이 되기도 전에 그는 문관 관료로서 미래가 보장된 찬란
한 삶을 막 시작했다. 그러나 서울에서 성장하면서 당시 개화사상에
눈을 뜬 김옥균, 서광범, 박영효 등에게서 사상적 영향을 받았고 그
들이 서재필의 삶을 바꾸어놓았다. 역사는 사람들의 만남으로 이뤄
진다고 했다.

김옥균 등 개화파와의 교류

서재필은 외숙인 김성근 집에서 기숙하며 공부할 때 김옥균
등 당대 선구적 청년들과 교류를 하게 된다. 서재필은 이때를 자서전
에서 이렇게 기록하고 있다.

내 외숙 김성근은 그때 벼슬이 판서에 이르렀고 김옥균은 나보다 열
다섯 살이나 위인데 내 외숙과는 일가간이 되어 가끔 놀러왔다. 나도
외손이지만 외편으로 친척이니까 김옥균의 집에도 가끔 간 일이 있어
알게 되었다. 그 관계로 박영효도 알았고, 서광범은 내게 아저씨 뻘이

되나 그 역시 김옥균과는 매우 친한 친구로 다녔다. 그때 내가 제일 어렸다. 그럼에도 나는 그들과 늘 같이 다녔다.

서재필은 장래가 보장되는 문관 관료로서의 삶을 포기하고 평민 출신들과 함께 해외 군사유학을 떠났다. 그가 자강의 근본은 군사력 강화라는 점을 깨닫고 무관으로 길을 바꾼 배경에는 김옥균이라는 인물이 있었다.

서재필이 일본으로 군사유학을 떠난 것은 1882년(고종 19) 6월, 일본식 군제軍制 도입과 민씨 정권에 대한 반항으로 일어난 구식군대의 반란이었던 임오군란 이후 조선 정부 내 개화파가 추구해온 강병정책에 따른 것이었다. 1876년 일본과 체결된 강화도조약 이후 고종 및 정부 내 개화파들은 세계 열강들의 실상을 정확히 파악하고 이에 대처하려는 생각을 갖고 있었다. 앞서 설명했듯이 박규수 문하에 모인 김옥균을 비롯한 젊은 개화파들은 1882년 3월 19일부터 임오군란 발발 시까지 일본에 가서 메이지유신 이후 변화하고 있는 일본의 정치, 경제, 군사에 대해 직접 눈으로 보고 경험했다.

임오군란 직후 이의 수습을 위해 개화파인 박영효, 김옥균 등은 1882년 9월 12일부터 이듬해 1월 6일까지 수신사로 일본에 파견돼 다시 한 번 일본의 정세를 자세히 관찰하게 되었다. 거기서 얻은 결론은 조선도 일본식 국가모델을 지향하고, 일본식 군사체제를 받아들여야 한다는 것이었다. 김옥균은 귀국 직후 박영효, 유길준 등 유학생 200명을 일본에 파견하여 3년 간 신문물을 공부하게 한다는 계획을 논의했다. 이 같은 개혁정책이 고종에게 건의됐고 고종은 이를 받아들였다. 김옥균은 자신의 구상을 현실화하기 위해 여러 청년들에게 일본으로의 군사유학을 권유했고 서재필도 그의 권유를 받은 것이다.

일본으로 군사유학 떠난 문관 서재필

서재필은 1883년 박영효 집에서 일하던 평민 이규완, 유길준이 추천한 상민 신중모 등 17명과 함께 유학길에 올랐다. 조선 정부 초청으로 서울에 머물고 있던 우시바 다쿠조와 마쓰오 산타로의 인솔을 받으며 히에마루라는 배를 타고 1883년 5월 12일 일본 나가사키에 도착했고 이어 20일 도쿄에 들어갔다. 당시 기록을 보면 서재필은 생도 대표 및 감독의 책임을 맡고 있었다. 앞서 설명했듯이 조선 유학생들의 일본 유학을 도운 것은 게이오 의숙 설립자 후쿠자와 유키치다. 김옥균은 자기 은사인 후쿠자와에게 이들을 각별히 부탁했다.

후쿠자와는 조선에서 온 유학생 모두를 일단 게이오 의숙 내 그의 본저나 별채 등에 기거하게 하면서 낯선 일본 생활과 언어를 익히도록 하고 상급학교 진학을 지원했다. 그는 유학생들의 의복 세탁이나 생필품 구입 등 소소한 일들까지 관심을 기울이면서 한편으로는 유학생들이 배우고자 하는 분야의 사람들과 접촉해 견학을 하게 하는 등 실질적인 대부 역할을 했다.

이후 서재필과 함께했던 유학생들은 게이오 의숙, 요코하마 세관, 체신청의 전신강습소, 농업학교 그리고 도야마 학교 등으로 각각 나뉘어 진학한다. 물론 서재필은 일본의 군사학을 배우고자 했기 때문에 군사학교인 육군 도야마 학교에 진학했다. 그와 함께 도야마 학교에 입학한 사람은 14명이었다.

서재필은 사관생도 과정에, 평민 출신 유학생들은 하사관 과정에 입학했다. 서재필은 조선에서 과거에 합격한 점이 인정돼 사관 과정에 입학할 수 있었던 것으로 보인다. 그들이 일본에 도착한 지 4개월여 만의 일이다.

도야마 학교는 1880년대 일본 육군사관학교와 더불어 일본 육군의 초급장교를 양성하는 중추적 군사교육기관이었다. 일본 육사가 유년학교 생도나 하사관 또는 사족, 평민 자제를 모집하여 정예 사관 요원으로 양성했다면 도야마 학교는 사관 임관 후 병과교육을 실시하는 지금의 육군보병학교와 비슷한 성격을 가진 군사학교라고 보면 된다.

서재필 일행이 도야마 학교의 최초 조선인 유학생은 아니었다. 이들보다 앞서 1881년 11월 28일부터 장대용, 신복모 등 두 조선인 유학생이 공부한 기록이 남아 있다. 장대용은 병을 얻어 중도에 귀국했고 신복모만 하사관 교육과정을 이수했다. 서재필은 이 학교에서 당시 조선에서는 상상할 수 없는 유연체조柔軟體操, 노상측도路上測度, 보병조전步兵操典, 야외연습궤전軌典, 임시축성학 등의 군사교육을 받았다.

서재필은 개인화기의 분해·결합 및 사격을 망라하는 '독립사격'

이란 실기교육도 받았다. 이는 일본이 육군 공식 개인화기로 채택하여 1882년 10월부터 일본 전 군대에 배포한 '무라타 총村田銃'을 다루는 교육으로 당시로서는 최첨단의 개인화기 교육을 받았다고 볼 수 있다. 그는 일본 육군사관후보 생도들과 비교해도 손색이 없는 군사교육을 받았다.

그때 아홉 사람은 처음으로 외국의 군대식 교육을 받게 되는 것이 한편 재미도 있거니와 또는 장차 나라를 위해 목숨을 바칠 기운을 가지게 되는 동시에, 우리가 만일 졸업을 하고 우리나라에 돌아간다면 군관학교를 세워 간성이 될 만한 장재將材를 길러, 우리나라로 하여금 세계 어느 나라한테든 떨어지지 않게 하겠다는 굳은 결심을 가지고 열심히 공부를 하였다.

| 서재필 자서전 중에서 |

서재필의 도야마 군사학교 유학시절 생활에 대해서는 1884년 2월 28일자 일본 〈시사만보時事瞞報〉가 자세히 전하고 있다.

작년 가을부터 사관수업을 받고 있는 조선이 서재필 외 14명은 주야 그 학업에 힘쓰고 있다. 특히 서씨는 조선국의 귀족임에도 교칙을 잘 준수하고 14인 생도와 함께 매일 오전 8시에서 오후 4시까지 학교 운동장에서 운동 기타의 병식을 공부하고 있다. 일과를 끝낸 후에도 자신의 규칙을 정하여 다른 생도들을 책려하여 병서 및 산술 등을 연구하고 있기 때문에 빠르면 내월 경에 졸업한다고 한다.

서재필은 자신이 양반 출신임에도 신분을 내세우지 않고 다른 평민 출신 하사관 교육생들과 함께 근면하고 절제 있는 생활을 했다. 그리고 다른 입학생도들과 함께 낙오자 없이 8개월 간의 교육을 마치고 1884년 5월 31일에 무사히 졸업했다. 서재필이 사관생도로 지도력을 발휘해 이들을 이끌었기 때문에 가능한 일이었다. 나중에 다시 기술하겠지만 그가 갑신정변에서 군사를 이끌고 행동을 전개할 때 도야마 학교에서 함께 공부한 하사관 출신들이 목숨을 걸고 함께한 사실이 이를 뒷받침해 준다.

서재필 일행은 졸업 후 한 달 정도 더 일본에 머물다가 7월 1일 요코하마를 출발해 귀국길에 올랐다. 하지만 이들은 일본에서 어렵게 배운 군사학을 조선의 군사제도 근대화에 제대로 활용하지 못하고 갑신정변 때 다수가 사망하거나 망명을 떠났다. 도야마 출신으로 서재필과 함께 공부한 일행 14명 가운데 갑신정변에서 피살 혹은 처형된 사람은 8명이고 김옥균, 서재필과 함께 망명한 이는 6명으로 결국 도야마 프로젝트는 물거품이 되고 만다.

서재필은 귀국 직후 고종에게 건의해 사관학교를 설립하고 자신이 직접 조련국調練局 사관장이 되었다. 그러나 그의 꿈은 개혁의 격랑 속에 휩쓸려가 버렸다. 귀국 5개월여 만인 1884년 12월 4일(양력) 우정국 개국 축하연을 기화로 일으킨 갑신정변에 주도적으로 참여했기 때문이다. 그는 정변 과정에서 일본 군사학교 경험을 토대로 김옥균과 무라가미 중대장 간의 연락을 담당했다. 조정의 입장에서 보면 용서할 수 없는 쿠데타 '행동대장'이었던 것이다.

갑신정변과 미국 망명

이날 오후 6시경, 급진 개화파들은 우정국 개국연에서 외국 사신과 4영사(민영익, 윤태준, 한규직, 이조연)를 초대한 가운데 정변을 결행하기로 하였다. 우정총국은 이날 밤 초대 총판(대표) 홍영식이 주최하는 연회로 흥청거렸다. 밤 10시, 서재필이 이끄는 사관생도들은 인가에 방화를 하고 소란한 틈을 이용하여 민씨 정권의 영수인 민영익閔泳翊을 칼로 찔러 상처를 입혔다. 개화파들은 곧장 궁궐에 들어가 고종에게서 "일본 공사는 와서 나를 호위하라."고 쓴 친서를 강제로 받아냈다. 이를 전달받은 일본군 1개 중대가 출동을 했고 개화파들은 국왕의 거짓 부름을 받아 입궐하는 윤태준, 한규직, 이조연과 수구파의 거두 민태호, 민영목, 조영하를 살해했다. 서재필은 정란교 등 사관생도를 지휘해 대궐을 점령한 후 대신들을 처단했다. 개화파들은 고종과 명성황후를 창덕궁에서 경우궁景祐宮으로 옮겨 일본군 200명과 50여 명의 조선군으로 호위케 하여 정권을 장악하였다.

서재필은 갑신정변으로 정권을 장악한 후 종2품에 해당하는 병조참판 겸 정령관이 되었다. 개화파에 마음을 주지 않았던 명성황후는 청나라의 위안스카이에게 구원을 요청했고 이어 청군이 몰려오자 서재필, 김옥균 등은 급히 일본 공사관으로 피신하였다. 성난 군중이 일본 공사관에 몰려가 돌을 던지며 김옥균 등을 성토하자 쿠데타 주역인 서재필, 김옥균, 박영효, 서광범 등 일행은 일본인으로 가장해 그곳을 탈출, 인천항에서 일본 우편선 치토세마루千歲丸 호를 타고 일본으로 망명을 떠났다. 전도양양한 20세 청년 서재필의 슬픈 망명이 시작된 것이다. 일본에 도착한 이들 일행은 곧바로 요코하마 성서공회의 헨리 루미스를 찾아갔고, 루미스는 그들에게 숙소를 제공해주었다.

이 일로 서재필의 부모, 처, 형은 모두 음독자살을 했고 두 살 된 그의 아들은 돌보는 이가 없어 아사하고 말았다. 그의 동생 재창도 나중에 체포되어 참형됐다. 결국 갑신정변으로 서재필의 일족은 멸문지화를 당하였다. 이 같은 불행은 갑신정변에 참여했던 다른 인사들에게도 예외가 아니었다. 철종의 부마(사위)였던 박영효의 경우 그 어머니와 여동생이 역적의 가족으로 처형되었고, 그의 아내는 강보에 싸인 어린 딸을 친구 집 문앞에 놓아두고 한강에 투신했다.

서재필 일행이 천신만고 끝에 일본으로 망명을 했을 때 이미 일본의 태도는 바뀌어 있었다. 조선 조정은 김옥균과 서재필 등 일본으로 망명한 갑신정변 주역들의 신병을 넘겨달라고 일본 정부에 끊임없이 요청했다. 조선은 외국인 고문 묄렌도르프를 일본에 보내 집요하게 '역적'들의 신병 인도를 요청했고 갑신정변에서 큰 부상을 입었던 민영익은 자객을 보내 김옥균을 살해하려 했다. 일본은 실패한 정변의 주도자들을 보호할 명분이 없었다.

서재필은 당시의 고통스러웠던 일본 생활을 자서전에서 이렇게 묘사하고 있다.

우리가 몇 번 죽을 뻔하고 도쿄에 도착했을 때, 우리 일행은 돈도 없고 숙소도 없고 친구도 없었다. 일본 사람들은 우리를 천대했고 때로는 적대감을 가지고 대했다. 나는 일본에 몇 달 동안 있으면서 겪은 쓰라린 경험을 잊을 수가 없다. 때로는 이틀 동안이나 굶고 지내야 했고, 때로는 유숙할 곳이 없기도 했다. 요코하마에 살던 미국 사람들이 도와주지 않았더라면 굶어죽었거나 얼어죽었을 것이다.

김옥균은 일본에서 10년 간 망명 생활을 계속했으나 서재필은 일본에 대한 기대를 접고 박영효, 서광범 등 동료 두 명과 함께 1885년 5월 26일 미국으로 떠났다. 서재필은 성공회의 헨리 루미스 선교사가 미국에 안전하게 입국할 수 있도록 써준 소개장과 발라흐 선교사가 샌프란시스코에 사는 라번츠 장로에게 이들을 잘 부탁한다고 쓴 소개 편지를 갖고 있었다. 1885년 6월 11일 20여 일 간의 항해 끝에 그는 샌프란시스코에 도착했다.

우리는 아는 사람도 없고 돈도 없고 언어도 통하지 않으며 이 나라 풍습에도 익지 못하였다. 이처럼 생소한 곳에서 우리는 온갖 고초를 맛보지 않을 수 없었다. 우리 세 사람은 태평양의 거친 파도에 밀려서

일본의 군사학교를 졸업하고 갑신정변 실패로 망명한 뒤 미국에서 새로운 삶을 개척하기 시작한 청년기의 서재필.

캘리포니아 해안에 표착한 쓰레기처럼 외롭고 가여워 보이는 존재들이었다. 우리는 여러 주일 동안 말로 할 수 없는 마음의 고통과 물질의 궁핍을 겪다가 끝내 세 사람이 같이 지내기는 곤란하므로 따로 떨어져 지내기로 결심했다.

'캘리포니아 해안에 표착한 쓰레기 같이 외롭고 가여운 존재' 서재필이 미국에 도착해 돌아본 자신의 모습이었다. 한국의 첫 미국 의과대학 졸업생이 되는 서재필의 미국행은 이렇게 시작되었다. 샌프란시스코에서 온갖 고난을 경험한 서재필 일행은 각각의 길로 흩어졌다. 서광범은 언더우드 목사 큰형의 호의로 뉴욕으로 가고, 박영효는 일본인의 도움을 얻어 1886년 5월 31일 다시 일본으로 돌아갔다.

서재필은 샌프란시스코에 남아 노동을 하며 공부를 했다. 지체 높은 양반이었던 서재필, 과거시험에 합격까지 한 그가 일당 2달러를 받고 가구상 광고지를 붙이기 위해 하루에 40여리 길을 뛰어다녔다. 양반으로 어려운 노동이라고는 해본 적이 없는 서재필이 날품팔이로 생계를 이어간다는 것은 견디기 힘든 일이었다. 그동안 미국으로 이민을 갔던 많은 교민들이 그러했듯이 그도 외로움을 이기기 위해 교회에 나갔고 거기서 기독교 신앙을 받아들였다. 그는 1886년까지 일년 남짓 샌프란시스코에서 닥치는 대로 막일을 했다. 오로지 죽지 않고 살아가기 위해…….

해리 힐맨 아카데미에 입학한 서재필

불행도 예고 없이 찾아오지만 행복을 주는 천사도 예고 없이 찾아온다. 서재필은 어느날 친구 집에 놀러갔다가 '구호천사'를 만난다. '구호천사'란 표현은 서재필이 직접 쓴 말이다. 그가 말한 '구호천사'는 홀렌백John Wells Hollenback이라는 미국인 부호였다. 서재필이 그를 왜 '구호천사'라고 했는지 그의 글을 통해 보자.

교회 친구의 소개로 펜실베이니아 주에서 큰 탄광 경영자로 여름 휴가를 이용해 태평양 연안을 여행하고 있던 홀렌백이라는 신사를 만났다. 그는 나에게 상당한 관심을 가지고 미국에 온 목적을 물었다. 나는 미국식 교육을 받으러 왔지만 학비조달 문제로 낮에는 노동을 하고 밤에는 YMCA 야학을 다니고 있다고 답했다. 그는 만일 내가 자기 고향인 펜실베이니아로 같이 간다면 여비는 물론 모든 학비를 제공해주겠다고 말했다.

그는 샌프란시스코 동쪽 오클랜드 역에서 대륙횡단 열차를 타고 홀렌백을 따라 펜실베이니아 주의 윌크스베리로 갔다. 3년 전 보빙사로 미국에 파견됐던 특명전권공사 민영익과 조선 최초의 미국 유학생 유길준이 탔던 바로 그 열차다. 윌크스베리는 뉴욕에서 서북쪽으로 120킬로미터 떨어진 산골짜기의 탄광촌이었다. 서재필은 1886년 9월 홀렌백이 이사로 있는 사립학교 해리 힐맨 아카데미Harry Hillman Academy에 입학했다.

해리 힐맨 아카데미의 학생은 총 96명, 교사는 교장을 포함해 10명이었다. 서재필은 힐맨 아카데미 교장 댁에서 기숙하며 영어와 미국 문화를 배웠다. 유감스럽게도 서재필의 자료가 학교에 남아 있지 않다. 힐맨 아카데미가 재정난으로 와이오밍 신학교로 흡수되는 과정에서 기록이 없어졌거나 그뒤 여러 차례 그 지역을 휩쓴 홍수에 유실됐을 것으로 보인다.

서재필은 이 학교에 입학하면서 이름을 필립 제이슨Philip Jaison이라고 바꿨다. 일부에서는 서재필의 이름을 거꾸로 써 필립 제이슨이라는 이름을 만들었다고 하나 확실하지는 않다. 그에 관한 단편적인 기록들에 따르면 서재필은 입학한 첫해 우등생이 되었다. 1888년 발간된 힐맨 아카데미 연례 카탈로그에는 그가 수학과 그리스어, 라틴어 과목에서 장려상을 받은 것으로 적혀 있다. 서재필이 힐맨 아카데미에서 배운 과목 가운데는 연설법Declamation도 있었는데, 학생들은 레노니아 클럽을 만들어서 토론과 연설을 연습했으며 서재필은 레노니아 클럽 주최 연설회에서 2등을 해 10달러의 상금을 받기도

했다.

서재필은 뼈를 깎는 노력 끝에 우수한 성적으로 힐맨 고등학교를 졸업했지만 대학 진학은 쉽지 않았다. 서재필의 고민은 깊어만갔고 어떻게든 대학에 입학해 계속 공부할 수 있는 길을 찾으려 노력했다. 서재필은 펜실베이니아 주 이스턴 시에 있는 라파예트Lafayette 대학에 입학하기를 원했으나 학비를 마련할 길이 없었다.

홀렌백은 처음부터 서재필이 신학교를 졸업한 뒤 조선에서 복음을 전하기를 원했다. 그는 서재필이 자기의 뜻을 받아들인다면 라파예트 대학을 거쳐 프린스턴 신학교를 졸업할 때까지 학비를 지원해주겠다는 의사를 밝혔다. 그러나 서재필은 이를 단호히 거절했다. 서재필로서는 역적이 되어 멸문지화를 당한 조선으로 돌아가고 싶은 생각이 없었을 것이다. 그는 홀렌백의 지원을 거부하고 스스로 힘겨운 길을 택했다.

그는 윌크스배리를 떠나 필라델피아로 가서 일자리를 구했으나 여의치 않았다. 막노동 외에는 특별히 할 만한 게 없었다. 막노동을 하고 받는 주급 7달러로는 그럭저럭 목구멍에 풀칠은 할 수 있을지 몰라도 그가 원하는 공부는 엄두조차 낼 수 없었다. 그런데 감사하게도 힐맨 아카데미 교장 댁에 들른 데이비스라는 교수가 서재필의 딱한 이야기를 듣고 스미스소니언 박물관 관장 오티스Otis를 만나보라고 소개장을 써주었다. 서재필의 인생은 여기서 또 한 번 극적인 전환점을 맞게 된다.

그는 1888년 1월 워싱턴 DC로 갔다. 오티스는 서재필을 자신의 친구인 육군 군의사령부 도서관장 존 빌링스John Billings에게 소개해 주었다. 서재필은 홀렌백에 이어 여기서 또 한 명의 은인을 만난다.

당시 군의사령부 도서관에는 일본과 중국의 의학 잡지가 많이 있었으나 일본어와 중국어에 능통한 사람이 없어서 자료들이 그냥 방치되어 있었다. 도서관측은 이를 정리할 사람이 필요했다. 조선에서 한문을 배워 과거에 합격을 하고, 일본에서 유학을 했던 서재필만한 적임자는 없었다. 그는 일본어와 중국어 시험에 합격하고 곧바로 도서관에서 일자리를 얻었다.

도서관장이던 존 빌링스는 당시 50세로 육군 중령이었다. 그가 시작한 〈인덱스 카탈로그〉와 〈인덱스 메디커스〉는 오늘날 세계적으로 제일 큰 의학도서 잡지 목록으로 발전했고 그가 창설한 육군 군의사령부 도서관은 세계 최고의 의학 도서관이 되었다. 군의도서관이 이처럼 성장하는 데 서재필도 일조를 한 셈이다.

미 조지워싱턴 의과대학생이 되다

서재필은 워싱턴 DC에서 일자리를 구한 후 시내에 있는 코크란 대학에 등록해 일년 동안 정규과정을 밟았다. 코크란 대학은 앞서 설명한 대로 조지워싱턴 대학의 전신인 콜롬비아 대학이 워싱턴 DC 시내에 근무하는 공무원들을 위해 설립한 야간대학이다. 수업은 저녁 6시에서 밤 10까지였다. 서재필은 일년 후인 1889년 가을학기에 콜롬비아 대학 의학부에 입학했다.

그는 코크란 대학을 졸업하지 않고 일년 수료 후 콜롬비아 의과대학으로 편입한 것으로 보인다. 자신은 코크란 대학을 졸업했다고 썼으나 기록들을 맞춰보면 졸업하지 않은 것이 확실하다. 만일 그가 코크란 대학을 졸업했다면 우리나라 최초로 미국 대학 학사학위를 받은 사람은 메릴랜드 농과대학을 졸업한 변수가 아니라 서재필이 되어야 하고, 그렇다면 한국 유학사는 고쳐 씌어져야 한다.

빌링스는 서재필이 의학 공부를 할 수 있도록 배려해주었으며 의학 도서를 정리하는 사이 많은 지식을 얻은 서재필은 자연히 의학을 전공하겠다는 생각을 갖게 됐다.

서재필은 가필드 병원에서 인턴으로 근무하며 의학 지식을 넓혀나갔고 빌링스 박사는 그를 도서관에서 계속 근무하게 해주었다. 서재필은 도서관에서 근무하는 동안 군의관 월터 리드Walter Reed 박사를 알게 됐다. 월터 리드가 여러 우수한 의사와 학자들을 초빙해 볼티모어에 미국 최고 수준의 의과대학을 설립하자 그도 여기에 초빙되었다. 리드 박사는 서재필을 의학연구소 조수로 근무할 수 있게 해주었고 그는 여기서 병리학과 세균학을 연구했다.

서재필은 의사가 된 뒤 정부 공무원이 장래가 없다는 이야기를 듣고 개업을 했다고 한다. 만일 서재필이 리드 박사 밑에서 연구를 계속 했더라면 황열병 연구에 큰 업적을 남겼을 것이다.

그는 1894년 미국인 뮤리엘 암스트롱과 결혼을 했고, 이에 앞서 1890년 6월 10일 미국인으로 귀화했다. 이로써 그는 한국 최초의 미국 귀화인이자, 한국 최초로 외국 여성과 결혼한 사람으로 기록됐다.

그는 두 딸을 두었는데 첫째는 스테페니, 둘째는 어머니 이름을 이어 받은 뮤리엘이다.

그는 개업을 했지만 인종차별이 심해 병원 운영이 어려웠다. 의사이면서도 곤궁한 삶을 살았던 그는 워싱턴 DC에서 지내며 미국 주재 조선 공사관으로부터 조선 소식을 듣는 것이 유일한 낙이었다고 한다. 나중에는 생활이 너무 궁핍해 재미 조선 공사관의 방 하나를 무료로 빌려 생활했으며 식비까지 지원받았다고 한다.

11년 만에 조선으로 귀환

서재필을 포함해 갑신정변의 주도자들을 역적으로 낙인찍은 조선에서도 새로운 변화가 일어나고 있었다. 1894년(고종 31) 다시 개화당이 집권한 이후 종래의 문물제도를 근대적 국가 형태로 고치자는 갑오개혁이 있었고 이를 계기로 여러 방면에 걸쳐 개혁이 추진되었다. 조선 조정은 서재필 등 갑신정변의 주모자들에게 씌웠던 역적죄를 사면했다. 조선은 서재필을 중추원 고문으로 초빙했다.

서재필은 자신의 회고록에서 박영효의 요청으로 귀국했다고 썼으나 조선 정부가 그를 원했던 것 같다. 그는 1895년 11월 9일자로 주미 공사관의 3등 참사관에 임명됐다. 그해 11월 그는 미국을 출발하여 12월에 조선에 도착했다. 그의 나이 만 31세로 11년 만의 귀국이었다. 그는 큰 환대를 받았다. 그는 10년 계약에 월봉 300원(당시 환율은 원과 달러가 같았으므로 300달러다)을 받고 중추원 고문에 올랐으며

1895년 12월 귀국한 후 이듬해 4월, 서재필이 창간한 독립신문 1면과 맨 뒷면. 서재필은 맨 뒷면을 영문판으로 제작해 국내에 체류 중인 외국인들에게 한국인의 독립 의지를 알리려 애썼다.

외국인 거주 지역에 거처를 마련했다.

조선에 도착하자 그는 고기가 물을 만난 듯 활발한 활동을 전개했다. 1896년 4월 7일에 〈독립신문〉을 창간했다. 이어 이상재, 이승만 등과 독립협회를 결성하고 모화관을 인수 개축하여 독립회관으로 사용했다. 1897년에는 영은문을 헐고 그 자리에 독립문을 세웠다. 배재학당에 출강해 젊은이들에게 자유민주주의를 가르치기도 했다. 그의 강의를 듣고 감명받은 사람 중에는 이승만도 포함돼 있었다.

서재필의 활동에 위협을 느낀 조정은 중추원 고문직을 박탈하고 출국을 강요했다. 1898년 5월, 그는 두 번째로 조국을 떠나 미국으로

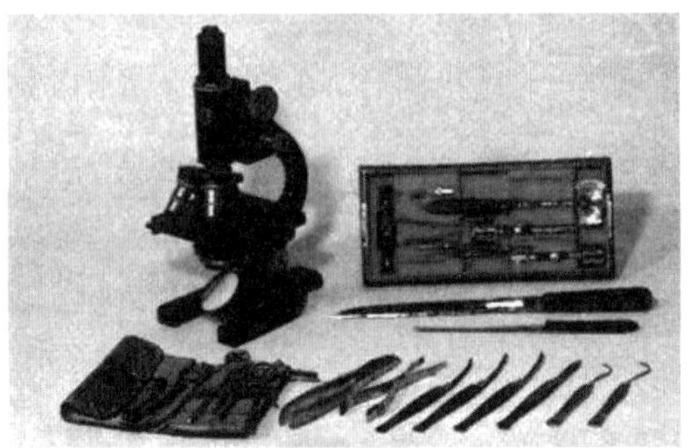

서재필의 노년 모습(왼쪽) 그리고 그가 쓰던 의료기구들.

돌아갔다.

서재필은 미국으로 돌아가 1919년 3 · 1운동이 일어날 때까지 21년 동안 의사를 포기하고 인쇄업에 전념했다. 그러나 그는 가족 부양을 위해 62세가 되던 1926년 펜실베이니아 의과대학에 다시 들어가 공부를 하고 65세에 병리학 전문의가 되었다. 20여 년 동안 의사로서의 활동을 접었음에도 불구하고 70대에 미국 의학잡지에 5편의 논문을 남긴 것을 보면 대단한 인물임에 틀림없다. 1935년 서재필은 펜실베이니아로 돌아가 체스터 병원에서 외래환자를 보며 피부과 과장으로 일했다. 1936년 경제적 어려움을 탈피하고자 다시 개업을 해 성공했으며 여러 학교나 주립기관의 의사로 활동했다.

그는 해방과 함께 진주한 미군정의 요청으로 1947년 7월 1일 다시 한국으로 돌아왔다. 그후 많은 이들은 그가 대통령으로 출마해주기를 간청했으나 그는 받아들이지 않았다. 정쟁에 휘말리지 않고 조용히 미국으로 돌아갈 결심을 굳힌 터였다. 그는 마지막으로 옛 제자인 이승만에게 5·10 총선에 불참한 김구, 김규식 등 남북협상파를 끌어안을 것을 권유했다. 서재필은 1948년 9월 11일, 미 군용선 하지호를 타고 인천항을 떠났다. 필라델피아 근교 메디아로 돌아간 그는 80대의 노구에 의사 생활을 재개했고, 1951년 1월 5일 만 87세를 일기로 별세했다. 지금 서울 국립묘지에서 영면하고 있다.

집념과 자존심이 만들어낸 아름다운 노년

한국 유학사에 큰 봉우리를 만든 서재필. 그를 있게 한 것은 '끝없는 집념'이었다. 그는 갑신정변의 실패로 일본을 거쳐 미국 망명길에 올라 오뚝이처럼 일어났다. 과거에 합격한 뒤 일본에서 군사 유학을 하고, 비록 쿠데타로 잡은 정권이긴 하나 거기서 병조참판을 지낸 그가 일당 2달러를 벌기 위해 샌프란시스코 뒷골목을 전전했다. 함께 미국으로 망명했던 박영효는 이 같은 생활을 견디지 못해 일본으로 돌아가버렸고, 서광범은 지인을 찾아 뉴욕으로 떠났지만 그는 잡초처럼 샌프란시스코에서 버텼다.

'자존심'도 그의 성공을 이끈 또 하나의 요소였다. 선교사가 되어 조선에 복음을 전하라고 한 홀렌백의 제안을 그가 받아들였으면 힘들이지 않고 대학을 졸업할 수 있었을 것이다. 그러나 그는 이 제안을 단호하게 거절하고 스스로 고난의 길을 걸었다. 서재필의 자존심은 노년에 더욱 빛을 발했다. 21년 동안 의사의 길을 접고, 인쇄업을 하던 그가 62세에 다시 의과대학에 들어가 공부를 하고 개업의사가 되었다는 사실은 듣는 사람을 숙연하게 만든다. 더구나 70대 고령에 의학잡지에 5편의 논문을 게재하는 등 그는 끊임없이 인간 정신력의 한계를 무너뜨렸다.

집념과 자존심으로 자신의 인생을 확장시켜낸 서재필은 한국 유학사의 여러 인물들 가운데서도 가장 행복하고 여유로운 노년을 보냈다.

05

개화의 새벽을 연 _ 박에스터와 하란사

굴레를 벗어던진 여성들

어느 분야든 그 길을 처음 여는 개척자는 고독하고 힘들다. 특히 여성이라는 사회적 한계를 극복하고 서양의사 자격을 얻은 박에스터를 비롯한 조선 여성들은 같은 시대 남성들보다 몇 배 더 험난한 길을 걸어야 했다.

한국인으로 두 번째, 한국 여성 최초로 미국 의과대학을 졸업하고 서양의사가 된 박에스터. 그녀는 이화학당을 졸업하고 선교사의 도움을 얻어 미국에 건너가 볼티모어 여자의과대학Women's Medical College of Baltimore을 졸업했다.

하란사는 한국 여성 최초로 미국 대학 학사학위B.A.를 받은 사람이다. 그녀 역시 박에스터처럼 이화학당을 졸업했고 미국 오하이오 웨슬리언 대학에서 학위를 받았다.

두 여성에게는 공통점이 많다. 하나는 남존여비의 굴레를 과감히 떨치고 새로운 학문에 뜨거운 열정을 쏟았다는 것이다. 그리고 성공하기까지 남편의 헌신적인 외조가 있었으며, 둘 다 이화학당을 졸업했다. 박에스터가 1886년 이화학당에 네 번째 학생으로 입학을 했고, 하란사는 기혼자로서는 처음으로 1896년에 이화학당 입학을 허락받았다. 마지막으로, 이들은 부모님이 준 이름을 버리고 기독교 세례명으로 개명했으며 결혼 후에는 미국식으로 남편의 성을 따랐다.

1909년 4월 28일 경복궁에서는 고종의 지시로 윤치호와 김필순이 주관한 관민합동 '초대 여자 유학생 환국 환영회'가 열렸다. 열여섯 살 때부터 일본, 벨기에, 영국, 프랑스, 독일, 미국을 거쳐 음악과 미술을 배우고 관립 한성고등여자학교 선생으로 부임한 윤정원과 1900년 볼티모어 여자의과대학을 졸업하고 귀국해 한국 최초 여자 의사로 활동 중인 박에스터, 그리고 1906년 미국 오하이오 웨슬리언 대학에서 문학사 학위를 받고 귀국해 상동교회 영어학교 교사를 하고 있는 하란사를 위한 자리였다.

교육계를 비롯해 여성단체와 종교계 등 1,000여 명의 국내 귀빈들과 아펜젤러, 언더우드 등 미국 선교사들 그리고 한성 주재 외교관들이 참석해 축하했다. 경성의학교 교장이던 지석영 선생, 정동교회 목사였던 최병헌 선생, 판소리 명창 유성준 선생 등이 환영사를 했고 세 명의 신여성들에게 축하와 격려의 은메달이 전달됐다.

100년 전 조선의 젊은 세 여성이 외국에 유학을 해 각각 전문가로서 자기 영역을 가졌다는 것은 지금 생각해도 대단한 일이고 이들을 위해 국가 차원에서 축하 자리를 마련해주었다는 사실도 눈여겨볼 대목이다. 그러나 안타깝게도 윤정원에 대한 기록은 어디에서도 찾을 수 없었다. 윤정원보다는 낫지만 박에스터와 하란사의 기록도 미비하기는 마찬가지다.

이화학당 4번째 여학생 박에스터

많은 이들은 교육을 무한한 가능성으로 통하는 문이라고 말한다. 과거 역사 속 인물들이 실증적으로 보여주었듯이 신분 계급과 계층을 뛰어넘을 수 있는 거의 유일한 방법이 교육이었다. 박에스터와 하란사가 신분과 여성이라는 한계를 뛰어넘을 수 있었던 것도 교육의 힘이 받쳐주었기에 가능한 일이었다.

박에스터의 본명은 김점동이다. 그녀는 딸만 넷을 둔 딸부잣집 맏이로 1877년 3월 16일에 태어났다. 김점동은 당시 엄존했던 신분사회에서 천민은 아니었던 것으로 보인다. 그의 아버지 김홍택은 1885년 감리교 목사로 한국에 처음 복음을 전파하러 온 선교사 아펜젤러H.G.Appenzeller를 돕고 있었다.

반면 하란사 가계에 대해서는 전혀 알려진 것이 없다. 하란사는 1875년에 평양에서 태어났다. 세무 관리였던 하상기의 후처로 들어

이화학당을 졸업할 당시의 김점동(박에 스터).

갔던 것으로 보아 하란사가 양반 가문의 여식은 아닌 것으로 보는 시각이 유력하다. 기생이었다는 기록도 있으나 확인할 수는 없다.

김점동이 이화학당에 들어가 이른바 신학문을 하게 된 것은 그의 아버지 김홍택의 덕분이었다. 그녀의 집이 서울 정동 이화학당 옆이었기에 그녀는 이화학당을 놀이터 삼아 놀곤 했다. 아버지 김홍택은 당시로서는 깨어 있는 사람이었다. 그는 김점동이 비록 딸이지만 교육을 잘 시켜야겠다는 생각으로 주저 없이 이화학당에 입학시켰다.

이화학당은 1886년 감리교 여자 선교사인 메리 스크랜튼Mary F. Scranton 부인이 설립했다. 학교는 세웠으나 공부하러 오는 학생이 없어 스크랜튼 부인은 거리에서 여자 거지 아이를 데려다 가르쳤다고 한다. 하기야 120여 년 전 파란 눈의 서양인들이 세운 학교에 아이를 보낼 용기 있는 부모들은 많지 않았을 것이다. 당시 세간에는 서양 선교사들이 아이들을 외국에 팔아먹는다는 고약한 소문까지 나돌고 있었다.

역사를 따라가다 보니 교육이 그 집의 가족사를 바꾸거나 새로 쓰게 한 경우가 비일비재했다. 유길준 가문을 보면 동생 유성준은 물론 그 후손들 거의가 해외에서 공부를 했고 그들은 각자의 분야에서 최고가 되었다. 김점동 가문도 마찬가지다. 그의 여동생들 가운데 하나는 한국 최초 간호사로 세브란스 병원 수간호사가 되었고, 또 다른 동생은 최초 고등학교 여교사로 장로교에서 운영하는 고등학교의 교장이 되었다고 한다. 그들의 이름을 비롯해 좀더 자세한 기록들을 찾으려 했으나 자료가 남아 있지 않았다.

이화학당 역사상 네 번째 학생인 김점동은 그곳에서 신학문을 배웠다. 그녀가 배운 과목들은 한글, 한문, 성경, 산수, 가사 등이고 학

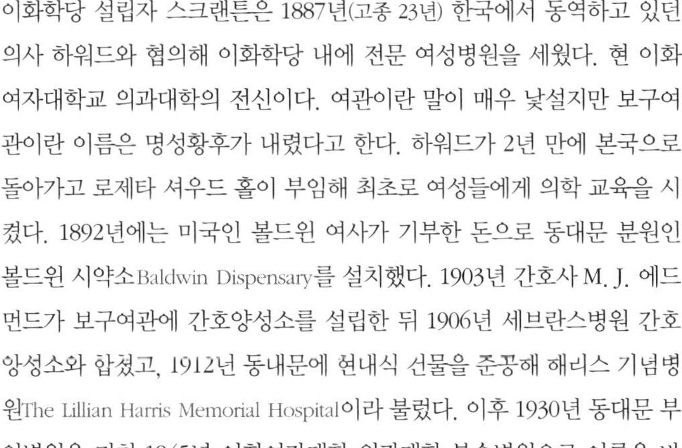

보구여관普救女館

이화학당 설립자 스크랜튼은 1887년(고종 23년) 한국에서 동역하고 있던 의사 하워드와 협의해 이화학당 내에 전문 여성병원을 세웠다. 현 이화여자대학교 의과대학의 전신이다. 여관이란 말이 매우 낯설지만 보구여관이란 이름은 명성황후가 내렸다고 한다. 하워드가 2년 만에 본국으로 돌아가고 로제타 셔우드 홀이 부임해 최초로 여성들에게 의학 교육을 시켰다. 1892년에는 미국인 볼드원 여사가 기부한 돈으로 동대문 분원인 볼드원 시약소Baldwin Dispensary를 설치했다. 1903년 간호사 M. J. 에드먼드가 보구여관에 간호양성소를 설립한 뒤 1906년 세브란스병원 간호양성소와 합쳤고, 1912년 동내문에 현내식 선물을 준공해 해리스 기념병원The Lillian Harris Memorial Hospital이라 불렀다. 이후 1930년 동대문 부인병원을 거쳐 1945년 이화여자대학 의과대학 부속병원으로 이름을 바꿨다.

1887년 이화학당 내에 들어선 여성 전문병원 보구여관의 전경.

년이 올라가면서 영어를 배웠다. 그녀는 타고난 언어감각으로 외국인 선교사들을 놀라게 했는데, 선교사 윌리엄 제임스 홀Willam James Hall이 자신과 아내인 닥터 로제타 셔우드 홀Rosetta Sherwood Hall의 통역을 맡겼을 정도다.

누구에게나 인생 진로를 바꾸는 계기가 찾아온다. 김점동은 1890년 미국인 선교사이자 의사인 로제타 셔우드 홀을 만났다. 미국 펜실베이니아 여자의과대학을 졸업하고 뉴욕 빈민가에서 의료 봉사활동을 펼치던 셔우드 홀은 한국에 자원해서 의료 선교사가 되었다. 그녀는 당시 동대문 근처에 있던 여성전문병원, 보구여관普救女館에서 일을 했다.

로제타 셔우드 홀의 회고에 따르면 김점동은 1893년 초 자신이 언청이 환자를 수술하는 것을 보고 의사가 될 결심을 했다고 한다. 그러나 결심을 했다고 해서 쉽게 의사가 될 수 있는 것은 아니었다. 먼저 의학 공부를 할 학교 자체가 없었다.

한국은 물론 일본이나 중국에도 의사를 양성할 의과대학이 없던 시절이었다. 의사가 되려면 미국으로 갈 수밖에 없는 상황이었다. 장애는 그것뿐이 아니었다. 결혼 문제를 매듭짓지 않고는 미국에 갈 수 없었던 것이다. 이화학당에서 신학문을 공부하던 여성들 대부분이 겪은 어려움이었다. 당시 처녀들은 열여섯 살이 되면 당연히 시집을 가야 했고 그 나이까지 결혼을 못하면 주변에서 따가운 시선이 쏟아졌다.

재미있게도, 당시 이화학당에 재학 중인 학생들 가운데 혼인 연령에 다다른 학생이 있으면 학교가 나서 신랑감을 찾아 혼인을 주선했다고 한다. 학생 부모가 그 혼인을 허락하면 학교는 신부에게 혼수 일체를 해주었다. 그뿐 아니라 학교는 혼인 당일에 신부 화장에서부터 자잘한 수발까지 들어줄 사람을 붙여주고 결혼식 일체를 주관했다. 신부는 정동교회에서 외국인 선교사 주례로 신식 결혼식을 올렸고 졸업 전에 이 같은 절차에 따라 결혼식을 올린 학생에게는 이화학당 졸업식 대신에 혼인증서를 주었다고 한다.

남편과 함께 유학을 떠나다

결혼을 해야 미국에 갈 수 있다는 김점동을 위해 스크랜튼 부인과 셔우드 홀 부인은 서울과 평양을 오가며 선교활동을 할 때 통

역을 해주던 박여선이란 젊은이를 그녀의 배필로 점찍었다. 그러나
남편 될 박여선은 미천한 집안 출신인데다 매우 가난해 김점동의 어
머니가 결혼을 극력 반대했다. 하기야 가문을 중시하던 그 시기에 이
화학당 출신의 딸을 미천하고 가난한 집에 며느리로 줄 사람은 없을
것이다.

김점동과 어머니의 갈등에 대해서는 자세한 이야기가 전해지지 않
으나 우여곡절 끝에 신부 김점동과 신랑 박여선은 1893년 정동교회
에서 한국인 최초로 서양식 결혼식을 올렸다. 졸업 무렵인 1892년 아
펜젤러 목사에게 세례를 받고 이름을 김에스터로 바꾼 김점동은 결

박여선

여기서 박에스터의 남편인 박여선에 대해 조금 더 짚고 넘어가자. 박여
선의 이름은 기록에 따라 다르다. 어느 자료에는 박유산으로 되어 있고
또 다른 기록들에는 박여선으로 되어 있다. 그러나 그의 한국 이름은 박
여선이 맞다.

놀랍게도 2004년 1월 13일 채영창 위싱턴 한인사韓人史 편찬위원장과
볼티모어 지역 한인사 편찬위원회 인사들은 볼티모어 서부 로레인 파크
공동묘기에 잠들어 있는 박여선의 묘를 찾아갔다. 묘비에는 영문으로
'Yusan Chairu Pak'이라고 씌어 있었다. 박여선이란 이름은 미국인들
이 부르기 쉽게 '유산 박'으로 바뀌어 있었다. 그의 묘비에는 '내가 나그
네 되었을 때 나를 맞아들였고'라는 〈마태복음〉 25장 35절의 구절이 새
겨져 있다.

혼 후 남편 성을 따라 박에스
터朴愛施德, Ester Park로 개명
했다. 그리고 본격적으로 셔
우드 홀의 의료 선교활동을
도왔다.

박에스터에게 미국 유학
기회는 갑작스럽게 찾아왔
다. 1894년 11월, 셔우드 홀
부인은 남편인 윌리엄 제임
스 홀 박사가 발진티프스로
세상을 떠나자 남편을 기념
하는 병원을 세우기 위한 기
금을 모으러 미국에 잠시 가
기로 결정했다. 박에스터는
이때를 놓치지 않고 셔우드

남편과 함께 한국에서 의료 선교활동을 펼치며
박에스터의 미국 유학을 물심양면으로 도와주
기도 했던 로제타 셔우드 홀 부인과 그녀의 자
녀들.

홀에게 자신도 미국에 가고 싶다고 말했다. 그녀에게 의학 공부를 시
키고 싶었던 셔우드 홀은 미국 친구들에게 조선의 사정을 이야기했
고 그 친구들은 십시일반으로 돈을 모아 보냈다. 셔우드 홀은 친구들
의 도움으로 박에스터 부부를 미국으로 데려갈 수 있었다.

막노동으로 아내 뒷바라지한 박여선

일본을 거쳐 여객선으로 태평양을 건너는 박에스터와 박여선에게는 청교도들이 대서양을 건널 때처럼 희망이 있었다. 박에스터는 샌프란시스코를 거쳐 1895년 1월 뉴욕에 도착했고 곧바로 2월에 고등학교인 리버티 공립학교에 편입했다. 그녀는 이 학교에서 일 년 동안 영어, 과학, 수학, 라틴어 등을 배웠다. 9월부터는 뉴욕 시 유아병원에 취직해 생활비를 벌며 공부를 했다. 쉽지 않은 유학 생활이었지만 총명했던 박에스터는 일년여 만인 1896년 볼티모어 여자의과대학Women's Medical College of Baltimore에 입학했다. 신입생 300명 가운데 최연소였다.

박에스터가 대학에 들어가고 의사가 될 수 있었던 것은 남편 박여선의 눈물겨운 헌신 덕분이었다. 신혼 초 새색시 아내를 따라온 박여선은 아내의 학비와 생활비를 벌기 위해 뉴욕의 한 농장에서 막일을 했다. 그는 미국에 와서도 상투를 자르지 않았다고 한다.

박여선은 아내가 자신보다 뛰어남을 알고 아내의 뒷바라지를 하겠다고 결심했다. 셔우드 홀의 회고에 따르면 박여선은 미국에 온 후 자신의 영어 실력이 학업을 수행할 만큼 충분하지 못하다고 판단하고 스스로 아내의 뒷바라지를 자청했다고 한다.

뉴욕에 홀로 떨어져 일을 한 지 2년 뒤인 1898년, 그는 아내가 있는 볼티모어의 한 식당으로 자리를 옮겼다. 신혼 초부터 내내 떨어져 살아온 그로서는 몸은 고달파도 정신적 안정을 찾는 듯했다. 그러나

조선 최초의 여의사 박에스터와 그녀의 유학을 뒷바라지하다 숨진 남편 박여선.

그 즈음 박여선은 폐결핵으로 더이상 회복되기 어려운 상황이었다. 당시 폐결핵은 오늘의 암이나 에이즈처럼 치료가 대단히 어려운 병이었다. 예비의사인 아내 박에스터의 정성 어린 간호에도 불구하고 아내가 의학대학을 졸업하기 16일 전에 아내의 손을 잡은 채 세상을 떠났다.

미 볼티모어 지역 한인사에 따르면 박여선은 1868년 9월 21일 한국에서 출생해, 1900년 4월 28일 32세의 나이로 사망했다. 그는 이 지역에 묻힌 최초의 한국인으로 기록되고 있다. 본격적인 한국인 이주가 시작되기도 전에 미국에 건너와 사망한 것이다.

박에스터는 남편을 잃은 슬픔을 딛고 1900년 5월 의학사 학위MD를 받았다. 그녀는 곧바로 조선으로 돌아와 당초 의사가 되기로 결심했던 동대문 구제병원에서 진료를 시작했다. 박에스터가 진료를 시작하자 서양 의사들 앞에 속살을 내놓고 진찰을 받는 것이 부담스러웠던 여성 환자들이 문전성시를 이뤘다.

박에스터는 귀국 후 10개월 동안 무려 1,000명의 여성 환자들을 진료했고 동시에 평양에 있는 셔우드 홀 부인의 병원과 협력해서 환자들을 돌봤다. 그뿐 아니라 평안도와 황해도 등 시골을 찾아다니며 무료진료를 했다. 눈 내리는 겨울에는 나귀가 끄는 썰매를 타고 진료를 다녔다.

그녀의 열정은 수많은 조선 여성들의 병을 고쳤지만 그의 건강은 나빠지기만 했다. 그녀의 남편을 앗아갔던 폐결핵이 그녀에게도 찾아온 것이다. 계속되는 치료와 정성 어린 주변의 기도에도 불구하고 그녀는 1910년 4월 13일 서울에서 서른넷의 나이로 짧은 생을 마쳤다.

제게 밝은 빛을 주십시오

하란사의 이야기를 해보자. 양반가의 여식과 달리 미천한 신분으로 관리의 후처로 들어간 하란사에게는 늘 배움에 대한 목마름이 있었다. 하란사에 대해서는 1875년 평양에서 태어났고 김해 김씨 가문 출생이라는 것 외에 별다른 기록이 없다. 그녀는 지금의 세무 공무원격인 감리 하상기가 별감으로 있을 때 후처로 들어가 1남 3녀의 어머니가 된다. 그녀는 개화기 신여성답게 남편 하상기의 성을 따르고 미국 이름 낸시를 음역해 란사蘭史로 불렀다.

박에스터와 하란사가 다니던 19세기 말의 이화학당 풍경.

하란사는 이목구비가 수려하고 활달한 성격이었다. 그녀는 서양 문명이 조선으로 유입되는 길목, 제물포에 살았고 그래서 남들보다 정세의 변화를 먼저 깨달았다. 그녀의 소원은 이화학당에 들어가 공부하는 것이었다. 이화학당이 1886년에 세워졌지만 조선 사람 중 누구도 신학문을 가르치려 딸을 그곳에 보내는 이가 없었다. 이화여대 기록에 보면 초기에 명성황후의 영어통역관으로 세도를 잡아보려고 했던 어느 벼슬아치의 소실이 영어를 배우러 왔었고 그 뒤에도 기혼 여성 몇 명이 입학을 했지만 학생이 많지는 않았다. 그러나 1890년에 들어서면서 이화학당의 규칙이 바뀌어 기혼 여성은 입학이 불허되었다.

이화학당에서 공부하고 싶다는 하란사의 꿈은 기혼 여성에 대한 입학불허 학칙으로 좌절되는 듯했으나 고작 학칙 때문에 꺾일 그녀가 아니었다. 전해지는 이야기로 하란사는 1896년 어느날 밤 하인에

게 초롱불을 들려 이화학당 학당장인 프라이L.E Frey 선생을 찾아갔
다. 하란사를 맞은 프라이는 "이곳은 소녀들을 위한 학교이며, 그들
만으로도 학교가 비좁다"며 기혼자 하란사의 입학을 거절했다. 하란
사는 하인이 들고 있던 초롱불을 입으로 훅 불어 꺼버렸다. 깜짝 놀
란 프라이 선생이 "아니 왜 불을 끄느냐?"고 묻자 그녀는 "선생님,
우리의 사정이 이 깜깜함과 같으니 제게 학문의 밝은 빛을 주실 수
없겠습니까? 어머니들이 무엇인가 배우고 알아야 자녀들을 가르칠
수 있지 않겠습니까?"라고 말했다. 감동한 프라이 선생은 그 자리에
서 하란사의 이화학당 입학을 허락했다고 한다. 그녀는 이화학당 입
학 후 세례를 받고 기독교인이 된다.

"마님께 학교로 밥상 차려다 드려라."

하란사의 남편 하상기 또한 대단한 인물이었다. 앞서 박에스
터의 남편 박여선 이야기를 했지만 하상기 또한 그에 못지않다. 인천
에서 고위직 세무공무원으로 있던 하상기는 경제적으로 비교적 넉넉
했다. 그는 아내 하란사의 학구열에 감탄해 적극적으로 아내를 뒷바
라지 했다. 하란사는 시집와서 자신이 낳은 아기를 전처 소생의 아들
며느리에게 맡기고 학교에 다녔다고 한다. 남존여비가 엄존했던 시
절, 더욱이 관료인 남편이 아내의 학비를 자청하여 내주고 아내의 학
교생활을 돌보다니, 지금 생각해도 대단한 일이 아닐 수 없다.
하상기는 아내가 점심때가 되어도 귀가하지 못하면 하녀에게 밥상

을 차려 학교로 가져가 '마님'의 식사 수발을 들게 했다고 한다. 인천에서 서울까지 그게 가능할까 하는 의문이 들지만 그만큼 하상기가 아내의 뒷바라지에 적극적이었다는 의미로 해석하면 될 것이다.

남아 있는 사진들을 보면 하란사는 멋쟁이 신식 여성이었다. 그녀는 '검정 갓에 기다란 검정 새털 깃을 꽂은' 원피스 차림에 자가용 승용차를 타고 다녔다. 그러나 가정의 법도에 엄해 가족끼리 화목하고 절제 있게 사는 것을 생활신조로 삼았다고 한다.

그녀가 한번은 당대 거물 윤치호와 논쟁을 벌였다. 윤치호가 1911년 신여성들이 가정에 충실하지 못하다고 비판을 하자 하란사가 매섭게 맞받았다. 윤치호도 일본과 미국에서 공부한 인물이었는데, 한국에서 신여성들이 요리법, 바느질, 다리미질도 모르고 어떤 때는 시어머니에게 순종치 않으니 교육이 잘못됐다는 요지의 글을 발표했다. 이 글을 읽은 하란사는 영문 선교잡지 〈코리아 미션 필드*The Korea Mission Field*〉에 다음과 같이 기고했다.

(신여성들이) 두 가지 가정 일을 잘 못한다고 해도 다음 사실만은 꼭 알아 두어야 할 것입니다. 미국이나 유럽에서는 정규 고등학교 졸업생이 그저 요리나 바느질하는 법만 익히기를 바라지는 않는다는 사실입니다. 또 한 가지 알아야 할 것은 그 학교들의 설립 목적과 교육 방향이 슬기로운 어머니, 충실한 아내 및 개화된 가정주부가 될 신여성을 배출하는 것이지 단지 요리를 잘하거나 환자를 돌보는 간호사나 침모를 배출하는 것이 아니라는 것입니다.

미국으로 자비 유학 떠나다

이화여대 기록에는 하란사가 박에스터와 같은 해인 1896년에 이화학당을 졸업한 것으로 나와 있다. 하란사의 일본 유학 시기와 미국 유학 시기는 자료마다 차이가 난다. 박에스터가 졸업과 동시에 미국으로 유학을 간 것과 달리 하란사는 조금 늦게 유학을 떠난 것이 아닌가 생각된다. 여러 자료를 종합해보면 하란사가 일본으로 유학을 떠난 것은 졸업 후 4년 뒤인 1900년으로 보인다. 어떤 기록에는 졸업 후 바로 일본으로 유학을 갔다가 일년 후 귀국한 뒤 곧바로 다시 미국으로 유학을 가 1900년에 오하이오 웨슬리언 대학교를 졸업한 것으로 되어 있으나 그럴 경우 미국 대학을 3년 만에 졸업했다는 게 된다. 믿을 만한 자료가 부족하여 하란사의 유학 시기에 대해서는 정확한 추정이 불가능하다.

독립협회 등의 활동으로 조선 정부의 일본 유학정책이 재개된 것이 1899년이니 하란사의 일본 유학 시기도 1900년 전후가 아닐까 추측해볼 뿐이다.

그녀는 다른 조선의 일본 유학생들이 그러했듯이 게이오 의숙에서 공부를 했다. 그러나 그곳에서 어떤 공부를 했는지, 일본에서의 행적을 읽을 수 있는 기록들은 남아 있지 않다. 하란사가 일본에서 공부할 때는 정부가 학비와 생활비를 제공하는 관비 유학은 서서히 줄어들고 사비 유학이 확대되던 시기였다. '사의 찬미'를 부른 윤심덕은 관비 유학생이었지만 기혼녀 하란사가 국비를 받았을 것 같지는 않다. 경제적으로 부유했던 남편의 도움으로 유학을 떠났을 것이며, 그 기간이 일년이었던 점에 비춰 일본어와 영어를 익히는 수준이 아니었을까 생각된다.

일본 유학을 마친 하란사는 일년 뒤 다시 미국 유학길에 오른다. 하란사가 입학한 학교는 오하이오 주에 있는 오하이오 웨슬리언 대학교Ohio Wesleyan University다. 하란사에 관련된 자료를 찾다보면 학교 이름이 정확하지 않은 것들이 많다. 심지어는 웨슬리언 대학교를 '리언대학교'라고 기술한 자료들도 적지 않았다. 하란사가 이 학교를 선택한 것은 이화학당 교수들의 추천이 아니었을까 한다.

오하이오 웨슬리언 대학교Ohio Wesleyan University

미국 오하이오 주에 위치한 오하이오 웨슬리언 대학교는 1842년 미국 연합감리교회가 세웠다. 창립부터 '미션의 웨스트 포인트'로 알려져 있을 만큼 많은 선교사들을 배출했다. 이 학교에서는 지금도 44개주, 45개 국가에서 온 학생 1,850명이 공부하고 있다. 미국 〈US 뉴스 & 월드 리포트〉가 매년 미국 대학의 순위를 매기고 있는데 리버럴 아트 칼리지(학부 중심 대학) 가운데 2006~2007년도 94위를 기록하고 있다.

한국 여성 최초 미국 학사학위 취득

하란사는 1906년 오하이오 웨슬리언 대학교에서 문학사BA 학위를 받는다. 한국 여성으로는 최초였다.

그녀는 졸업 즉시 귀국해 1906년 11월 시작된 상동교회 영어학교 교사직을 맡아 이화학당을 세운 스크랜튼 부인을 도왔다. 또 영어와 성경 등을 가르치며 불우한 환경의 여인들에게 배움의 길을 열어주었다. 그뒤 1910년 9월 이화학당에 대학과가 설치되자 유일한 한국인 교수가 되어 영어와 성경을 가르쳤다. 오늘날 교감에 해당하는 총교사가 되었고 기숙사 사감을 맡기도 했다.

하란사는 민족운동에도 참여했다. 고종의 밀지를 받아 1919년 6월 파리에서 열린 파리강화회의에 의친왕을 밀사로 파견할 준비를 하기도 했다. 그러나 1919년 1월 고종이 갑자기 승하하면서 그 계획도 수포로 돌아갔다. 하란사는 얼마 후 베이징으로 갔다. 그녀가 베이징에 간 이유는 드러나지 않았으나 관광 목적이 아니었던 것만은 확실하다.

그녀는 중국 동포들이 마련한 환영만찬에서 음식을 먹은 뒤 잘못되어 베이징 협화의원 병실에 입원하였으나 곧 사망했다. 45세로 한창 젊은 나이였다. 그의 장례식에 참석했던 선교사 벡커A. L. Becker가 그녀의 시신이 검게 변해 있었다고 증언한 것으로 보아 병사가 아닌 독살이었던 것으로 추정된다. 일부에서는 이토 히로부미의 양녀인 배정자가 독살했다는 이야기도 나오지만 그저 소문에 그치는 수준이다.

1917년 촬영한 하란사의 가족사진. 뒷줄 왼쪽에서 세 번째 모자 쓴 사람이 하란사다.

두 남성의 아름다운 희생으로 빛을 본 여성 유학생들

예나 지금이나 성공한 사람의 뒤에는 부모의 정신적 물질적 뒷받침이 있게 마련이다. 그렇지만 근세 조선의 여명을 연 여성 선각자 박에스터와 하란사에게는 서양식으로 말한다면 '더 나은 반쪽the better half' 남편이 있었다. 천생연분의 부부, 화목한 부부를 비익조比翼鳥와 연리지連理枝에 비유한다. 비익조는 한쪽 날개와 한쪽 눈만을 갖고 있어 하늘을 날려면 두 새가 합쳐야만 한다. 연리지는 두 나무가 합쳐져서 하나의 가지가 된 것을 말한다.

박에스터에게는 폐결핵에 걸려 죽기까지 노동으로 아내를 뒷바라지한 박여선이 있었다. 또한 후처로 들어온 어린 아내를 이화학당에 보내고 다시 일본과 미국 대학까지 자비로 유학시킨 하란사의 남편

하상기도 박여선 못지않은 대단한 인물이다.

어쩌면 여성 선각자 박에스터나 하란사를 논할 때 그녀들보다 먼저 남편들이 더 많은 박수를 받아야 할지 모른다. 당대의 상식과 격식을 허물고 아내를 뒷바라지했던 두 남성의 조건 없는 희생 덕에 한국의 여성 유학사는 지금처럼 씌어질 수 있었다.

06

한국 최초 미국 대학교 박사 _ 이승만

스물아홉 살에 미국 유학 떠난 이승만

초대 대통령 이승만에 대한 평가는 '건국의 아버지'에서부터 '탐욕의 독재자'에 이르기까지 다양하다. 하지만 이 책은 인물에 대해 평가를 내리려는 것이 아니라 유학의 역사를 살펴보기 위한 것이다.

이승만에 대한 평가가 어떻든 조선 말 역사의 거센 파도 속에서 하버드 대학교에서 석사학위를, 프린스턴 대학교에서 박사학위를 취득했다는 것은 대단한 일이다. 1945년 8월 광복 이후 미군정이 이승만을 쉽게 다루지 못했던 것도 그가 미국이 인정하는 엘리트 코스를 밟았기 때문이라는 해석도 있다. 이승만이 미국에서 공부하는 과정과 그가 귀국해 활동한 모습을 보면 일본과 중국이 왜 그토록 이른 시기에 유학생들을 선발해 서구의 발달된 문화와 문명을 받아들이려 했는지 이해가 간다.

1904년 11월, 스물아홉이었던 이승만은 인천항에서 홀로 미국행 화물선에 올랐다. 우리나라 최초 미국 유학생 유길준보다 11년 늦게, 세 살이나 더 많은 나이에 유학을 떠난 것이다. 늦어도 한참 늦은 나이다. 이승만이 조선을 떠나 미국에 간 첫 번째 목적은 유학이 아니

루스벨트 대통령

미국에는 루스벨트란 성을 가진 대통령이 두 명이 있다. 한 명은 시어도어 루스벨트(26대)이고 다른 한 명은 프랭클린 루스벨트(32대)이다. 시어도어 루스벨트는 1858년 10월 27일 뉴욕의 부유한 가정에서 태어나 하버드 대학교를 졸업하고, 23세 때 뉴욕 주의회 의원으로 선출되었다. 매킨리 대통령 밑에서 부통령으로 있다가 매킨리가 암살되자 1901년 9월 제26대 대통령에 올랐고, 1904년 재선에 성공했다. 재임 중 러일전쟁의 조정, 모로코 문제 중재 등에도 적극 힘써 1907년 노벨평화상을 받았다.

32대 프랭클린 루스벨트 대통령(1882~1945)은 미국의 최장 재임 대통령으로 대공황 시절 경제 위기에서 미국을 구해낸 사람이다. 이러한 활약을 바탕으로 1933년 3월 4일 취임 이후 1945년 4월 뇌출혈로 사망할 때까지 무려 12년 간 집권했으며, 미국에서 유일하게 3선을 한 대통령이 되었다. 미국은 루스벨트 대통령 이후 헌법을 수정해 재선까지만 허용했다.

었다. 시어도어 루스벨트 미국 대통령을 만나 조선이 처한 상황을 설명하고 도움을 받으려는 것이었다. 나중에 다시 언급하겠지만 그는 원래 목적을 이룬 뒤 미국에 남아 공부를 하려 했다. 미국에 가기 전 선교사들로부터 여러 장의 추천서를 받은 것을 보면 알 수 있다.

이승만은 미국으로 떠나기 전 독립협회에서 일하다가 체포되어 사형언도를 받았다. 이어 무기징역으로 감형되어 5년 8개월 동안 수감됐다가 미국으로 떠나기 불과 석 달 전에 석방됐다. 오랜만에 자유를 찾았지만 이승만이 바라본 조국의 현실은 암담했다. 일본은 조선 침탈을 본격화하고 있었으나 조선 조정은 이에 대한 대책을 마련하지 못했다.

이승만은 출소 직후 자신의 감형과 석방을 위해 노력해준 개화파 민영환과 참정대신 한규설을 찾아갔다. 그는 감사인사를 하면서 조선의 장래에 대한 걱정을 털어놓았다. "세계는 급변하고 있는데 여전히 조선만 미몽에서 깨어나지 못하고 있습니다. 제국주의 일본은 조선 궁궐까지 들어가 조선의 국왕을 좌지우지하며 곧 조선을 삼킬 음모를 꾸미고 있으니 이 나라의 장래는 도대체 어떻게 되는 것입니까. 일본 제국주의 침략을 막아내려면 미국의 힘을 빌리는 수밖에 없습니다." 민영환과 한규설도 동의는 했으나 당시로서는 방도가 없었다. 한규설은 한숨만 쉴 뿐이었다. "어느 누가 있어 우리의 정세를 미국에 전달하고 도움을 청하겠습니까?" 걱정만 하고 있는 이들에게 이승만은 "제가 가겠습니다. 가서 그 일을 이뤄보겠습니다."라고 말했다. 이렇게 해서 그의 미국행이 결정됐다.

이승만은 고종이 즉위한 지 10년이 되는 1875년 3월 26일 황해도 평산군 능안골에서 이경선의 6대 독자로 태어났다. 그의 어릴 때 이름은 승룡이다. 그는 세 살 되던 해에 서울로 올라와 남대문 밖에서 살았다. 지금의 서울 힐튼호텔 남쪽 언덕배기였다.

조선 임금들은 날이 가물면 이곳에서 기우제를 지냈다. 이승만은 그 언덕의 남쪽에 살았다고 해서 자신의 호를 우남雩南이라고 지었다. 이승만의 어머니 김씨는 서당 훈장의 여식으로 자식 교육에 남다른 관심을 갖고 있었다. 그의 어머니는 일찍이 아들이 총명하다는 것을 알고 자식 교육을 위해 남편을 설득한 뒤 서울로 이사를 했다. 아들 교육에 대한 어머니의 열정은 여기서 그치지 않았다. 아들이 혹여 글씨를 쓰는 데 지장이 있을까 하여 무거운 물건을 들지 못하게 하고 돌팔매질조차 못하게 했다. 또 '왕손 후예 6대 독자' 임을 수없이 강조하며 자신의 존재에 대해 특별한 긍지를 갖게 했다.

이승만은 신식 교육을 받기 전에 여느 집 아이들처럼 서당에 다니면서 한학을 배웠고 과거시험 준비를 했다. 그는 과거에 서너 번 응시를 했으나 번번이 고배를 마셨다. 머리는 총명했으나 시절이 뒷받침되지 않았다. 1894년 조선 정부가 갑오경장을 추진하며 과거제도를 폐지하자 출세 길이 막히게 되었다. 그는 신식 교육을 받기 위해 배재학당을 찾았다.

이승만, 100년 전 영어의 중요성을 간파하다

이승만은 배재학당 입학 한해 전인 1894년 한반도에서 벌어진 청일전쟁에서 조선의 종주국이었던 청나라가 일본에 무릎을 꿇는 것을 목격했다. 그는 이 전쟁이 일본의 완승으로 끝나자 새로운 시대가 도래했음을 직감했다. 그는 앞으로 영어가 주요 경쟁수단이 될 것임을 알고 1895년 만 20세가 되던 해에 미국인 기독교 선교사가 설립한 배재학당에 들어갔다.

이승만은 혜안의 소유자였다. 이미 100여 년 전에 그는 영어의 힘, 앞으로 전개될 세계에 대해 정확하게 예측을 한 것이다. 매사추세츠 공과대학MIT을 졸업한 세계적인 경영 컨설턴트 오마에 겐이치는 최근 그의 저서 《넥스트 글로벌 스테이지*Next Global Stage*》에서 "영어는 글로벌 경제의 가장 중요한 수단이며 사이버 공간의 실질적 표준어"라고 말했다. 어떤 이들은 앞으로 영어를 제대로 구사하지 못하면 글로벌 시대에 절대 성공하지 못할 것이라고 말하기도 한다. 현재 한국인 유학생의 80퍼센트 이상이 영어권 국가로 몰리고 있는 것만 보아도 영어의 영향력과 학습 열풍을 짐작할 수 있다.

배재학당은 미국 감리교 선교사 아펜젤러가 세운 학교다. 선교사들은 한국에 복음을 전하면서 그 수단으로 교육과 의료를 갖고 들어왔다. 아펜젤러는 배재학당에 이어 연희 전문학교도 세웠다. 배재학당 교장이었던 아펜젤러는 학생들에게 학교 신문을 만들도록 했다. 이것은 그 당시로서는 파격적인 교육 방법이었다.

이승만은 학교 신문 편집장이 되어 대단한 활약을 했다. 당시 미국인이 경영하던 병원 제중원에서 근무하던 파이팅 여사는 이승만을 눈여겨보았다가 그의 영어 개인교사가 되기도 했다. 그는 배재학당에서 2년 간 미국 선교사들과 서재필에게 영어와 서양사를 배웠고 더불어 서구 민주주의 사상에 눈떴다. 특히 서재필은 배재학당 교사로 있으면서 '협성회'라는 학생회 단체를 조직해 미국 의회제도를 학생들에게 소개했다. 협성회는 얼마 후 독립협회로 발전한다.

이승만은 선천적으로 언어적 감각을 타고난 사람이었다. 아펜젤러는 이승만이 배재학당 영어과에 입학한 지 6개월 만에 그를 영어 조교로 임명해 자신을 돕도록 했다. 올리버 박사는 그의 저서 《신화에 가려진 인물, 이승만》에서 그의 배재학당 시절을 이렇게 묘사하고 있다.

이승만은 미국 민주주의 이념과 모든 사람은 동등한 권리와 기회를 부여받아야 한다는 이론에 점차 흥미를 느끼게 되었다. 그는 열렬한 독서광이 되었고, 선교사들은 맥클루어가 쓴 《19세기와 그 이후*The Nineteenth Century and After*》나 〈아웃룩*The Outlook*〉 등의 서양 서적과 잡지를 제공했다. 그때쯤 조선과 일본 사이에는 내왕이 빈번해졌고 이승만과 친교가 있던 사람들 가운데도 미국으로 건너간 사람들이 있었다. 그에게 바깥세상은 훨씬 현실적으로 다가왔고, 전근대적인 조선의 정치·사회제도는 숨막히는 것이었다.

특히 아펜젤러는 이승만이 훗날 쿠데타 음모로 감옥에 갇혔을 때 〈아웃룩〉이라는 영어 잡지를 꼬박꼬박 넣어주었다. 이승만은 그렇게 조선을 뛰어넘어 넓은 세상을 배워나갔다. 그는 배재학당을 2년 만에 졸업했다. 이승만은 조선 정부의 대신, 외교사절, 선교사, 학부모 등이 참석한 졸업식에서 졸업생을 대표하여 '한국의 독립Independence of Korea'이라는 주제로 영어 연설을 했다.

사형수에서 감형돼 석방된 이승만

배재학당 시절 이승만에게 가장 큰 영향을 준 사람은 서재필이었다. 서재필은 미국에서 의사가 된 뒤 조선의 부름을 받고 1895년 귀국을 했다. 서재필은 귀국 후 일주일에 한 번 배재학당에서 강의를 했다. 이승만은 배재학당을 졸업한 뒤 서재필이 이끄는 독립협회에 참여해 활동했다.

당시 기준으로 이승만은 급진 개혁파였다. 그는 서재필이 창간한 〈독립신문〉을 모방해 〈매일신문〉을 창간했다. 그는 이 신문을 통해서 개혁사상을 강하게 주장했고 서울 시내 학생들을 동원해 가두시위를 벌이기도 했다. 1960년 3·15부정선거 직후 대학생들의 시위로 하야한 뒤 하와이로 망명한 그가 젊은 시절, 왕조 정치 아래서 학생들을 모아 시위를 주동했다는 사실은 아이러니가 아닐 수 없다.

이 무렵 조선은 친일파와 친러파가 심각한 세력 다툼을 벌이고 있었다. 일본 공사 미우라는 대원군과 손을 잡고 친러 세력인 명성황후

1921년 워싱턴에서 열린 군축회의에 참석한 서재필과 이승만. 이승만은 배재학당 시절 서재필로부터 배운 제자다.

를 시해했다. 친일파는 대원군을 앞세워 김홍집 내각을 구성해 국정을 이끌었다. 이에 맞서 친러파는 1896년 고종을 정동에 있는 러시아 공관으로 옮기는 이른바 아관파천을 단행했다.

서구 민주교육을 받은 서재필이 이끌고, 애국의 피로 들끓던 이승만이 참여하고 있던 독립협회가 이런 상황을 그대로 두고볼 리 없었다. 독립협회는 배일운동을 강력하게 전개하려 했으나 계획이 사전에 누설되었다. 친일파들은 여기에 동참한 인사들을 모두 체포하기로 했고, 이승만도 그 대상에 포함됐다. 궁지에 몰린 이승만은 고향인 황해도에 숨었다. 바로 그때 가족들의 권유에 못 이겨 결혼을 하고 아들을 낳았다.

그는 검거의 폭풍이 수그러들자 서울로 올라와 활동을 재개했다. 정부는 독립협회의 활동이 위험수위에 다다랐다고 판단되자 서재필을 다시 미국으로 추방했고, 서재필은 조국을 떠나며 이승만에게 독립협회를 맡겼다.

이승만은 독립협회 활동을 활발히 전개하며 고종을 압박했다. 고종은 민심수습책으로 내각을 개편하고 이승만이 주장했던 대로 추밀원을 구성하기로 했다. 그러나 젊은 이승만은 한걸음 더 나아가 '정치적으로 망명한 사람들을 모두 사면하고 간신배와 황국협회의 모함으로 망명했던 철종의 부마 박영효를 추밀원 의장으로 추대할 것'을 요구했다. 분노한 고종은 추밀원 구성 약속을 없던 것으로 하고 이승만을 비롯한 독립협회 간부들을 모두 체포하도록 명령했다. 이승만은 스물네 살 때인 1899년 한성감옥에 투옥되었다. 이승만은 배재학당 동창인 최충식으로부터 넘겨받은 권총으로 간수를 위협해 탈옥했으나 다시 체포되었다. 이승만과 최충식에게 사형이 선고됐다. 이승만은 다행히 종신형으로 감형됐으나 최충식은 사형을 당했다. 앞서 언급했듯이 이승만은 5년 8개월 동안 수감됐다가 민영환 등의 노력으로 석방됐다.

루스벨트 대통령에게 속은 이승만

이승만은 민영환과 한규설이 작성해준 밀서를 가슴에 품고 인천항에서 미국행 화물선에 몸을 실었다. 곧 돌아올 것 같던 이 길은 긴 망명으로 이어졌다. 이승만은 25일 만에 하와이 호놀룰루에 도착해 그곳에서 미국 이민 1세 200여 명으로부터 열렬한 환영을 받았다. 그들은 2년 전인 1902년 인천항에서 배를 타고 건너온 노동 이민자들이었다. 이승만은 한인교회에서 동포들을 상대로 연설하면서 자신이 왜 미국에 왔는지 설명했다. 타고난 웅변가 이승만의 연설을 들은 이민 노동자들은 한푼씩 성금을 모아 당시로는 거금인 300달러를 그에게 전달했다.

이승만이 잠시 하와이에 머물고 있을 무렵 육군장관 윌리엄 태프트가 일본에 가기에 앞서 하와이에 들렀다. 하와이 교민들은 환영회를 열어주고 이승만이 시어도어 루스벨트 대통령과 면담할 수 있도록 소개장을 써달라고 부탁을 했다. 태프트는 교민들의 요청을 들어주었다.

이승만은 하와이 교민 대표이자 자신의 배재학당 선배인 윤병구 목사와 루스벨트 대통령을 만나러 가기 위해 샌프란시스코행 배를 탔다. 그들은 다시 대륙횡단 열차를 타고 루스벨트 대통령이 머물고 있던 뉴욕 시 근처의 여름 백악관 사가모어 힐로 향했다. 이승만 일행은 천신만고 끝에 1905년 8월 4일 루스벨트 대통령을 만났다. 외교사절이 아닌 평민 신분으로 미국 대통령을 만났다는 것은 한국 외교사에 기록될 만한 일이다. 이승만은 1882년 조선과 미국이 체결한 한미수호조약에 근거해 조선을 도와달라고 요청했다.

그들의 가슴은 떨렸다. 접견실로 안내된 직후 또 다른 마차가 도착했다. 포츠머스 회담의 러시아 대표인 위테 일행이었다. 루스벨트 대통령은 기병대 복장을 하고 있었다. 루스벨트는 잠시 후 두 사람이 기다리고 있던 접견실로 들어왔다. 그는 "귀하와 귀국을 위해 무엇을 도와드릴까요?"라고 물었다. 이승만과 윤병구는 청원서를 루스벨트에게 제출했다.

| 로버트 올리버, 《신화에 가려진 인물, 이승만》 |

루스벨트 대통령은 청원서를 검토한 후 사안의 중대성으로 보아 간단히 해결할 일이 아니라며 공식 외교경로를 통해 청원서가 들어오면 포츠머스 회담 의제로 검토하겠다고 말했다. 이승만은 드디어 미국의 힘을 얻을 수 있게 되었다며 기뻐했다. 그러나 그 부푼 기대는 미국에 의해 철저히 배신당했다. 이미 루스벨트 대통령은 이승만을 만나기 5일 전 하와이를 거쳐 일본으로 간 태프트 육군장관에게 일본 총리 가쓰라와 이른바 '가쓰라—태프트 밀약'을 맺도록 지시해놓은 상태였다. 즉 일본이 미국 식민지인 필리핀을 침략하지 않는다면 미국은 일본이 한국을 지배하는 것을 문제 삼지 않겠다는 것이었다.

강대국 간의 국제정치 흥정에서 조선은 철저히 외면당했다. 더구나 이승만은 윤병구와 함께 곧바로 워싱턴으로 가서 미국 주재 조선 공사 김윤정에게 청원서 제출을 요청했으나 그는 고종으로부터 이에 대한 지시를 받지 못했다며 청원서 접수를 거부했다. 나중에 밝혀진 일이지만 공사 김윤정은 이미 일본에 매수당한 상태였다. 이승만의 노력은 가상했으나 기울어져가는 조선을 떠받치기에는 역부족이었다.

그 즈음인 1905년 11월 7일, 일본은 이토 히로부미를 앞세우고 고종을 위협해 조선의 외교권을 박탈하는 을사늑약을 체결했다. 조선은 외교주권을 박탈당한 채 일본의 보호국이 되었고 미국을 비롯한 각국의 외교공관은 조선 땅에서 철수했다. 이승만을 미국으로 보냈던 한규설은 모든 관직을 박탈당했고 이승만의 후견인이었던 민영환 충정공은 울분을 이기지 못하고 자결했다. 조국의 암담한 소식을 전해들은 이승만은 통곡할 수밖에 없었다.

조지워싱턴대 3학년에 편입하다

밀사로서의 역할을 끝낸 이승만은 귀국을 포기하고 자신이 가고자 했던 길을 찾는다. 기록들을 보면 이승만은 미국행을 택했을 때 이미 그곳에서 공부할 생각을 굳히고 있었다. 그는 미국으로 떠나기에 앞서 한국 내 저명한 미국인 선교사들로부터 무려 19통의 추천서를 받아놓았다. 그에게 추천서를 써준 선교사들은 언더우드, 스크랜튼, 프레스턴, 게일 등이었다. 선교사들이 써준 추천서에는 한결같이 이승만이 정치범으로 7년 간의 감옥생활을 하면서 40여 명의 동료 죄수들을 개종시킨 사실과 그가 조선의 기독교계 거물로 성장할 것이니 미국에서 공부할 수 있도록 길을 열어달라고 요청하는 내용이 담겨 있었다.

그는 선교사들이 써준 추천장을 들고 워싱턴 사교계에서 막강한 영향력을 가진 코베넌트 장로교회 햄린 목사를 찾아갔다. 햄린 목사는 당시 워싱턴 주재 조선 공사관의 법률고문 역할을 맡고 있던 조지워싱턴 대학교 니덤 총장에게 이승만을 소개했다. 니덤 총장은 이승만을 만나보고 즉석에서 조지워싱턴 대학교 컬럼비아 문리대학에 편입을 허락했다. 배재학당에서 배운 2년을 인정해주어 3학년에 편입시킨 것이다. 이승만은 공부를 마친 후 목사가 되겠다는 뜻을 밝혔기 때문에 등록금 전액이 면제되는 '목회 장학금'을 받았다.

이승만은 1905년 가을부터 정식 학생으로 등록해 공부를 시작했다. 그는 2년 만인 1907년 6월 5일 조지워싱턴 대학교 학사학위를 받았다. 32세의 만학도 이승만은 조지워싱턴 대학에서 다양한 과목을 수강했다. 조지워싱턴 대학에 남아 있는 그의 성적표를 보면 첫해에 영어와 경제학, 역사, 철학, 구약학 등 9개 과목을 수강한 것으로 되어 있다. 영어는 C와 D를, 경제학은 낙제점인

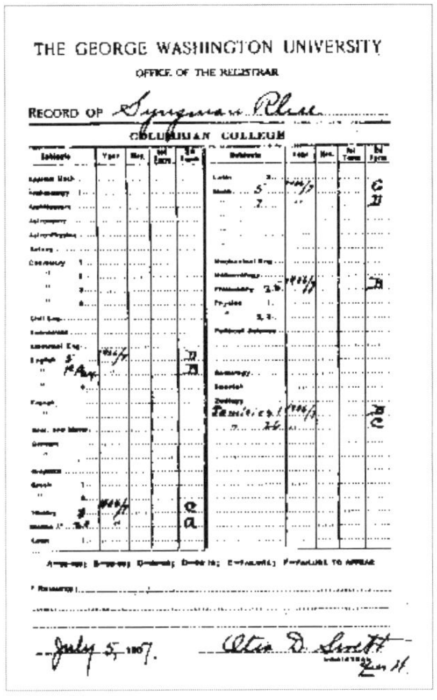

조지워싱턴 대학교에 남아 있는 이승만의 성적표.

E, 철학은 B학점을 받았다. 또한 구약학은 B, C학점을 받았다. 두 번째 해에는 평균 C학점을 받은 것으로 되어 있다. 인문 분야에서는 괜찮은 성적을 받았지만 수학이나 경제학 등 이른바 수치를 다루는 과목에서는 고전을 면치 못했다. 현재 미국 대학에서 공부하는 유학생들이 한 학기에 평균 4과목 정도를 듣는 것을 감안할 때 이승만이 조금 무리한 것 같다는 생각이 든다. 그의 성적과 관련해 일부에서는 당시 이승만이 재학하던 조지워싱턴 대학교의 C학점은 지금으로 환산하면 B학점에 해당된다고 말하지만 확인할 수 없다.

그는 이 시기에 끔찍한 불행을 겪었다. 앞서 언급한 것처럼 1895 년 황해도에 숨어들었을 때 그는 동갑내기 박승선과 결혼해서 아들 봉수를 얻었다. 이승만은 미국에 공부하러 온 1905년 이혼을 했고, 아들 봉수가 아버지를 찾아 미국으로 왔으나 1905년 디프테리아로 먼 이국 땅에서 사망하고 만다. 이승만은 이후 프란체스카와 재혼했 지만 다시는 후사를 보지 못했다.

석사는 하버드, 박사는 프린스턴에서

그는 시련과 역경 속에서 조지워싱턴 대학교를 졸업하고 곧 이어 하버드 대학원에 진학을 했다. 하버드 대학원에 진학한 한국인 1호다. 그는 대학을 졸업하기 직전 하버드에 편지를 썼다.

조국의 동포들이 내가 하루 빨리 귀국해 기울어가는 국운을 일으켜 세우는 일에 앞장서줄 것을 기대하고 있는 만큼 3년 이내에 박사학위 를 받아야겠습니다. 조지워싱턴 대학교에서는 3년 이내에 박사학위를 주겠다고 약속하고 있으나 동포들의 기대에 부응하는 지도자가 되기 위해서 귀교와 같은 명문대에서 박사학위를 받아야겠는데 3년 이내에 줄 것을 보장해주겠습니까?

하버드대 정치학과 석박사과정위원회는 다음과 같은 내용으로 답 장을 보냈다.

학부 과정에서 우수한 성적을 기록한 학생이 우리 학교 대학원 과정에 들어와 열심히 공부할 경우 박사학위를 취득하는 데 평균 5년이 걸린다. 따라서 3년 이내에 박사학위를 준다는 보장은 할 수 없다. 3년 이내에 학위를 취득하려면 석사과정에 입학할 것을 권고한다.

이승만이 하버드 대학에 보낸 편지와 하버드 대학원의 답장은 지금도 하버드 대학에 보관돼 있다. 이승만은 하버드 대학원의 권고를 받아들여 대학원 석사과정에 입학했다. 한 학기에 네 과목씩 일년 동안 여덟 과목을 이수하면 별도의 논문 없이 석사학위를 취득할 수 있었다. 그러나 하버드 대학원 성적표를 보면 그는 한 과목이 부족한 7과목을 수강했고 모두 B학점이었다.

그는 나머지 한 과목을 이수하지 않은 채 1908년 5월 하버드 대학에서 프린스턴 대학 박사과정으로 진학했다. 그는 프린스턴 대학원 박사과정에 들어가기에 앞서 다시 프린스턴 대학에 편지를 보냈다. 하버드 대학에서 석사학위를 받았다며 박사학위는 프린스턴 대학에서 하고 싶다는 내용이었다. 정확히 말하면 그는 아직 하버드 대학원에서 석사학위를 취득하지 못한 상태였다.

프린스턴 대학원은 이승만의 편지 내용을 믿고 입하을 허가했다. 나중에 하버드 대학에서 석사학위를 받았다는 증명서를 교무처에 제출해야 한다는 조건을 달았다. 이승만은 프린스턴 대학원에서 일년 동안 박사과정을 밟으면서 미국 헌법, 미국 정치제도, 미국 역사, 국제법 등 여덟 과목을 수강했다. 역시 하버드 대학원에 다닐 때처럼 모두 B 학점을 받았다.

이승만은 무사히 프린스턴 대학원 박사과정을 끝냈지만 하버드 대학에서 석사과정을 마쳐야 한다는 문제가 남아 있었다. 그는 1909년 여름학기에 다시 하버드 대학원으로 돌아가서 나머지 한 과목, '경제원론'을 수강했다. 이로써 그는 1909년 8월 하버드 대학원에서 석사

프린스턴 대학교

1746년 설립된 프린스턴 대학교는 미국 뉴저지 주 프린스턴에 있는 4년제 사립대학으로 이른바 아이비리그 대학 가운데 하버드대와 쌍벽을 이루는 명문 중의 명문이다. 영국의 식민지 시절, 뉴저지 칼리지라는 이름으로 뉴저지 주 엘리자베스에서 개교했다. 하버드, 윌리엄 앤 메리, 예일 대학교에 이어 미국에서 네 번째로 세워졌다.

미국 〈US 뉴스 & 월드 리포트〉가 매년 랭킹을 매기는 미국 대학들 가운데 하버드와 늘 1, 2위를 다툰다. 2006~2007년에는 단독 1위에 올랐다. 학부 학생 수는 4,900명으로 비교적 적은 규모다.

학생의 51퍼센트가 장학금을 받고 있고 대학원 이공계 박사과정의 학생들은 첫 일년 간 모든 신입생에게 생활비를 포함한 전액 장학금을 지급한다. 이 대학 출신 미국 대통령으로는 제임스 매디슨, 우드로 윌슨이 있다. 존 F. 케네디 대통령은 한 학기를 프린스턴에서 다니다가 질병으로 중도에 그만두고 후에 하버드 대학으로 옮겼다. 우리나라에서 이 대학을 졸업한 이로는 정운찬 전 서울대 총장을 비롯해 구자홍 LS전선 회장이 있고 고인으로는 이병도 전 학술원 회장, 윤치영 전 내무장관 등이 있다.

학위를 받았다. 그는 동시에
프린스턴 대학원에서 박사논
문 작성에 들어가 그 이듬해인
1910년에 집필을 끝냈다. 논문
제목은 〈미국의 영향을 받은
중립주의*Neutrality as Influenced by
the United States*〉였다.

이승만은 1910년 6월 14일
에 프린스턴 대학교 졸업식에
서 윌슨 총장으로부터 박사학
위를 받았다. 그것은 윌슨이
참석한 프린스턴 대학교의 마
지막 졸업식이었다. 윌슨은 뉴

프린스턴 대학교에서 박사학위를 받을 때
의 이승만.

저지 주지사에 출마하기 위해 졸업식이 끝난 직후 프린스턴 대학교
를 떠났다. 그는 민주당 후보로 뉴저지 주지사에 당선됨으로써 정계
에 발을 디뎠고, 1911년 미국 28대 대통령으로 선출됐다.

웨스트 대학원장은 전통적인 박사 후드를 이승만 어깨에 걸어주었
고, 윌슨 총장은 악수로 축하해주었다. 이승만은 그때의 감회를 자서
전 초고에 이렇게 적었다.

그날은 나의 준비기간이 끝나는 날이었다. 나는 슬픈 느낌이 들었
다. 한국은 내가 나가서 일을 해야 할 나라였다. 그러나 그 나라는 이

제 나의 나라가 아니었다.

우리나라 유학사에 또 하나의 기록이 추가되는 순간이었다.

이승만은 명실상부하게 세계 최고의 대학에서 한국인 첫 번째로 박사학위를 취득한 것이다.

2달러 없어 학위증 못 받을 뻔한 이승만

이승만이 학위증을 받기까지 숨겨진 또 다른 이야기가 있다. 학위증을 받으려면 2달러의 수수료를 내야 했는데, 이승만은 그조차 낼 수 없을 만큼 가난했다. 하마터면 학위증도 없이 귀국할 뻔했으나, 이승만의 어려운 형편을 알았던 지도교수가 학교측에 '조선인 학생 이승만군은 경제적으로 극히 어려우니 수수료를 면제해 줄 것을 요청한다' 는 내용의 메모를 보내주어 학위증을 받을 수 있었다. 그의 박사학위 논문은 1911년 프린스턴 대학교 출판사가 단행본으로 출간했다.

이승만은 프린스턴 대학교에서 박사논문 탈고를 마친 1910년 4월 13일, 자신이 미국에서 공부할 수 있도록 음양으로 도와준 언더우드 목사에게 조선으로 돌아가 곧 설립될 연희전문학교에서 강의를 하고 싶다는 내용의 편지를 썼다.

저는 몇 달 후면 프린스턴 대학에서 박사학위를 받습니다. 저는 이

1933년 미국에 체류할 당시
의 이승만.

후 조선에 돌아가 목사님께서 설립을 서두르고 계신 기독교 대학(연희
전문대학)에서 서양사, 국제정치, 국제법, 성경 등을 가르치고 싶습니
다. 만일 일제가 저의 교육활동을 허락하지 않는다면 아예 교수의 길
을 접고 전국을 돌아다니며 기독교 부흥 목사가 되고 싶습니다.

1910년 10월, 이승만은 조선을 떠난 지 6년 만에 유럽을 거쳐 시베
리아 횡단철도를 타고 귀국했다. 그는 서울에 있던 미국 선교사들의

도움으로 서울 YMCA(황성 기독교 청년회의) 한국인 총무로 발탁됐다. 서울 YMCA는 뉴욕에 본부를 둔 YMCA 국제위원회가 1903년 창립한 기구로 이승만은 YMCA 국제위원회로부터 급여를 받았다.

그는 YMCA에서 주로 강연을 했다. 미국 명문대 박사 출신답게 명강의로 이름을 떨쳤다. 그의 성경과 세계사, 국제법 강의는 가슴 뜨거운 조선 청년들로 문전성시를 이뤘다. 당시 이승만의 강의를 들었던 임병직, 허정, 이원순, 정구영 등 다수의 청년들이 유명인사가 되었다. 이승만은 서울 YMCA에 머물지 않고 전국 방방곡곡을 돌면서 기독청년들에게 강의했다. 그리고 지방의 기독교 청년회 조직에도 열정을 바쳤다.

조선을 집어삼킨 일제가 이승만의 활동을 달가워할 리 없었다. 이승만의 기독교 청년운동 조직 구성은 일제로 하여금 조선 기독교지도자들을 일거에 잡아들이겠다는 음모를 꾸미게 만들었다. 일제는 데라우치 총독 암살 미수사건을 빌미로 이른바 '105인 사건'을 조작해 대대적인 검거 선풍을 몰고왔다. 검거대상 1호였던 이승만은 YMCA 국제위원회 총무인 모트 박사의 개입으로 체포를 면하여 1912년 3월 26일 다시 미국으로 건너갔다.

길고긴 이방의 삶이 다시 시작된 것이다. 당시 37세였던 그가 고국 땅을 다시 밟은 건 33년이 지난 1945년이었다.

2부_
한국 유학사留學史

01

가자, 공부하러 중국으로

원광법사, 우리나라 최초의 해외 유학생

외국에서 공부하는 한국 유학생 수가 2006년 24만여 명을 돌파했다. 1980년대 이후 급증하기 시작한 해외 유학생은 세계화의 물결을 타고 해를 거듭할수록 점차 늘어나고 있다. 과거에 해외 유학은 경제적으로 부유한 이들만 보내는 것으로 인식돼왔으나 이제는 '성공한 자녀교육'을 꿈꾸는 모든 부모들이 선택하는 교육 방법이 되었다.

우리나라는 세계적으로 교육열이 가장 뜨거운 나라다. 그만큼 외국 유학의 역사도 길다.

해외 유학이 언제부터 시작됐는지 정확히 알 수 없으나 적어도

1,000년 이상 거슬러 올라가는 것만은 확실하다. 현대문명은 세계의 거리를 단축시켰다. 한국에서 뉴욕까지 거리는 1만 1,080킬로미터. 이 거리도 비행기로 11시간이면 갈 수 있고, 베이징까지 1,100킬로미터의 거리도 1시간이면 날아갈 수 있다. 1,000년도 훨씬 더 전에 고구려, 신라, 백제의 유학생들은 수천 리 길을 걷거나 혹은 돛단배를 타고 망망대해를 건너 중국으로 공부를 하러 갔다.

당시 중국 유학은 목숨을 건 모험이요, 도전이었다. 중국에서 고구려 신라 백제로, 혹은 이들 3국에서 중국으로 갔던 사신들 중 돛단배로 서해를 건너다 태풍에 휩쓸려 익사한 이가 헤아릴 수 없다고 한다. 그럼에도 우리나라 유학의 시작은 역사적 기록으로 적어도 6세기 말, 삼국시대까지 거슬러 올라간다.

동북아시아에서 유학을 갈 수 있는 나라는 당시 세계 최고의 선진국이었던 중국이었고 그 길을 맨 먼저 연 것은 승려들이었다. 신라 승려로 화랑도의 세속오계를 만든 원광圓光 법사(541~630년 추정)가 유학을 떠난 것은 34세 때인 진평왕 11년, 서기 589년이다. 당시 중국에서는 진陳나라가 패권을 잡고 있었다. 신라에 불교가 전파돼 공인된 것이 법흥왕 때인 528년이니 원광법사가 불법을 구하기 위해 유학을 떠난 것은 불교 공인 후 60여 년 뒤의 일이다. 원광보다 먼저 중국 유학을 했다는 이들의 기록은 아직 발견되지 않았다. 원광보다 더 이른 시기에 중국 유학을 떠난 이가 분명 있겠으나 그 기록이 남아 있지 않을 뿐이라고 생각된다.

원광법사가 중국 유학을 떠난 목적은 분명치 않다. 승려의 신분으로 불법을 구하기 위해 떠났다는 기록이 있는가 하면 유학儒學을 배우러 갔다는 기록도 있다.

불교 쪽 기록을 보면 원광법사는 경주 출신으로 13세에 출가하여 승려가 되고 30세에 경주 안강의 삼기산에 금곡사를 세웠다고 한다. 그는 불교를 더 깊이 공부하기 위해 앞서 기술한 대로 진평왕 11년(589년)에 진나라로 유학을 떠났다. 이후 진나라가 망하고 수나라가 중국을 통일한 뒤에도 거기서 계속 머물며 수도를 했다. 그는 진평왕 22년(600년)에 신라의 요청으로 수나라 사신인 조빙사朝聘使 두 명과 함께 귀국했다.

이와 달리 원광법사가 유학을 공부하러 진나라에 들어갔다가 황제의 허락으로 승려가 되었다는 기록도 나온다. 이후 행적들은 불교 쪽 기록들과 일치한다.

구도 위해 유학길을 연 불교 승려들

당시 중국에 건너간 유학생으로 주목할 인물이 또 하나 있다. 신라 진흥왕(534~576) 때의 승려 안함이다. 그는 안홍安弘으로 불리기도 한다. 《삼국사기》 권4 〈진흥왕 편〉에는 그가 수나라에 들어가 불법을 구하다가 호승 비마라 등 두 승려와 함께 돌아와 《승만경》과 불사리를 바쳤다고 기록돼 있다. 그는 원광보다 11년 늦은 서기 600년(진평왕 22) 유학을 떠났으니 지금부터 1,400여 년 전의 일이다. 그는 수나라에서 공부를 하고 5년 만에 신라로 돌아왔다.

당나라는 서기 618년 수나라를 멸망시키고 새로이 중국을 통일한 뒤 문화정책의 일환으로 주변 나라들로부터 유학생을 받아들였다. 《삼국사기》에는 서기 622년, 고구려가 유학생 5명을 당나라에 보냈다는 기록이 나온다. 일부 학자들은 이것이 유학과 관련해 가장 오래된 기록이라고 말한다. 그러나 《삼국사기》 권47 〈설계두 편〉에는 그가 서기 621년 신라 진평왕 43년에 몰래 중국에 들어가 공부를 한 뒤 당태종의 고구려 정벌에 앞장서 싸우다 죽었다는 기록이 있다. 이 기

승만경

《승만경》은 출가하지 않은 여성 불자가 경의 주역으로 등장하는 대승경전大乘經典이다. 한문 번역본의 원래 이름은 '승만사자후일승대방광방편경勝鬘師子吼一乘大方廣方便經, Srimala devisimhanada-sutra'이다. 이 이름에서 '사자후'란 설하는 태도를 뜻하고 '방광'이란 대승을 의미한다. 이름을 붙여서 해석해보면 '승만부인이 설하는 일승대방편의 대승경'이 된다. 《승만경》의 범어 원본은 일부분만 남아 있고 티벳 번역본이 1종 있다. 한문으로는 두 번 번역되었는데 구나발타라가 《승만사자후열승대방광방편경》 1권으로 번역했고, 보리류지가 《대보적경》의 제48회에 승만부인회라는 이름으로 번역해 넣었다. 《승만경》의 내용을 보면, 재가 여인인 승만부인이 부처님을 대신해 법을 설하고 있다. 대승경전 중 《능가경》과 함께 여래장사상을 설하는 대표적인 경전의 하나로, 인도 사위국의 파사익왕과 말리카 부인 사이에 태어나 아유사국의 우칭왕에게 출가한 승만부인이 부처님께 10가지 서원과 세 가지 원을 세우고 정법에 대해 자기가 생각한 바를 설하는 형식을 취하고 있다.

록만 해도 고구려가 당나라에 유학생을 보냈다는 기록보다 일년이 이르다.

당태종이 고등교육기관인 국자감을 대폭 확대하는 서기 640년 이전에도 고구려, 신라, 백제는 물론이고 일본까지 꾸준히 유학생들을 중국에 보내 선진 문물들을 받아들였다. 이때의 유학생들은 앞서 언급한 바와 같이 대부분 승려들이었다.

신라의 유명한 고승 자장율사慈藏律師도 당나라 유학생 출신이다. 그는 서기 638년 신라 선덕여왕 7년에 당나라로 유학을 떠났다. 그때 나이가 25세였으니 비교적 늦게 유학길을 택한 것이다. 그는 승실僧實 등 제자 10여 명과 함께 갔으며 당나라 태종으로부터 후한 대접을 받은 것으로 기록돼 있다.

신라 의상대사義湘大師(625~702) 역시 당나라 유학생 출신이다. 그는 19세 때(20세에 출가하였다는 설도 있음) 출가하여 경주 황복사에 들어갔다고 한다. 얼마 뒤 중국으로 가기 위해 원효元曉와 함께 요동遼東으로 갔으나, 고구려군에게 발각돼 수십 일 동안 잡혀 있다가 돌아왔으며 10년 뒤인 서기 661년(문무왕 1년)에 귀국하는 당나라 사신의 배를 타고 다시 중국으로 떠났다. 원효대사는 의상대사와 함께 중국으로 유학을 가는 길에 당항성(현재 경기도 화성시 서신면에 있는 산성) 근처 공동묘지에서 잠을 자다가 해골물을 마시고 일체유심조一切唯心造(모든 것은 오로지 마음이 지어내는 것이다)를 깨달아 유학을 포기하고 서라벌로 돌아온 일화가 있다.

이보다 조금 뒤에 중국 유학을 떠난 승려가 혜초다. 8세기 초 신라 불교는 의상과 원효 같은 큰 사상가들로 빛나는 불교문화를 꽃피웠다. 그러나 혜초는 여기에 만족하지 않고 더 깊은 공부를 위해 당나라로 유학을 떠났다. 그는 20세 때인 서기 723년(신라 성덕왕 22년)에 당나라 광저우에 가서 인도 승려 금강지金剛智의 제자가 된다. 그는 인도에서 불교를 배우고 오라는 스승의 권유로 당나라 수도 장안(지금의 시안)을 떠나 광저우에서 배를 타고 인도로 향했다. 인도의 여러 곳을 다닌 뒤 타클라마칸 사막과 톈산 산맥 사이로 난 서역북로를 따라 둔황을 거쳐 당나라 수도 장안에 도착한 것은 중국을 떠난 지 8년 만의 일이다. 삼국시대 당나라 유학생 가운데 가장 먼 길을 돌며 세상을 공부한 이가 혜초가 아닐까 싶다.

혜초 이후에도 불교 승려들의 당나라 유학은 끊이지 않았다. 784년에 도의가, 804년엔 진감국사 혜소가, 814년(헌덕왕 6)엔 혜철이 중국으로 유학하여 지장 문하에서 선을 배웠다. 또 821년에 낭혜화상 무염이, 824년엔 현욱, 825년엔 도윤, 837년엔 보조국사 체징이 중국에 유학을 떠났다. 이들은 대부분 해상왕 장보고 사단의 선박을 타고 갔다. 그들은 통일신라시대 새로운 사상으로 '선종'을 전파했다.

02

삼국시대 신라 견당유학생들

선덕여왕 때 최초 국비 유학생 파견

한반도가 신라, 고구려, 백제의 삼국으로 나뉘어 영토 싸움을 하고 있을 때는 젊은이들이 자유롭게 유학을 가지 못했다. 삼국이 통일되면서 본격적으로 중국 유학길이 열렸다. 신라는 국가의 직제와 관복까지도 당나라 것을 모방했고 신라 지식인들은 당나라에 가 세도와 문물을 배우는 것이 꿈이었다. 신라는 국가 차원에서 많은 학생들을 중국에 보냈고 특히 골품제라는 신분제도 속에서 신분상승의 한계를 느낀 6두품 자제들이 대거 유학을 떠났다.

신라는 불교국가였지만 국가 통치철학은 유교였다. 신라는 국학 國學이라는 교육기관을 서기 651년(진덕왕 5년)에 세워 사서삼경 등 유학의 경전들을 가르쳤고 서기 788년(원성왕 4년)에는 독서삼품과를 설치해 관료들을 뽑기도 했다.

《삼국사기》 권5, 〈신라본기〉에 따르면 신라가 공식적으로 유학생을 파견한 것은 삼국통일 전인 서기 640년(선덕여왕 9년)이었고 이때의 유학생들을 견당유학생遣唐留學生이라고 불렀다. 어쩌면 국비 유학생을 파견한 최초의 기록이 아닐까 한다. 그러나 그 주류를 이루었던 것은 통일신라시대의 신라인이었기 때문에, 일반적으로 견당유학생이라고 하면 삼국통일 후의 당나라 파견 유학생을 가리키게 된다.

선덕여왕은 즉위 9년에 신라 귀족 자제들을 입학시켜줄 것을 당나라에 요청했다. 이 시기에 당나라는 수나라를 멸망시키고 중국을 통일한 이후 자국 문화의 우월성을 과시하고 주변 국가들을 회유하기 위해 외국인들에게 국자감의 입학을 허가하는 정책을 취했다. 동시에 신라는 고구려, 백제와 어려운 싸움을 전개하는 과정에서 당의 힘을 이용하려는 외교 전략과 유학儒學의 진흥을 위해 당의 문화를 적극적으로 받아들이려는 욕구가 혼재돼 있었다. 보내는 쪽과 받아들이는 쪽의 이해가 맞아떨어진 것이다.

김운경, 당나라 빈공과에 최초 합격

《삼국사기》는 서기 821년(헌강왕 13년)에 신라 유학생으로 당나라 빈공과賓貢科에 최초 급제한 인물이 김운경金雲卿이라고 기록하고 있다. 그는 841년(문성왕 3년)에 선위부사宣慰副使로 신라에 귀국하여 왕을 책봉하였다. 그러나 김운경이 신라로 돌아온 뒤 어떻게 지냈는지 확인할 만한 자료는 남아 있지 않다.

김운경을 시작으로 당나라가 멸망하는 906년까지 85년 동안 신라 유학생 58명이 빈공과에 합격했다. 대단한 실력이 아닐 수 없다. 당이 멸망한 후에 들어선 5대 시기에는 32명이 빈공과에 합격한 것으로 조선시대 안정복이 지은 《동사강목》에 나와 있다.

견당유학생 가운데 역사에 이름을 남긴 인물로는 최치원, 최승우, 최언위 등 이른바 '3최'가 있다. 통일신라의 천재로 인정받던 이들은 문사로 중국에 이름을 널리 알렸다. 그밖에 박인범은 시詩로, 김악은 예악禮樂으로 역사에 기록을 남겼다. 견당유학생들은 당나라 말기 각처에서 일어나는 반란으로 나라가 어지러워져 더 머물기 어렵게 되자 대부분 신라로 귀국했다. 그러나 이미 신라 상황도 나빠졌기 때문에 그들의 뜻을 널리 펴기가 어려웠다. 시대가 그들의 재능을 펼치도록 허락하지 않았다.

견당유학생들의 진로

견당유학생들은 귀국 후 당나라에서 경험한 신분제의 개방성과 과거제도에 대한 인식을 바탕으로 골품제를 고수하는 신라의 폐쇄성을 맹렬히 비판하였다. 그들 가운데 일부는 기울어져가는 신라에 반기를 드는 지방 호족들과 손을 잡고 중앙정부를 위협하기도 했다. 최승우는 후백제를 일으킨 견훤과 손잡고 고려를 세운 왕건에게 격서檄書를 보내는 등 활발한 활동을 전개했다. 3최 가운데 한 사람인 최언위는 최승우의 반대편에 서서 왕건과 손잡고 고려 건국을 도왔다.

최승우는 최치원보다 21년 늦은 890년(진성여왕 4년) 중국 당나라에 유학을 떠났다. 그는 당나라 국자감에서 3년 간 공부하고 893년 빈공과에 급제했다. 그는 문장을 잘 지은 것으로 유명하다.

당나라 소종昭宗 용기龍紀 2년眞聖王(4년: 서기 890년)에 당나라에 가서 경복景福 2년(진성왕 7년: 서기 893년)에 시랑侍郎 양섭楊涉의 아래에서 급제하였으며, 그가 지은 사륙문四六文 5권이 있는데 스스로 서문을 지어 호본집本集이라 하였다. 후에 견훤을 위하여 격문을 지어 우리 태조(왕건)에게 보냈다.

| 《삼국사기》 권6 〈열전〉 중에서 |

또한 《삼국사기》는 최언위에 대해 이렇게 기록하고 있다.

나이 18세 때 당나라에 유학하여 예부시랑 설정규薛廷珪 아래에서 급제하였다. 42세에 귀국하여 집사 시랑執事侍郎 서서원 학사瑞書院學士가 되었다. 우리 태조(왕건)가 개국하자 조정에 참여하여 벼슬이 한림원 태학사 평장사平章事에 이르렀으며, 죽자 문영文英이란 시호를 내렸다.

어지러운 통일신라 말 6두품의 신분으로 저마다 꿈을 안고 당나라에 유학하여 빈공과에 합격한 견당유학생들의 진로가 다양했음을 알 수 있다. 《삼국사기》는 "박인범朴仁範, 원걸元傑, 거인트仁, 김운경金雲卿, 김수훈金垂訓 등은 전하는 글이 겨우 있으나 역사에서 행적을 잃었으므로 전기를 세우지 못한다."고 적고 있다. 대단한 인물들이라 추정되나 역사에 기록이 남아 있지 않다.

신선神仙이 된 견당유학생 김가기

견당유학생 가운데 아주 특이한 인물로 김가기가 있다. 그는 제38대 원성왕 때 중국 당나라에 들어가 빈공과에 급제했으며 그곳에서 학식과 문장으로 이름을 떨쳤다. 그는 아직도 중국에서는 전설적 인물로 남아 있다. 당나라 사신으로 신라에 귀화하였다가 다시 당나라에 들어가 도술道術을 닦고, 시안 남쪽에 있는 종남산終南山 자오곡子午谷에 은둔하여 화초와 복숭아꽃을 가꾸며 《도덕경》을 즐겨 읽었다고 한다. 여기까지는 역사적 사실이나 그 이후 그의 행적은 전설로 미화돼 있다. 중국 도교에서는 그가 신선이 되었다고 믿고 있다.

03

신라와 일본 견당유학생들의 경쟁

일본 쇼토쿠 태자, 견당유학생 파견

신라 원광법사가 서기 589년 진나라로 유학을 떠난 지 18년 뒤, 일본은 607년에 수나라로 유학생을 보냈다. 일본의 쇼토쿠 태자는 607년 오노노 이모코小野妹子를 사신으로 한 견수사遣隋使를 수나라에 보냈다. 그는 쇼토쿠 태자로부터 공자 사상을 직접 배워오도록 명령을 받았다. 당시 공자 사상이 일본인들의 생활에 큰 영향을 끼치자 쇼토쿠 태자는 이 같은 공자 사상을 중국에서 직접 수입해오길 원했던 것이다.

하버드대 에드윈 라이샤워 교수는 607년 일본이 수나라에 보낸 견수사를 '세계 최초의 국비 해외 유학생'으로 평가했다. 신라의 원광법사가 국비로 진나라에 유학했다는 기록은 없다. 원광이 중국으로 가는 사신 배를 타고간 것은 확실하나 그 비용을 신라 조정이 부담한 것 같지는 않다.

이와 관련해 재미있는 이야기가 있다.

오노노 이모코가 수나라 황제에게 가지고 간 일본왕 국서에는 '무엄하게도' "해 뜨는 나라 천자가 해지는 나라 천자에게 보낸다."고 적혀 있었다. 수나라 양제는 황제의 별칭인 '천자' 라는 용어를 일본왕이 사용하는 것에 분노했다. 수 양제는 이 국서가 무례하다고 화를 냈으나 고구려와 싸우고 있는 수나라로서는 일본이 고구려와 손을 잡게 놔둘 수 없었다. 일본은 608년 세 번째 견수사를 파견하면서 국서에 자신들의 왕을 어떻게 표현할까 고민하다가 '황제' 라는 표현을 피해 '천황' 이라고 썼다. 수나라의 진노를 사지 않으면서도 수나라와 대등한 입장을 나타내려는 일본의 의도가 엿보인다. 이때 사용한 '천황' 이라는 용어가 지금까지 이어지고 있다.

쇼토쿠 태자가 607년에 수나라로 보낸 유학생들은 덴치 천황天智天皇이 다이카 개신을 할 때 중심적인 역할을 했다. '견수사' 란 용어는 중국 패권이 수나라에서 당나라로 넘어간 이후 '견당사' 로 바뀌었다.

일본, 19차례 견당유학생 파견

일본은 중국 문물을 받아들이기 위해 견수사를 세 차례, 견당사를 열아홉 차례 보냈다. 견당사는 서기 630년에 처음 보낸 이후

894년 스가와라노 미찌자네管原道眞가 폐지를 건의할 때까지 260여 년 간 이어졌다. 견당사 규모는 대개 한 번에 100명 이하였으나, 많을 때는 594명에 달한 적도 있다. 여러 기록으로 미루어 우리보다 일본 유학생 규모가 훨씬 컸음을 알 수 있다.

일본 견당유학생들은 국제적으로도 앞선 당나라의 정치제도나 문화를 적극적으로 배워왔다. 이 시기 당나라 문화가 일본 문화에 끼친 영향은 지대했다. 일본은 유학생들을 통해 당나라 문화를 직수입했으며 불교뿐만 아니라 공자를 비롯한 제자백가의 사상이 대거 일본에 전해졌다.

일본은 중국에 유학생 파견을 중지하면서 중국과의 교류를 중단하고 일본 안에서 독자적인 문화를 발전시켜나갔으니 그것이 헤이안 문화다. 우리가 통일신라 이후 고려, 조선으로 이어지면서 계속 중국의 송, 원, 명나라로부터 문물을 받아들인 것과 대조적이다.

04

신라 유학생과 겨룬 발해 유학생

신라와 빈공진사과 장원을 놓고 경쟁한 발해

신라는 서기 668년 당나라와 연합하여 고구려를 멸망시켰다. 고구려 유민 출신 대조영은 고구려 유민과 말갈인들을 규합해 698년 발해를 건국했다. 발해는 건국 초부터 유학생들을 당나라에 파견해 공부를 시켰다. 당나라가 발해를 인정한 지 일년 뒤인 714년 고왕 대조영은 유학생 6명을 당나라 국자감에 보내 입학을 허가받았다. 발해는 이후 견당유학생을 보내지 않다가 830년쯤에 다시 파견했다. 837년 3월 왕자 대준명이 하정사(정초에 보내는 축하 사절, 정조사라고도 했다)로 19명의 수행원을 대동하고 당나라에 들어갔다. 수행원 19명중 16명이 당에서 공부하려는 유학생이었다. 그러나 당나라는 이 가운데 6명만 입학을 허락했다는 기록이 나온다.

발해 초기의 유학생으로 이름을 남긴 사람은 모두 6명이다. 대조영은 당나라가 발해를 책봉한 데 감사하기 위해 동중서성우평장사 고보영을 사신으로 파견했다. 이때 함께 간 유학생들이 해초경, 조효명, 유보준 등 세 명이고 고보영이 사절의 임무를 마치고 귀국할 때 함께 귀국한 견당유학생으로 이거정, 주승조, 고수해 등 세 명이 있다고 기록돼 있다. 발해도 과거 신라처럼 학생들의 파견과 교체가 있었다. 발해가 유학생 파견을 요청하고 당나라가 수락하는 형태로 진행됐다.

이들 6명 가운데 행적이 두드러진 사람은 이거정이다. 그는 당의 빈공과에 급제하였고 발해의 유학자로 이름을 날렸다. 단편적으로 남아 있는 그의 기록을 보면 32세라는 비교적 늦은 나이에 당나라 국자감에 들어가 10여 년 간 수학을 한 뒤 빈공진사과에 합격하고 42세 전후에 발해로 귀국을 했다.

27년여 뒤에 그는 발해 사신단을 이끌고 일본을 방문했으나 방문 기간이 명시되지 않았고 또한 교만하다는 이유를 들어 일본이 이들의 입경을 허락하지 않았다. 이거정의 사례에서도 알 수 있듯이 발해의 견당유학생들은 대부분 당에서 수학하고 빈공진사과에 응시하거나 발해로 귀국해 요직을 맡았을 것으로 보인다. 발해 유학생으로 당나라 빈공진사과에 합격한 인물은 10여 명이나 기록으로 남아 있는 사람은 오소도, 오광찬 부자와 고원고 등 3인이다.

다음은 사이버 발해 박물관에 나와 있는 오소도 오광찬 부자의 활약을 옮긴다.

오소도와 오광찬은 부자 사이인데, 오소도는 872년 당의 진사에 급제하였고, 906년에는 그의 아들인 오광찬이 입당하여 빈공시에서 진사에 급제하였다. 오소도는 일찍이 당나라에 들어가 수학한 후 당의 빈공시에 진사 급제할 때, 같이 응시한 신라의 이동보다 앞에 이름이 있었다. 그는 발해 유성인有姓人 중 왕족인 대씨 이외의 인물로서는 최고의 관직인 재상의 지위까지 이르렀고, 귀국 후 30여 년이 지난 906년 다시 당나라에 사신으로 갔다. 이때 마침 그의 아들인 광찬이 당의 빈공시에 응시하고, 그 결과 신라의 최언위에 비해 석차가 아래에 있자, 당에 표를 올려 지난날 자신의 예를 들어 석차 변경을 요구하였으나 받아들여지지 않았던 것이다. 오소도와 오광찬은 말갈계 발해인으로 배정과 배구의 경우와 같이 부자간의 활동을 알 수 있는 드문 사례이다. 고원고는 비서성 정자의 신분으로 서적의 문자를 교정하는 임무를 담당했던 인물이며, 892년에 당의 빈공시에서 진사급제 후 발해로 귀국하였다.

이 부분은 앞서 최치원의 이야기에서 언급을 했다. 최치원이 빈공진사과에 장원으로 합격하면서 수치를 씻었다고 한 것이 앞선 빈공진사과에서 신라인 이동이 발해인 오소도에게 장원을 빼앗겼기 때문이다. 이처럼 한때 신라와 발해 유학생들은 빈공진사과 장원 자리를 놓고 치열한 경쟁을 벌였다.

05

과거 보러 중국 가는 고려 유학생들

광종 때 원공국사 오월국으로 유학

태조 왕건이 고려를 세우기 11년 전인 907년, 당은 고조 이연이 개국한 지 289년 만에 절도사 주전충의 반란으로 멸망한다. 20대 황제인 애제哀帝 때다. 당이 기울어가는 시기에 그곳에서 공부하고 있던 신라의 견당유학생들은 서둘러 귀국했고 상당 기간 동안 중국 유학은 단절되었다. 중국은 당나라가 멸망한 907년 이후 60년 간 5대10국五代十國의 분열이 계속되었다.

이 시기에 중국 대륙이 통일되지 못하고 어지러웠기 때문에 고려에서 공부를 하러 가는 유학생은 거의 없었다. 다만 광종 연간에 원공국사가 오월국으로 유학을 떠난 기록이 나올 뿐이다. 원공국사가

중국으로 공부하러 간 것은 순수한 유학이라기보다 고려의 유명한
고승 자격으로 불법을 구하러 간 것이다. 그가 떠나던 광경부터가 달
랐다. 그는 29세 되던 959년에 광종의 환대를 받으며 떠났다가 11년
만인 970년 돌아올 때 다시 광종의 성대한 환영을 받으며 귀국해 곧
바로 대사가 되었다.

고려는 이 기간에 중국 5대 여러 왕조와 교류를 했으며 이후 960년
송이 나라를 세우고 중국을 통일하자 선린관계를 유지했다. 고려는
송나라에 사신과 학생, 승려를 자주 파견해 선진문물을 받아들였다.

5대10국 五代十國

당나라가 멸망한 907년부터, 960년에 개국한 송이 중국을 완전 통일하는
979년까지의 약 70년에 걸쳐 흥망한 여러 나라와 그 시대를 말한다.
그중 5대는 화북華北의 중심지대를 지배하고 정통왕조正統王朝의 계열
로 볼 수 있는 양梁:後梁, 당唐:後唐, 진晉:後晉, 한漢:後漢, 주周:後周의 5
왕조인데, 사가史家들이 그 이전에 존재하였던 같은 이름의 왕조와 구별
하기 위해 앞에 '후後' 자를 붙였다.
10국은 화남華南과 기타 주변 각 지방에서 흥망한 지방 정권으로, 오吳,
남당南唐:江西·安徽·福建, 오월吳越:浙江, 민閩:福建(뒤에 南唐에 병합),
형남荊南(또는 南平), 초楚:湖南, 남한南漢:廣東·廣西, 전촉前蜀 후촉後蜀:
四川, 북한北漢:山西을 말한다. 이 밖에도 단기간 독립을 유지하고 있던
연燕:河北, 기岐:鳳州, 주행봉周行逢:建州 정권 등이 있었다.

송나라 유학, 음악 분야까지 확대

유학儒學은 신라시대 때부터 사회의 사상적 바탕이 되었고, 고려시대 들어 과거 응시 과목으로 채택되면서 더욱 발전했다. 이런 상황에서 고려의 많은 젊은이들이 송나라로 유학을 갔다. 송나라 제과에 합격한 사람으로는 김행성, 빈공과에 합격한 이로는 최한, 왕림, 김성적 등이 있다. 이밖에 어떤 과거를 보았는지 알 수 없으나 송나라 과거에 합격한 인물로 강무민, 권적, 조석, 김서 등이 있다. 이 사람들은 대부분 고려 과거에 합격한 뒤 다시 송나라에 가서 급제한 것으로 알려졌다. 고려인들은 자국의 과거에 합격을 하고 다시 송나라에서 과거를 봄으로써 자신의 실력을 입증하고자 했다.

고려 중기 문신이자 학자인 권적은 송나라 만인과萬人科에 합격했다. 그는 어려서부터 총명하여 12~13세에 이미 사서오경을 통달하였고, 16세에 청평산淸平山 문수사文殊寺에서 당시 수재로 이름을 떨치던 이자현과 교유하며 학문을 닦았다. 예종 때 유학생으로 뽑혀 송나라의 태학太學에 입학했고 이어 송나라에서 실시한 만인과에 합격하여 벼슬길에 올랐으며 1117년(예종 12년) 귀국하였다. 예종은 그의 재주와 학문을 높이 인정하여 국자제주國子祭酒에 등용했다는 기록이 있다.

송은 중국의 어느 왕조보다 문화가 발달했으나 군사적으로는 매우 취약했다. 거란은 강력한 군사력을 바탕으로 993년(고려 성종 12년) 80만 대군을 앞세워 고려를 침략했고 고려는 거란을 맞아 강화를 하지 않을 수 없었다. 고려는 994년부터는 송나라 연호 대신 거란의 연호 통화統和를 쓰기로 했다. 고려는 이때부터 친 거란 정책의 일환으로 거란에 유학생을 보냈으나 얼마나 많은 학생들이 갔는지 또 누가 갔는지에 대한 기록은 남아 있지 않다.

신라 등 3국의 유학생들은 중국에 치세철학인 유학儒學을 배우러 갔으나 고려시대 유학생들은 음악을 배우기도 했다. 고려 사신 안직승은 1114년(예종9년) 송나라 휘종 황제로부터 새로운 악기와 악보를 받아왔다. 고려는 중국 음악인 아악을 원구, 종묘, 사직, 선종, 선잠, 문묘의 제사와 조회 등을 열 때 사용했다. 고려는 송으로부터 의관, 악기, 악보 등을 가져왔지만 막상 춤을 어떻게 추는지 알 수가 없어 서온이란 사람을 송나라에 보내 배워오게 했다는 기록이 있다.

이어 고려 사신 성준득은 1370년(공민왕 19년) 5월에 중국에서 돌아오면서 명 태조가 내린 편종십육가전, 편경십육가전, 종가전, 경전, 생, 소, 금슬, 배소 등의 악기를 가져왔다. 이를 받은 고려는 연주법을 배우기 위해 악공 강사천을 보내겠으니 유학생으로 받아줄 것을 명나라에 요청했고 명이 이를 허락했다는 기록이 나온다. 명나라에서는 고려 악공들을 유학생으로 받아들였고 악기를 구하는 일도 주선하였다. 이로써 명나라 아악은 우리 종묘 제사와 조회 등에 쓰이게 되었다.

원나라에 유학하여 제과에 합격한 사람으로는 안진, 최해, 안축, 조렴, 이곡, 이색, 이인복, 윤안지, 안보 등이 있다. 반면 우리에게 익숙한 정몽주, 정도전, 권근 등의 신진 유학자들은 주로 성균관을 통하여 배출된 국내파 학자들이다. 이들은 고려에서 조선으로 넘어가는 과도기에 새로운 유교적 국가체제를 마련한 세력으로 부상했다.

명나라 국자감 첫 입학생 고려인 김도

1271년 개국해 1세기 동안 중국 본토를 중심으로 동아시아 전역을 거의 지배했던 원나라는 홍건적의 일원인 주원장에게 1368년 멸망하고 만다. 주원장은 지금의 난징南京인 금릉에서 즉위하여 국호를 '명' 연호를 '홍무洪武'라 하였다. 그가 명의 태조太祖: 洪武帝다.

고려 공민왕 연간이다. 고려에서는 1388년(우왕 14년) 문하시중 이색, 첨서밀직사사 이숭인, 동지밀직사사 김사안을 명나라로 보내 새해를 경축했다. 이때 고려는 명나라 관리를 파견해 국정을 감독할 것과 고려 청년들이 명나라에 유학을 할 수 있도록 허가할 것을 청하였다.

명나라 교육기관은 국자감이다. 국자감은 당나라 때 설치된 이래 원, 명, 청조에서도 최고학부로 그 자리를 지켰다. 한나라 때는 태학이라 불렀고 당나라 이후 국자감으로 명칭이 바뀌었다. 원나라 시절 국자감에는 고려(후에는 조선)를 비롯해 일본 등 주변 국가에서 온 유학생이 공부했다. 명나라 때 처음으로 국자감에 입학한 고려 사람은 김도 등 4명으로 알려져 있다. 김도 일행은 1370년에 국자감에 입학했고 특히 김도는 이듬해인 1371년에 과거시험에 참가하여 정시廷試

(첫 시험 상위 50명을 불러 황궁에 들어가서 황제가 직접 낸 시험문제를 풀도
록 하는 과거)에 뽑혔다. 명나라는 그에게 관직을 하사했으나 이를 고
사하고 다른 세 명의 고려 학생들과 함께 귀국했다. 이를 끝으로 고
려 유학생들이 명나라에 가서 공부했다는 기록이 없다.

06

장영실도 중국 유학생이었다

세종, 장영실을 과학 유학생으로 파견하다

조선이 개국되고 조선 청년들이 중국에서 공부했다는 기록은 태종 때 보인다. 이건지는 1404년(태종 4년)에 명나라에 유학하여 1406년 명나라 과거에 응시, 갑과로 합격했다. 그는 명나라의 안남 정벌에 종군해 남경별기영도위가 되었다. 1409년(태종 9년) 귀국해 병조전서가 됐고 3년 동안 서북이도경략사로 북쪽 변방을 평정하였다. 1415년 하정사로 명나라에 가던 중 정주에서 생을 마쳤다.

정확한 연도는 나오지 않으나 명나라는 개국 초기 외국인을 상대로 한 과거제도를 없앴다. 신라 이후 우리나라 유학생들의 목표는 중국의 과거에 합격하는 것이었다. 그래서 고려 때는 국내의 과거에 합격하고도 다시 송이나 원에 들어가 과거를 보았다. 중국의 과거시험이 없어지자, 중국 유학생도 거의 사라졌다. 중국 유학의 목표가 없어진 것이다.

그중 눈길을 끄는 기록은 조선 4대 임금인 세종이 장영실 등 과학자를 명나라에 보내 과학기술을 전수받게 한 것이다. 고려의 경우 유학생들 가운데 일부가 송나라에 가서 음악과 춤을 배웠다는 기록이 있을 뿐이다. 그동안 중국 유학생들은 주로 유학儒學을 배웠다.

장영실은 관기의 아들로 태어났지만 과학 분야에서 뛰어난 재능을 보여 면천免賤되었을 뿐 아니라, 무반직인 정3품 상호군에 오른 전설적 인물이다. 그의 이름을 따서 설립된 부산 장영실과학고등학교가 소개하는 그의 일대기를 살펴보자.

관청의 노비로 있으면서 1400년 영남지방에 가뭄이 들자 강물을 끌어들여 가뭄을 이겨내게 한 장영실은 그 공로로 동래 현감으로부터 상을 받고 그후 세종이 전국에 인재를 모으자 동래 현감의 추천을 받아 입궐하게 된다. 대궐에서 그가 처음 일했던 곳은 활자를 만드는 주자소鑄字所였다. 이곳에서 장영실은 세종의 인정을 받아 1423년 노비의 신분에서 벗어나 대궐의 일용품을 관리하는 정5품 벼슬인 상의원 별좌라는 자리에 오르게 된다. 이때부터 장영실은 종3품 상호군 벼슬에 이르면서 지금까지 우리가 세계에 자랑하는 숱한 과학기술의 업적을 이룩해냈다.

장영실이 처음 만들었던 과학기기는 천문 관측기구인 간의簡儀인데

이 간의로 잰 당시의 한양이 북위 38도 부근으로 밝혀져 정확한 측정 기술을 자랑하고 있다.

장영실은 이어 이천, 정철 등 학자들의 도움을 받아 1433년 간의를 더욱 발전시킨 혼천의渾天儀를 완성시킨다. 그 공으로 정4품인 호군 벼슬로 승진한 후 자동 물시계를 연구하기 위해 명나라로 유학을 다녀와 1434년 정교한 자동물시계인 자격루自擊漏를 완성시켰다.

자격루는 물시계에다 정밀한 기계장치를 결합, 때가 되면 인형과 징·북·종을 이용, 시각과 청각을 통해 자동으로 시간을 알려주는 장치로 장영실이 아니면 만들 수 없을 정도로 정밀한 시계였다. 자격루가 망가졌어도 그가 죽은 후 고칠 만한 사람이 없어 제대로 이용하지 못하다가 100년 후인 1534년에야 복원됐다는 사실이 그 정밀성을 입증해준다.

장영실이 만들었던 또 다른 걸작은 해시계인 앙부일구와 휴대용 해시계인 현주일구, 천평일구, 정남일구, 일성정시의 시간과 계절을 알 수 있고 천체의 움직임도 관측할 수 있는 옥루玉漏 등을 꼽을 수 있다.

장영실은 1442년 세계 최초로 측우기를 만들어냈다. 서양에서 카스텔리가 1639년 만든 측우기보다 200년이나 앞서 만들어졌던 이 측우기는 강우량을 정확히 측정하기 위해 측우기의 크기, 빗방울이 떨어질 때 생기는 오차까지 고려해 만든 과학적인 것으로 현재 WMO(세계기상기구)가 정한 측정오차에도 합격할 만큼 뛰어난 업적이었다.

장영실은 또 한강과 청계천의 수위를 측정할 수 있는 수표水標를 제작, 측우기와 함께 당시 농업 기상학의 전기를 마련했다. 그러나 장영실은 세종이 타는 가마를 만들었다가 가마가 부서지는 바람에 벼슬에서 쫓겨

났으며 그후 행방은 알려지지 않았고 사망연대도 밝혀지지 않고 있다.

세종은 장영실 일행을 중국에 보내면서 "중국에 들어가 각종 천문 기계의 모양을 모두 익혀 빨리 모방하여 만들라."고 특명을 내렸다.

그뿐 아니라 세종은 스스로 산학算學, 즉 수학이 모든 학문의 기초라는 신념을 가졌고 자청해 정인지에게 산학 강좌를 받기도 했다.

세종이 장영실을 명나라에 보내 공부하도록 했다는 기록 이후에는 국비 유학은 물론 사비 유학으로도 중국에 갔다는 기록은 보이지 않는다. 다만 조선은 명대(1368~1644)와 청대(1644~1911)에 매년 대규모 사신을 보내면서 많은 학자들을 동행시켜 중국의 문물을 배워오게 했다.

혼천의渾天儀

천체 운행과 그 위치를 측정하여 천문시계 구실을 하던 기구다. 선기옥형璇璣玉衡, 혼의渾儀, 혼의기渾儀器라고도 했다. 고대 중국의 우주관은 혼천설이고 이에 기초를 두어 중국에서 BC 2세기경에 처음으로 만들었다. 일부에서는 삼국시대 후반이나 통일신라, 고려에서도 혼천의를 만들어 사용했을 것으로 추측하기도 한다. 세종 때인 1433년 정초, 정인지 등이 과거 기록들을 조사하였고 이천, 장영실 등이 제작을 감독했다. 혼천의는 천문학의 기본적인 기구로서 조선시대 천문역법의 표준시계와 같은 구실을 했다.

07

사신 따라 중국 간 단기 유학생들

사신단의 일원으로 중국 간 단기 유학생들

앞서 설명했듯이 명나라는 당나라 이후 이어오던 주변 국가 인재들을 위한 과거를 폐지했다. 따라서 조선과 일본의 학생들이 중국에 갈 동인이 사라졌다. 다만 정기적 혹은 부정기적으로 파견되는 사신단의 일원으로 젊은 선비들이 단기간 베이징에 머물면서 중국 문물을 익히는 형식으로 바뀌었다.

조선은 명, 청 두 왕조와 우호관계를 유지하면서 중국 주변 10여 개 나라 가운데 가장 긴밀한 관계를 유지했다. 사신들은 정치, 외교적 임무를 띠고 파견되었으나 이런 역할 외에 문화교류와 실물무역도 담당하곤 했다. 문헌에 따르면 조선은 매년 두세 차례 이상 베이징으로 사신들을 파견했고 기타 임시로 파견된 사절단도 상당히 많았을 것으로 추정된다. 이들을 따라가는 학자들은 사신이 머무는 동안 중국 문화와 문물을 익혔다.

중국 사신

사신단의 책임자인 정사는 영의정이나 좌·우의정 그리고 6조 판서가 맡았다. 정사를 보좌하는 부사와 기록 책임자인 서장관이 있고 적게는 수십 명 많게는 수백 명이 수행했다. 조선은 이런저런 명목으로 때마다 절기마다 중국에 사신을 파견했다. 매년 정례적으로 가는 정기사定期使로는 정조사正朝使(매년 정월 초하룻날 신년 새해를 축하하러 가는 사신), 성절사聖節使(중국의 황제, 황후의 생일에 축하하러 가는 사신), 천추사千秋使(중국의 황태자 탄생일을 축하하기 위해 가는 사신), 동지사冬至使(매년 동지를 전후하여 중국에 가던 사신) 등이 있었다.

특별한 일이 있을 때만 파견되는 사신으로는 사은사謝恩使(중국에서 우리의 왕실이나 국가에 대하여 호의를 베풀었을 때 사례하기 위해 보낸 사신), 진하사進賀使(중국 황실에 경사가 있을 때 축하하기 위하여 파견되는 사신), 주청사奏請使(국사에 대하여 중국 황제에게 주청할 일이 있을 때 파견 되는 사신), 진주사陳奏使(국사를 중국 황제에게 통고할 일이 생겼을 때 파견되는 사신), 변무사辨誣使(중국이 국사에 대하여 곡해하는 일이 있을 때 이를 정정 또는 해명하기 위하여 파견되는 사신), 진위사陳慰使(중국 황실에 국상이 났을 때 향과 제문을 가지고 파견하는 사신) 등이 있었다. 사신을 파견하면 여러 모로 이익이 많았기 때문에 틈나는 대로 기회를 마련했던 것이다.

중국 인문학자이며 〈신민만보〉 기자인 방류강이 쓴 조선의 사신들에 관한 기록에는 당시 사신단에 포함됐던 학자들이 중국의 문물을 어떻게 받아들이고 있는지 잘 묘사돼 있다. 말하자면 중국 단기 유학생들의 활동모습이다.

명 《인종실록》과 명 《선종실록》 통계에 따르면 1425년부터 1435년까지 조선에서 파견온 사절단은 모두 67차에 달하여 매년 평균 6차례나 된다. 명대에 조선으로부터 파견된 사절단의 규모는 매번 수십 명에 달하였으며 청대에 와서는 매번 200~300명에 달하기도 하였다.

사절단 주요 구성원은 정사, 부사, 서장관이었으며 기타 통역, 군관과 병사, 천문관원(3년에 한번 씩 파견하여 천문과 역사를 배우도록 함), 의원, 마부, 가마꾼, 길잡이, 취사원 등으로 다양하였다. 사절단의 고급 관리들은 자신들의 자식이나 조카 등 친인척들을 데리고 갈 수 있었는데 이는 시야를 넓히고 지식을 늘리기 위해서였다. 본문에서 곧 이야기할 박지원과 홍대용 등이 이에 해당한다. 이 규모는 중국과 왕래중인 다른 나라들과는 비할 수도 없이 큰 것으로서 당시 중국과 조선 두 나라 사이의 특수한 관계를 단적으로 보여준다.

조선 후기 문신이며 학자인 박지원(1737년~1805년)은 1780년 6월 팔촌 형인 박명원이 사절단을 이끌고 청나라에 갈 때 그를 따라 베이징에 다녀오게 되었다. 박지원은 《열하일기》에 퉁저우에서 베이징까지의 거리를 이렇게 묘사하였다.

'동문에서 입성하여 서문까지 이르는 5리 길이의 거리는 수만 량의 마차와 손수레로 붐비어 심양沈陽이나 산해관보다 훨씬 번화하였다. 거리에 사람이 너무 많아 걷기조차 힘들었다. 길가에 3개의 커다란 양식창고가 있었고 영통교永通橋를 지났다. 퉁저우에서 조양문朝陽門에 이르는 40리 길은 전부 바닥에 돌을 깔아 마차가 그 위를 지날 때 소리가 진동하였고 또 길가에 많은 무덤이 보였다.'

퉁저우에서 조양문으로 가는 도중에는 보통 사절단을 맞이하는 중국 관리들이 마중을 나와 기다렸다가 함께 조양문으로 입성 후 숙소로 이동하였다 한다(일부 자료에서는 東岳廟에서 기다렸다 한다). 조선으로 돌아갈 때도 왔던 길을 이용했다고 한다.

1421년 이후 명나라는 베이징에 회동관會同館을 건축하여 사신들을 머물게 했다. 대문에는 황제가 직접 쓴 편액이 걸려 있었고 관내에는 수백 명의 하인들이 있었으며 말, 당나귀 등이 항상 준비되어 있었다. 당시 각국 사절단은 베이징에 파견돼 올 때 자국의 특산품들을 선물로 갖고 왔다. 조선에서 자주 갖고온 선물은 금·은그릇, 빗, 작은 함, 수달피, 백면지, 인삼, 종마 등이었다. 동물들은 먼저 회동관에서 일정 기간 기른 후 황제에게 선물로 바쳐졌다고 한다. 각 나라에서 파견된 사절단은 청나라 조정의 규정인 3일 간 회동관에서 현지 상인들과 면세 교역을 할 수 있었는데 유독 조선의 사절단에게는 특혜기 주어져 시간제한이 없었다. 조선 사절단은 짧게는 몇 주, 길게는 몇 달 간 묵었다고 하니 짐작하건대 상당한 무역 이익을 보았을 것이다. 사절단이 베이징을 떠나 귀국할 때에는 황제가 중국의 특산품을 하사하기도 하였는데 주로 정교한 비단과 각종 선진 지식을 담은 서적들이었다.

사절단은 베이징에 도착하면 황궁에 입궁하여 황제의 접견을 받고 조정에서 베푸는 연회에 참석하였다. 사절단원들은 베이징 내의 아무 곳이나 자유롭게 돌아다닐 수 있었다. 박지원은 홍인사, 보국사, 천녕사, 백운사, 법장사 등 수십 개의 사찰들을 돌아보았다고 한다. 대다수 문인들로 이뤄진 사절단은 특히 류리창琉璃廠을 즐겨 다니면서 중국의 서적들을 구매하고 문인들을 사귀었다고 한다. 지금도 류리창에서는 고서와 골동품을 판매하지만 옛날에는 지금보다 훨씬 규모가 크고 번화했을 것이다.

이때 사신을 따라간 젊은 학자들의 중국 유학은 머물면서 공부하는 유학留學이라기보다는 놀면서 공부하는 유학遊學의 성격이 강했다. 《열하일기》를 쓴 연암 박지원이 대표적인 사례다.

08

김대건 이후의 천주교 맞춤 유학

베이징 단기 유학생 이승훈

18세기 조선인의 시각으로 볼 때 중국은 세계로 통하는 유일한 문이었다. 조선은 중국이 세계의 중심이라는 중화사상을 그대로 받아들였다. 그러나 이 시기 중국을 통해 들어온 서양 서적들은 서구의 과학, 천문, 지리, 종교 등에 걸쳐 방대한 내용을 담고 있었고 호기심 많은 학지들은 이런 시적을 통해 서구의 징신문화에 깊은 관심을 갖게 되었다.

앞서 설명했듯이 정례적으로 중국을 방문하는 조선 사신들은 가는 길에 아들 혹은 친인척을 데리고 갔다. 한국의 최초 가톨릭 세례자 이승훈도 1783년 서장관인 부친을 따라 베이징에 갔다. 이승훈이 베이징에 갈 것이라는 소식을 들었던 광암 이벽은 1783년 겨울 이승훈을 찾아가 베이징에 가거든 서양 선교사들을 만나 천주교 교리를 배우고 영세를 받으라고 부탁했다. 그는 1784년 베이징에 머무는 동안 국법으로 금하고 있음에도 프랑스 사제인 그라몽Grammont 신부로부터 세례를 받았다. 말하자면 이승훈은 단기 유학생이었던 셈이다.

천주교가 본격적으로 우리나라에 들어온 것은 지금부터 220여 년 전이다. 달레의 《한국 천주교회사》에 따르면 로마 교황청은 1831년

이승훈李承薰(1756~1801)

조선 천주교의 최초 영세자. 세례명은 베드로이다. 강원도 평창 출생으로 호는 만천蔓川이다. 외조부 이용휴와 외삼촌 이가환의 영향을 받았고, 기호남인畿湖南人의 젊은 재사인 권일신·정약종·정약전·이기경 등과 긴밀한 관계를 유지했다. 권철신을 중심으로 한 성호좌파星湖左派의 학맥을 이어받았기 때문에 서양 신학문에 대한 열정이 깊었다. 1775년 정약용 누이와 결혼했다.

1780년(정조 4년) 진사시에 합격했으나 벼슬을 단념하고 학문에 전심하다가 천주교인이며 친척인 이벽을 만나 천주교에 심취, 1783년 동지사의 서장관인 부친을 따라 칭나리에 가서 베이징 천주교당 북당에서 교리 공부를 한 뒤, 이듬해 예수회 루이 드 그라몽 신부에게 세례를 받았다.

신유박해가 일어난 1801년 2월 서소문 밖 형장에서 참수됐다. 1866년 아들 신규와 손자 재의가 순교한 데 이어 1871년에는 증손 연구·균구가 순교함으로써 4대에 걸쳐 순교자를 냈다. 문집으로 《만천유고》가 있다.

조선교구를 독립 교구로 설정하고 프랑스 파리외방전교회 소속 모방 신부에게 조선 천주교를 사목할 권한을 부여했다. 그는 조선 천주교는 조선인 사제가 이끌어가야 한다고 생각하고 자국 신부 양성에 관심을 두게 되었다. 여기서 한국 근대 유학생 효시인 김대건과 최양업 등이 등장하게 된다.

모방 신부는 극심한 천주교 박해로 이 땅에서 사제를 양성하기 어렵다고 판단하고 신학생들을 뽑아 파리외방전교회 동양대표부가 있는 마카오로 보내기로 했다. 모방 신부는 충남 당진 출신의 김대건과 충남 청양 다락골 출신의 최양업, 충남 홍성 출신의 최방제를 신학생 후보로 선발했다.

당나라 이후 명나라 초기까지 중국으로 공부하러 간 유학생들이 유학儒學을 배웠던 것과 달리 김대건 등 3인은 비록 신부가 되기 위한 목적으로 떠난 유학이지만 본격적인 서양 학문을 배웠다는 점에서 한국 근대 유학의 효시라고 할 수 있다.

이들 세 소년은 사제가 되기 위해 이수해야 할 필수과목인 라틴어를 비롯해 교양과목들을 공부했다. 조선의 학생들로서는 처음 배우는 학문인 셈이다. 이에 대해서는 김대건, 최양업 관련 부분에서 자세히 설명을 했다. 최방제가 유학 도중 사망했으나 김대건과 최양업은 치열한 수련과정을 거쳐 각각 조선의 초대, 2대 사제가 되었다. 최양업은 천주교가 다소 묵인되던 철종 연간에 놀라운 전교활동을 전개해 한국 천주교회사 연구에 중요한 가치가 있는 19통의 라틴어 편지와 순교에 관한 증언, 자료들을 남겼다. 그는 한국인으로서는 최초로 라틴어 · 프랑스어 · 중국어 등에 능통한 사제였다. 최양업 신부는 귀국하기 위해 7년 반을 육지와 바다를 헤맸으며, 귀국해서는 12년 동안 활동하였다. 1861년 6월 자신의 사목상황을 보고하려고 서울로 오던 중 장티푸스에 걸려 갑자기 세상을 떠났다.

말레이시아 페낭 유학생 21명

조선 천주교회는 자신들이 양성한 김대건 신부가 순교하고 이어 최양업 신부마저 병사하자 새로운 신부를 양성할 필요를 느끼게 되었다. 그래서 박해가 비교적 완화된 철종 시대에 다시 신학생 양성을 서둘렀다.

메스트르Maistre 신부는 1854년 이 바울리노, 임 빈첸시오, 김 요한 등 세 사람을 선발하여 말레이시아 페낭으로 유학보냈고, 1858년에는 다시 세 사람을 파송하였다. 메스트르 신부는 프랑스 사람으로 1840년 마카오로 왔다. 김대건 등 조선 천주교회가 사제로 양성하기 위해 최초로 유학시킨 세 명의 신학생을 교육하는 데 힘썼다. 그는 후일 철종 재임시의 평온한 시기에 조선에 들어와 천주교 발전에 노력했고 죽어서 충남 예산에 묻혔다.

1866년 대원군 치하에서 대대적 천주교 박해인 병인박해가 일어나 수많은 천주교도들이 죽자 페낭에 신학생을 파견하는 일은 중단될 수밖에 없었다. 10년의 시간이 흘러 병자수호조약이 체결되고 종교의 자유가 확대되자 다시 유학생이 파견되기 시작되었다.

파리외방전교회는 페낭으로 학교를 옮기자마자 조선을 비롯해 중국, 베트남 일본, 미얀마, 말라카이, 태국 등 10여 개국에서 유학생들을 받아들여 교육을 시켰다.

조선 천주교회는 1882부터 1884년까지 세 차례에 걸쳐 신학생 21명을 유학보냈다. 이 가운데 강성삼, 강도영, 정규하, 한기근, 김성학, 이내수, 김원영, 홍병철, 이종국, 김양홍, 김문옥, 김승연 등 12명이 사제서품을 받고 한국에 돌아와 사제로서 활동했다. 이들은 4~9년 간 교양과정, 철학과정, 신학과정을 공부했다. 유학생들 중 일부는 말레이시아 풍토병을 얻어 고생했으며 심지어 사망한 사람도 있었다.

페낭신학교

페낭신학교는 파리외방전교회가 1807년 말레이시아 반도 서해안의 작은 섬 페낭(Penang 혹은 Poulo-Pinang)에 세운 신학교다. 파리외방전교회는 선교를 하면서 현지인 성직자, 즉 방인邦人 사제를 양성하는 것을 원칙으로 했다. 그래서 조선에 천주교를 전파하던 파리외방전교회는 조선인 사제 양성을 위해 대규모 학생들을 페낭으로 보냈다.

당초 파리외방전교회는 1665년부터 지금의 타이, 당시 샴 왕국의 수도였던 유타이어Juthia에 신학교를 설립해 운영했으나 전쟁, 종교 박해 등 주변 여건이 허락하지 않아 베트남, 인도 등지로 옮겨다니다가 페낭에 1807년 정착했다.

조선 천주교회는 1886년 한불 조약이 체결돼 종교의 자유가 보장되자 1887년 서울 용산에 신학교인 예수성심학교를 세웠다. 이에 따라 유학생 파견은 중단되었고, 페낭에서 공부하던 학생들도 모두 돌아와 예수성심학교에서 사제 수업을 받았다. 가톨릭교회를 통한 유학이 사실상 종결된 것이다.

09

한국 근현대사의 문을 연 유학생들

조선, 해외 유학에 눈 뜨다

천주교가 1837년 김대건 등 세 명의 한국 청소년을 마카오에 유학시킨 지 45년 만에 조선 정부는 선진 제도와 과학기술을 배워 부국강병을 도모할 목적으로 양반 자제들을 일본과 청나라로 유학보냈다. 인재를 양성하려는 조선 정부의 목표와 조선을 지배하려는 일본의 야욕이 맞아 떨어졌던 것이다. 조선의 지도층들은 당시 쇄국정책으로 청나라나 일본에 비해 조선의 근대화가 매우 뒤져 있다는 것을 인식했고, 개화파들은 유학생을 선진국에 보내 선진 문물을 배우는 것이 근대화의 첩경이라고 여겼다.

조선 정부의 생각과는 달리 일본은 조선 청년들에게 일본의 학문과 기술을 교육시킴으로써 자신들에 대한 이해를 넓히고 반감을 없애려는 야심을 품고 있었다. 조선 침략의 사전포석이었던 셈이다. 일본은 이들 젊은 유학생들이 조선 조정의 핵심적인 자리에 앉게 되면 조선에 대한 영향력 확보에 유리할 것이라고 생각했다.

조선의 유학생 파견 대상국은 청나라와 일본이었다. 청나라에서는 전신, 조선, 군사기술 등 제한적인 분야를 배우고자 했던 데 비해 일본은 초기의 언어, 군사기술에서 나중에는 학술, 예술에까지 배움의 분야가 넓게 확대되었다.

조선이 해외에 학생들을 보내 새로운 세계를 배우도록 해야겠다고 깨달은 것은 1876년 일본과 병자수호조약(강화도조약)을 체결한 후 일본에 수신사를 보낸 결과다. 김기수는 그해 4월에 수신사로 일본에 갔다. 그는 20여 일 간 일본 전역을 돌아보고 고종에게 일본의 개화 상황을 보고했다. 그는 특히 일본 교육에 대해 상세히 설명했다. 그가 고종에게 일본의 교육 제도를 보고한 내용은 이렇다.

(일본에서는) 사대부 자제뿐만 아니라 뛰어난 자질을 가진 양민에 이르기까지 고루 교육을 받았고 여자도 학교에서 실용적인 교육을 받고 있었습니다. 그리고 세계 각국 사람들이 와서 기술을 가르쳤습니다. 일본 또한 각국에 유학생을 보내어 배움에 진력하고 있었습니다.

나중에 언급하겠지만 일본은 이미 대규모 유학생을 미국과 유럽에 보내 당시로서는 최고 선진 과학기술을 배워왔고, 이를 부국강병에 활용하고 있었다. 일본은 이미 김기수가 수신사로 파견된 시점으로부터 40여 년 전인 1846년에 니지마 조가 미국에 유학, 고등학교와 대학교를 졸업했으며 1870년대에는 시카고 대학에 유학한 학생들이 박사학위를 받았다.

수신사 김기수가 해외 유학이 세계적 추세라는 것을 알고 돌아온 것만 해도 조선으로서는 참으로 다행한 일이었다. 그러나 당시 조선은 미국이나 유럽으로 유학생을 보낼 수 있는 형편이 아니었다. 조정의 빈약한 재정으로는 국비 유학생을 파견할 수 없었다. 뿐만 아니라 "오랑캐에 문을 열어서는 안 된다."는 이른바 위정척사론자들이 여전히 정부 요직을 차지하고 있었기 때문에, 김기수의 역할은 일본이 개국을 통해 세계 문명을 받아들여 선진화되었다는 것을 조정에 알리는 정도로 끝날 수밖에 없었다.

일본의 흉계, 조선 유학생 정책

일본은 당시 조선을 삼킬 틈만 노리고 있었고 수신사 김기수가 일본을 시찰하고 돌아간 즈음 침략 야욕을 본격화했다. 일본은 조선과 병자수호조약을 체결한 이후 그 후속 교섭 과정에서 조선에 유학생 파견을 요청했다.

기록에 따르면 양국 간 조약이 체결된 다음해인 1877년에 일본의 하나부사 요시카타花房義質 공사는 예조판서 조영하에게 다음과 같은 내용이 담긴 편지를 보낸다.

조선이 부국강병을 이룩하고자 한다면 속히 젊은 양반 자제들을 일본에 유학시켜야 할 것이며 그럴 경우 일본 정부는 비용이 많이 들지 않고도 좋은 성과를 거둘 수 있도록 도와주겠다.

그러나 조선 정부는 일본의 제안에 별다른 반응을 보이지 않았다. 조선이 유학생 파견에 관심을 갖게 된 것은 일본이 아니라 청나라의 권고 때문이었다.

청나라는 1879년 조선에 '열국입약권도책列國立約勸導策'을 제시했다. 즉 일본과 러시아가 흑심을 품고 조선을 침략하려 들 것이니 그 대비책으로 조선은 서양 여러 나라와 조약을 맺으라는 것이었다. 청나라가 제시한 이 외교방책을 근거로 조선은 무비자강武備自强(스스로 무력을 갖추어 강국이 됨) 방법을 강구해나갔다. 조선은 1880년 4월 청나라에 '영선사'라는 명칭의 사신을 보내기 위한 교섭을 시작했다.

이와 동시에 고종은 1880년 3월 23일 일본에 보내는 2차 수신사로 김홍집을 임명하고 같은 해 6월에 그를 일본에 파견했다. 이때 고종은 김홍집에게 밀명을 내렸다. 고종이 내린 밀명은 일본의 국내 정세와 함께 국제 정세를 살피고 신무기 등 군사기술을 비롯한 열강들의 선진 문물을 깊이 알아보고 오라는 것이었다. 우리는 흔히 고종이 아버지 대원군과 아내 명성황후에 휘둘린 유약한 군주로 알고 있으나 여러 가지 자료를 보면 그는 무척 영명한 군주였다. 다만 시대와 그를 보좌하는 신하들이 따라주지 못했을 뿐이다.

수신사 김홍집은 일본에서 조선의 눈을 번쩍 뜨게 하는 책을 하나 발견한다. 일본 주재 청국 외교관 황준헌이 쓴 《조선책략》이었다. 그는 이 책에서 조선은 미국과 먼저 수교를 맺고, 이어 유럽의 열강들에게 문호를 개방하며, 외세의 침략에 대비해 부국강병책을 마련하라고 제언했다. 또 외국의 선진 기술과 문물 그리고 신학문을 받아들이기 위해 해외에 유학생을 파견해야 한다고 권했다.

학생을 보내어 경사京師(서울)에서 서방어를 익히고 직예直隸의 진군에서 병술을 익히고 상해 제조국에서 기계 제조를 배우고, 복주 선정국에서 조선술을 배우도록 한다. 무릇 일본의 선폐 총포국 군영에 모두 가서 배워야 한다. 무릇 서양인의 천문법 화학, 광학鑛學, 지학도 모두 가서 배워야 한다. 또한 부산 등지에 학교를 열어서 서양인을 맞아들여 가르치도록 하여 군비를 널리 갖추어야 한다. 진실로 이와 같이 하면 조선자강의 기초는 여기서 비롯될 것이다.

| 황준헌, 《조선책략》 중에서 |

이 책의 영향을 받아서인지 알 수는 없으나 조선은 1882년 미국과 한미수호 통상조약을 체결했고 그 조약에 유학생 교류에 대한 조항을 포함시켰다. 이후 영국, 독일, 이탈리아, 러시아 등과 체결한 조약에도 한결같이 유학생 파견조항을 넣은 것은 흥미로운 사실이다.

2차 수신사 김홍집은 귀국하여 고종에게 유학과 관련해 눈에 띄는 보고를 올렸다. 그는 이미 일본에 외국어 학교가 설치돼 각국 언어를 가르치고 있으며 일본 관료들이 조선도 일본에 유학생을 보내어 각국의 언어를 배우도록 하는 것이 좋겠다는 조언을 했다고 밝혔다.

청나라의 조선 국비 유학생들

조선이 굳게 닫아걸었던 쇄국의 문을 열면서 조정 관리들의 사고도 조금씩 열리기 시작했다. 강화도조약이 체결된 1876년 이후 김윤식, 어윤중 등 온건 개화파들은 무비자강의 일환으로 이미 유럽의 과학기술과 병기기술을 받아들인 중국을 배우기 위해 조선 유학생들을 파견해야 한다고 생각했다.

1865년 독일 사람 오페르트가 대원군 부친인 남연군 묘소를 도굴하려다 실패한 사건을 계기로 대원군이 곳곳에 세운 척화비에 '서양 오랑캐가 침범하는데 싸우지 아니하고 화친을 주장하는 것은 나라를 파는 것'이라고 적었던 때와 비교하면 격세지감이다. 척화비가 사라진 것은 1882년 임오군란과 함께 대원군이 청나라에 잡혀간 뒤 조선이 유럽 여러 나라들과 조약을 맺고 교역을 시작한 때부터이니 김윤식과 어윤중은 그 가운데서도 생각이 깬 인물임에 틀림이 없다. 당시 서민들은 척화비를 만지면 서양 귀신이 붙는다며 마치 시골에서 상여집을 돌아가듯 멀리했다.

다시 돌아가서, 영중추부사 이유원은 1879년 8월 헌서뢰자관憲書贊咨官 이용숙을 통해 조선의 무비자강을 위해 병기 제조법과 군사훈련 등에 대한 자문과 지원을 해달라는 밀지를 청의 북양대신 리훙장에게 전달했다. 조선은 1880년 4월 변원규를 청나라에 보내 조선이 파견하는 유학생을 청국에서 가르치는 것을 내용으로 하는 장정章程을 체결했다.

이때 고종은 청나라에 유학생을 보내 새로운 문물을 배우도록 해야겠다고 생각했다. 그러나 일부 대신들이 자칫 오랑캐를 불러들이는 결과가 된다며 반대를 했고 일본 역시 군제와 군대 훈련은 자신들의 것을 따라달라고 강력하게 요청했다.

청나라와 일본 사이에 끼인 조선은 결국 청나라에는 영선사를, 일본에는 수신사를 파견하는 절충안을 마련했다. 영선사 파견을 5차례나 미루던 조선은 1881년 9월 26일 김윤식을 영선사로 하고 윤태준을 종사관, 변원규, 이근배를 별유당상에 보임해 총 83명의 대규모 사절단을 청나라에 파견했다.

이때 고영철, 이필선 등 학생 20명과 김원영 등 공장 18명, 총 38명의 유학생이 따라갔다. 조선이 파견한 최초의 중국 국비 유학생들이다. 그러나 일본이 또다시 억지를 부린데다 재정난까지 겹쳐 군사 교육생 파견은 보류됐다.

이때 북양대신 리훙장은 영선사 김윤식에게 일본 침략을 견제하기 위해서는 조선이 미국과 연대해야 한다고 조언했다. 리훙장은 중국 최초 미국 유학생이었던 룽훙의 건의를 받아들여 청나라의 14~16세 청소년 120명을 세 차례에 걸쳐 미국에 유학시킨 인물이다.

영선사 김윤식을 따라 청나라에 간 유학생들은 1882년 1월 8일부터 톈진기기국天津機器局에서 화약과 탄약 제조법, 기계 조작법 등 근대적 군사지식과 기술, 자연과학과 외국어 등을 배웠다.

아쉽게도 조선의 청나라 유학 정책은 실패로 끝났다. 불과 4개월 만에 유학생 중 19명이 병을 앓아 중도에 조선으로 돌아왔다. 더구나 정부가 재정이 어렵다는 이유로 유학생들에게 충분한 비용을 대주지 않아 학생들은 제대로 교육을 받지도 못했다. 1882년 6월 9일 발생한 임오군란으로 그들의 후원세력이었던 민씨 정권이 붕괴해 유학생들의 장래는 더욱 불투명해졌다. 이로 인해 나머지 유학생들도 1882년 11월 1일, 파견된 지 11개월 만에 귀국했다.

중국에 최초로 파견된 조선 유학생들이 청나라에서 교육을 받은 기간은 실제 6개월밖에 되지 않았다. 이정도 기간으로는 학문과 기술은커녕 말도 제대로 배우지 못한다. 그래도 이들은 종사관 김명균이 데리고온 톈진 기술자 4명과 함께 서울 삼청동에 한국 최초 신식 무기제조창인 기기창을 설립하는 데 큰 몫을 했다.

어학을 위한 첫 일본 유학

조선 주재 일본공사 하나부사는 1881년 1월 10일 조선에 내약안內約案 7개조를 제시했다. 그는 이 안에서 조선 정부가 군사 및 공업 등을 배울 학생들을 일본에 보낸다면 일본 정부는 그들을 잘 가르치고 학비도 일본 학생과 같은 수준으로 받겠다고 제안했다.

조선 조정은 하나부사의 제안을 수용했다. 서구 문물을 받아들여야 하는 상황에서 거절할 수도 없는 일이었다. 당시 조선 조정에는 여전히 외세를 배격하는 척화파가 득세하고 있었다. 고종은 일본에 파견할 신사유람단을 드러내놓고 구성할 수도 없는 처지였다. 결국 고종은 박정양, 엄세영, 강문형, 조병직, 민종묵, 조준영, 심상학, 어윤중, 홍영식, 이원회, 김용원, 이헌영 등 12명을 동래부 암행어사로 임명하고 그 밑에 각각 이들을 보조하는 수원隨員 2명과 통사通事와 종인從人 각 1명씩을 대동하게 하여 평균 5명을 1개 반으로 전체 12개 반 62명의 신사유람단을 편성하였다.

이들 신사유람단은 1861년 당시 일본의 태정관 우대신 이와쿠라 도모미가 일본의 당대 엘리트들을 이끌고 유럽과 미국을 일년 간에 걸쳐 순방하기 위해 떠났던 것을 연상시킨다. 신사유람단 가운데 어학을 배울 유학생 4명을 책임진 사람은 어윤중이었다. 어윤중을 따라 어학을 공부하러 가게 될 유학생은 윤태일, 윤치호, 경광국, 유정수였다. 그러나 어떤 연유에서인지 윤태일과 경광국은 유길준과 김양한으로 바뀌었다.

일본 측 외교문서에 따르면 1881년 1월 26일 조선의 김홍집, 이조연은 일본의 이시하타사다石幡貞와 가진 회담에서 "윤치호 등 유학생들이 어학을 배우기 위해 일본에 머물 경우 선처해 달라"고 당부했다. 이들 시찰단은 1881년 3월 25일 동래부에 집결해 보름 뒤인 4월 10일 부산을 떠나 4월 28일 일본 도교에 도착했디. 어학 연수생이었던 당시 26세의 유길준과 25세의 유정수는 5월 12일(양력 6월 8일)에 게이오의숙에 입학했다. 윤치호는 도시샤同志社에서 공부했다. 유길준과 유정수는 1년 6개월 간의 유학을 마치고 1883년 1월 박영효를 따라 귀국한다.

조선 유학생들은 일본과 중국과 비교할 때 연령대가 높았다. 일본·중국이 미국과 유럽에 파견한 유학생들의 나이가 15세 전후였던 것과 대조적으로 조선의 유학생들은 17세였던 윤치호를 제외하곤 전부 20대를 훨씬 넘긴 나이였다. 한마디로 조선 유학생들은 '늙다리'였다.

한일 유학사에서 중요한 위치를 차지하는 학교가 도시샤 대학교와 게이오의숙이다. 도시샤 대학교는 일본의 첫 미국 유학생인 니지마 조가 공부를 마치고 일본에 돌아와 1875년 세운 학교로 도시샤 영어학교同志社英語學校가 전신이다.

게이오의숙은 후쿠자와 유키치가 세운 학교다. 그는 정식으로 해외 유학을 한 인물은 아니나 1860년 이후 바쿠후幕府 견외사절遣外使節로 3회에 걸쳐 해외를 여행하며 새로운 문물을 접하였다. 그는 1858년 에도江戸(현재의 도쿄)에 네덜란드 어학교인 난학숙蘭學塾을 열었고 1868년 학숙을 이전하면서 게이오의숙慶應義塾으로 개칭하였다. 게이오의숙은 조선 유학생의 요람이라고 할 정도로 한국 유학사에 중요한 위치를 차지하고 있다.

앞서 설명했듯이 유길준과 유정수는 게이오의숙에서 일본어를 배웠고 윤치호는 도시샤에서 영어를 배웠다. 반면 김양한은 요코스카橫須賀 조선소에 들어가 조선기계 설계 및 항해 기술을 익혀 1883년 5월 졸업증서를 받았다.

12살의 박명화는 게이오의숙에서 영어를 배우다 나중에 도시샤로 옮겼다. 박명화는 관비 장학생이었으나 1884년 갑신정변이 일어나 본국의 학비 지원이 끊기자 일본에서 활동하던 미국인 선교사 루미스H. Loomis의 지원을 받았다. 윤치호, 유길준, 박명화, 유정수가 어학연수 목적의 유학생이었다면 임태경, 이원순, 김재우와 통역 박인순은 구리와 피혁 제조 등 기술 습득을 목적으로 파견된 이들이었다. 오늘로 말하자면 과학기술 분야 유학생이었던 것이다.

조선시대 중국어나 일본어를 통역하던 이들은 양반이 아닌 중인이었다. 이들은 역어인, 설인, 상서 등으로 불렸으며 사신을 따라가 통역을 하거나 중국 사신들이 왔을 때 통역을 담당해 외교관계에서 중요한 역할을 했다. 이들은 양반에 못지않은 지식과 기술, 경제력을 갖추고 있었으나 신분은 중인이라 늘 불만이 컸다. 조선 후기에 이들은 신분해방을 위해 활발한 활동을 전개하는 한편 근대화의 흐름을 주도적으로 이끌었다. 개화파 형성에 큰 영향을 끼쳤으며 그 대표적인 인물이 오경석이다.

한국 최초 개신교 신자도 일본 유학생

조선은 1881년에 메이지明治 천황의 생일을 축하하기 위해 사절단을 일본에 파견하면서 유학생들을 딸려 보냈다.

수신사 조병호와 종사관 이조연 등 28명으로 구성된 사절단에는 장대용, 신복모, 이은돌이 포함돼 있었다. 장대용과 신복모는 육군호산학교에, 이은돌은 육군 교도단에 입학했다. 장대용은 입교 후 2개월 만에 병을 얻어 귀국했고 신복모와 이은돌은 일년 과정을 마치고 돌아왔다.

두 차례의 대일 사절단에 유학생이 따라간 이후 조선의 일본 유학생은 급격히 늘어났다. 1882년부터 조선의 일본 유학생 파견을 주도했던 인물은 김옥균과 박정양이었다. 김옥균은 1881년부터 3년 간 일본을 방문할 때마다 유학생을 데리고 갔다. 박영효가 고종 19년 임오군란에 대한 사죄의 뜻으로 일본을 방문했을 때 김옥균도 동행했는데, 이때도 유학생 10여 명과 함께였다. 이 가운데 한사람이 이수정이다. 그는 임오군란 당시 명성황후를 충주까지 도피시킨 인물로 왕실의 두터운 신임을 받고 있었다. 1882년 박영효가 이끄는 사절단의 일원으로 일본에 가 농업과 법률제도, 우편제도 등을 보았다. 그는 그곳에서 일본인으로부터 전도를 받고 개신교 신자가 된다. 1883년 4월에 일본인 야스가와 목사에게 세례를 받는다. 이수정은 이로서 한국의 최초 개신교 신자가 된 것이다. 그는 일본에서 1884년 한글성경을 번역했고 언더우드와 아펜젤러 등 미국 선교사들은 조선에 입국할 때 이 한글 성경을 갖고 들어와 선교를 했다. 김옥균이 일본으로 인솔해 간 유학생 가운데 14명은 게이오의숙에서 6개월 간 어학을 배우고, 앞서 장대용, 신복모가 입학했던 육군호산학교에 들어가 새로운 군사기술을 익혔다. 그중에는 서재필도 끼어 있었다. 이광린 교수의 자료에 따르면 1881년부터 1884년까지 일본에 유학간 조선 학생은 67명인 것으로 파악된다.

그동안 순탄하게 이뤄지던 일본 유학은 1884년 갑신정변으로 일대 전환기를 맞았다. 김옥균 등 개화파의 후원으로 파견되었던 유학생들이 모두 소환되었고 일부는 귀국 후 처형되기도 했다. 이후 일본 유학생 파견은 10년 간 중단되었다.

이 시기에 조선은 일본이 아닌 다른 나라로 유학생을 보낸 기록이 있다. 이광린 교수의 《한국개화사 연구》를 보면 조선은 1883년 9월에 윤정식, 민상호(본명 민주호), 윤시병을 중국 상하이와 홍콩에 보내 여러 나라 언어를 배우게 했다. 여러 나라 언어라고 돼 있으나 구체적으로 어떤 언어를 배웠는지는 확실하지 않다.

조선의 유학 정책

갑신정변 발생 10년 후인 1894년(고종 31년), 다시 개혁파가 정권을 잡았다. 개혁파들은 이른바 갑오개혁을 단행하면서 일본에 유학생을 파견하는 일에 관심을 기울였고, 일년 후인 1895년 일본 유학생 파견이 다시 이뤄졌다. 내무대신 박영효는 그해 3월 전국에 유학생을 선발하겠다는 방을 붙였다. 과거 유학생 선발과는 매우 다른 방식이다. 이것이 우리나라 최초의 유학생 선발시험이다. 1895년 4월 10일부터 이틀 간 유학생 선발시험을 쳤다.

첫날에 일본인 의사가 신체검사를 했고 다음날에는 내무대신의 침관 아래 유학 희망자들이 글을 짓고 책을 읽었다. 열흘 만인 4월 21일에 합격자를 발표했다. 500여 명이 응시해 최종 114명이 선발됐다. 개화기에 파견됐던 유학생 규모 중 최대 인원이었다. 합격자 대부분이 권문세가의 자제들이었다고 한다.

이들의 평균 나이는 21세로 가장 어린 사람이 14세였고, 27세의 늦깎이도 있었다. 내무대신은 선발된 유학생들을 모아놓고 "여러 분야에서 실용적인 지식을 익혀 독립문명에 필요한 인재가 되길 바란다. 게이오의숙에 모든 교육을 위탁했으니 열심히 공부하라"고 훈시했다. 조정은 이들에게 학비와 의복, 식사, 잡비를 지급했으며 이를 게이오의숙의 설립자 후쿠자와 유키치가 관리하도록 했다.

외무대신 김윤식은 3월 17일(양력 4월 11일)에 주일 대리공사 김은순에게 다음과 같은 전문을 보냈다.

선발된 유학생 100여 명이 화륜선을 타고 고베 항에 도착할 예정이다. 주일공관 요원인 야마사키 나가오山崎永夫를 고베 항에 내보내 이들을 맞이하고 도쿄로 인솔하여 게이오의숙에 입숙시키는 데 차질이 없도록 하라.

이들은 4월 7일(양력 5월 1일) 도쿄에 도착했다. 당시 일본 신문들은 조선 유학생들의 일본 도착을 대대적으로 보도했다.

유학생들이 니이바시新橋 역에 도착하자 김은순 대리공사를 비롯해 공관원과 몇 개월 전에 앞서 유학을 왔던 조선 유학생 10여 명이 조선 국기를 손에 들고 환영을 했다. 게이오의숙생과 동 유치원생 200명도 조선국기와 '대조선국제학동창학회大朝鮮國諸學同窓學會'라고 쓰인 깃발을 들고 만세를 부르며 그들을 환영했다. 이들은 도착 즉시 게이오

의숙으로 가 숙장인 후쿠자와 유키치의 환영 연설을 듣고 기숙사에 입
사했다.

게이오의숙은 조선 유학생들을 위해 별도의 학사일정을 만들었다. 수업 연한은 보통과 일년, 고등과 8개월을 합해 1년 8개월로 했다. 수학 능력이 뛰어난 사람은 보통과를 마치고 곧바로 고등과로 올라갔다. 대부분 학생들은 보통과를 마친 뒤 다른 기술학교로 진학하거나 정부기관 혹은 일반 회사에 들어가 전문적인 교육을 받았다. 게이오의숙에 입학한 조선 유학생들은 1895년 4월 18일(양력 5월 12일) 앞서 유학온 조선 학생들과 더불어 '대조선유학생친목회'를 만들고 10월부터는 친목회보를 만들기도 했다.

조선의 유학생 정책은 어떤 성향의 정권이 들어서느냐에 따라 수시로 바뀌었다. 친일 성향의 박영효가 1895년 7월 정계에서 축출되고 김홍집·박정양 연립내각이 구성되면서 친미·친러 정책을 취했고 이에 따라 일본 유학생 가운데 40여 명이 일시에 소환되기도 했다. 그렇다고 일본 유학생 파견 정책이 폐지된 것은 아니었다.

조선 정부는 1896년 4월 2일 게이오의숙에 있는 유학생 가운데 성적이 우수한 학생 50명은 계속 남아 공부할 수 있도록 하고 나머지 학생들은 전신, 우편 분야에 보내 수 개월 내에 속성으로 공부한 뒤 귀국시키라고 일본에 요청했다.

김홍집·박정양 연립정권의 등장으로 1896년 말 중단되었던 일본

유학생 파견은 3년 만인 1899년 9월 재개되었다. 이때의 유학생 파견은 자주독립과 자강운동을 벌이던 독립협회의 여론 조성이 큰 힘을 발휘했던 것으로 보인다. 그러나 조선의 정치가 혼돈스러운 상태인데다 독립협회가 수구파의 탄압으로 해체되고 조선을 둘러싼 주변 정세가 급변하면서 유학정책은 다시 뒷전으로 밀릴 수밖에 없었다. 결국 1903년 2월, 조선 조정은 일본 유학생 전원에 대해 귀국하라는 훈령을 내렸다.

이렇게 해서 1881년 시작된 정부 주도의 유학 정책은 막을 내렸다. 그러나 국비 유학은 종결됐어도 사비 유학생은 계속 늘었다. 1899년에는 유학생 6명이 도쿄고등공업학교 색염과와 응용화학과를 졸업했다. 이때의 유학생들은 대부분 실용적인 학문을 배웠다. 1900년대에 들어서는 과학 분야를 제대로 전공한 사람들이 나타났다. 1911년에는 유전이 교토제국대학 제조화학과를 졸업하였다.

첫 미국 유학생과 최초 미국 대학 졸업생

유길준은 조선의 첫 번째 미국 유학생이기는 하나 중도에 귀국했기 때문에 미국 대학의 첫 번째 졸업생이 되지는 못했다. 조선인으로 처음 미국 대학을 졸업한 사람은 변수다.

유길준에 이어 미국 유학길에 오른 사람은 변수와 민주호, 윤정식인데, 이중 변수는 1883년 보빙사가 미국을 방문했을 때 유길준과 함께 수행원으로 민영익을 따라갔었다. 민주호와 윤정식은 앞서 언급했듯 1883년 9월에 중국 상하이와 홍콩에서 유학했다.

변수는 정말 아까운 인재다. 그는 1882년 김옥균을 따라 일본에 가서 화학과 양잠술을 배웠다. 같은 해 임오군란 소식을 듣고 귀국한 변수는 1883년 보빙사의 일원으로 미국에 갔다가 민영익과 서광범을 따라 유럽을 순회한 뒤 1884년 3월 1일 인천항으로 귀국했다. 그는 조선 최초로 세계를 일주한 세 사람 가운데 한 명이다.

그러나 갑신정변에 참여했다가 서재필처럼 일본으로, 다시 미국으로 건너가 망명생활을 했다. 그가 어떤 과정을 거쳐 미국으로 가게 되었는지는 자세한 기록이 남아 있지 않지만 서재필처럼 극심한 생활고를 겪었을 것은 자명한 일이다.

중국 상하이에서 어학 공부를 하고 있던 민주호, 윤정식 역시 1886년 1월 24일 미국으로 유학을 떠났다. 변수와 민주호는 1887년 9월 메릴랜드 농과대학에 함께 입학했다. 변수는 1891년 메릴랜드 대학을 정식으로 졸업했지만 민주호는 입학 일년 뒤인 1888년에 조선으로 돌아갔다. 그는 나중에 민상호란 이름으로 개명하고 친일 행위를 했다.

변수는 대학을 졸업했으나 갑신정변의 여파로 귀국이 불가능했다. 그는 졸업 뒤 미 농무부의 촉탁으로 연구 활동을 계속했지만 아쉽게도 1891년 10월 22일 아침 메릴랜드 대학 구내를 지나가던 급행열차에 치여 목숨을 잃었다. 그는 지금 워싱턴 근교에 잠들어 있다. 한국 최초의 미국 대학 졸업생이 그 뜻을 펴보지도 못하고 이역만리에서 어이없이 유명을 달리하다니, 참으로 안타까운 일이 아닐 수 없다.

일부에서는 변수가 조선 최초 미국 대학 졸업자라는 기록에 대해
이론을 제기하기도 한다. 이민식 교수는 《근대 한미 관계사》에서 이
계필(1861~?)이 변수보다 한 달 앞서서 컬럼비아 대학교를 졸업했다
고 썼다. 또 다른 자료에는 이계필이 1887년(고종 24년)에 경과 전시
에 을과로 급제를 하고 미국 링컨 대학교에 유학을 갔다고 기록돼 있
다. 그가 도쿄에 있는 영화예비교英和豫備校를 졸업하고 1887년 미국
으로 유학을 갔으며 박정양 주미 공사가 미국에 부임했을 때 영어 통
역으로 활동했다는 기록도 있다.

서재필과 함께 일본을 거쳐 1885년 미국으로 망명했던 서광범과
그 일행의 이야기를 잠깐 하고 넘어가자. 서재필 일행이 샌프란시스
코에 도착해 굶주림으로 고생을 하던 끝에 흩어져야 산다는 결론을
내리고 뿔뿔이 헤어진 것은 앞서 밝혔다.

서광범은 연세대학교 창립자인 언더우드 목사의 형, 존 언더우드
를 찾아 동부로 갔다. 그는 언더우드 타이프라이터 회사를 운영하던
존 언더우드의 도움을 받아 뉴저지 주의 뉴브런즈윅에 있는 럿거즈
대학교에 다녔다. 또 한 명의 미국 유학생이 탄생한 것이다. 그는 그
뒤 워싱턴으로 와 스미스소니언 박물관의 민족학부에서 번역을 담당
했고 이어 연방정부 교육국 도서관에 근무하기도 했다. 1891년에는
〈한국의 교육〉이라는 논문을 완성하여 교육국, 내무성, 하원 등의 보
고서에 게재되었으며 프랑스어로도 번역되었다. 그는 1894년 청일
전쟁 후 귀국하여 갑오경장을 추진했다. 그는 이후 초대 법무대신을

지냈으며, 학무대신도 역임했다. 아관파천 후 친러파에 밀려 주미공사로 자리를 옮겼다가 워싱턴 임지에서 사망했다.

한국 최초 여성 박사는 미시간 대학교 출신 송복신

앞서 설명한 박에스터, 하란사와 같은 시기에 유학을 한 여성으로 윤정원尹貞媛이 있다. 그녀는 열여섯 살 때부터 일본을 거쳐 벨기에, 영국, 프랑스, 독일, 미국에서 유학하며 음악을 배웠고 후에 한성고등여학교에서 교사를 했다는 기록이 있으나 그가 어떤 가문의 사람이며 어떤 배경으로 유학을 떠났는지 그리고 어느 나라에서 어떤 공부를 했는지 등에 대한 기록을 찾을 수 없었다.

'사의 찬미'로 조선인의 사랑을 한몸에 받았으나 극작가 김우진과 현해탄에 몸을 던져 동반 자살한 윤심덕도 일본 유학생이었다. 그녀는 평양여자고등보통학교를 거쳐 경성여자고등보통학교 사범과를 졸업했으며, 강원도 원주에서 일년여 동안 소학교 교사로 지냈다. 1919년 관비 유학생에 선발돼 도쿄 우에노 음악학교 성악과에서 공부했다. 1922년 음악학교를 졸업하고 조교생활 일년을 마친 뒤, 1923년 6월 귀국하자마자 종로 중앙청년회관에서 독창회를 열었다. 그깃이 바로 우리나라 최초의 소프라노 성악가의 데뷔 무대였다. 그녀는 조선 최초의 여성 성악가이자, 최초 소프라노, 최초로 레코드를 발매한 가수다. 이렇듯 그녀의 이름 앞에는 '최초'라는 수식어가 수없이 붙어 다녔다.

이화여대 총장을 지낸 김활란도 유학파다. 본명이 김기득인 그녀는 어머니를 따라 어릴 시절 감리교회에 다니면서 ‘헬렌Hellen’이라는 세례명을 받았다. 활란은 헬렌이란 영어 이름을 한자로 표기한 것이다. 그녀는 열 살 때 이화학당 고등부로 입학해 1918년 이화학당 대학부 1회 졸업생이 되었다. 그녀는 하란사가 공부했던 미 오하이오 웨슬리언 대학교로 유학을 떠나 다시 학사학위를 따고 이어 보스턴 대학교에서 석사, 컬럼비아 대학교에서 1931년 〈한국의 농촌 교육〉에 대한 논문으로 박사학위를 받았다.

일부 기록들은 김활란이 한국 여성 최초로 박사학위를 받은 것으로 기록하고 있으나 김활란보다 2년 앞서 1929년 송복신이 미시간 대학교에서 공중 보건학 박사학위를 받았다.

부통령을 지낸 이기붕 부인 박마리아는 국내에서 호수돈 여자고등학교와 이화여전을 졸업하고 마운티 홀리옥 대학과 테네시 주 스칼렛Scallet 대학에서 공부했다. 1932년에 피바디Peabody 사범대학에서 문학 석사학위를 받았다.

과학 분야에서 활약했던 여성 유학파들을 잠깐 살펴보자. 박에스터를 시작으로 우리나라 많은 여성들이 일본 식민지 치하에서 외국에 나가 공부를 했다. 이것은 전적으로 외국 선교사들의 덕이라고 할 수 있다. 당시 경성제국대학은 여성들의 입학을 허가하지 않았기 때문에 실력 있는 여성 과학도들이 외국으로 나갔던 것이다.

전북대학교 김근배 교수가 한국과학재단 소식지(2002년 6월호)에 기고한 글을 참고하면 식민지 시대 유학을 했던 여성은 모두 13명으로 미국 11명, 일본 2명이며 전공별로는 이공 4명, 의약학 12명, 농학 1명이다. 이때 유학을 했던 인물들을 살펴보면 우선 이공학 분야에 최 그레이스, 김삼순, 홍임식 등이 있다.

최 그레이스는 1920년대 후반 미국 캘리포니아 여자대학 대학원에서 화학을 전공한 최초의 이공학도였으나 그후의 행적은 알려져 있지 않다. 김삼순은 도쿄여자고등사범학교를 거쳐 1943년 홋카이도제국대학 식물학과를 졸업했다. 그녀는 1946년에 일본 규슈대학교에서 농학 박사학위를 받았다. 여성으로서는 드물게 이후에도 과학 연구를 활발히 전개해 많은 성과를 낸 최초의 과학 연구자로 평가받고 있다. 홍임식은 1944년 히로시마 문리과대학 수학과를 졸업하고 해방 직후 경성대학(서울대학교 전신) 교수를 지냈다.

의약학 분야에서는 송복신, 한소제, 손치정 등을 꼽을 수 있다. 송복신은 도쿄여자의학전문학교 졸업 후 1929년 미국 미시간 대학교에서 공중보건학으로 박사학위를 받았다. 앞서 설명했지만 송복신은 한국 여성 박사 1호인 것으로 추정된다. 한소제는 도쿄여자의학전문학교를 마친 후 일찍이 미국의 앨비온 대학에 입학해 의학 공부를 계속했던 것으로 보이나 그 이상 알려진 내용은 없다. 손치정은 도쿄여자의학전문학교를 졸업한 다음 국내로 돌아와 여성으로서는 처음으로 경성제국대학에서 1942년 의학박사 학위를 받았다.

10

한중일 3국 근대 유학사 비교

가장 늦게 문호를 연 한국

18세기에서 19세기 초는 격동의 시간이었다. 과학문명의 발달에 힘입어 군사력을 키운 서양 열강들은 아시아 국가들을 찾아 문을 두드렸다. 그러나 '오랑캐'에 불과한 서구 열강의 개항 요구를 그들이 호락호락 받아들일 리 없었다. 서구 여러 나라의 끈질긴 문호개방 요청에도 불구하고 이를 완강히 거절했고, 서구는 군사력을 바탕으로 문호를 강제로 열도록 했다. 가장 먼저 문을 연 것은 중국이었으나 세계의 흐름을 가장 먼저 읽고 능동적으로 대처한 나라는 일본이었다. 중국의 자강운동이 일본의 메이지 유신보다 한 발 빨랐지만 성공을 거두진 못했다.

영국 외교관 매카트니가 특명전권대사로 1793년 중국을 방문한 것을 시작으로 서양 여러 나라는 거듭 사절단을 보내 문호 개방을 요청했으나 중국은 완강히 거부했다. 그들은 여전히 자신들이 세계의 중심이라는 중화사상을 버리지 않았다. 그러나 중국은 영국과 벌인 아편전쟁(1840~1842)에서 패해 1842년 난징조약을 체결함으로써 굴욕적으로 문호를 개방했다. 이 조약에 따라 중국은 홍콩을 99년 간 영국에 할양하는 한편, 상하이 등 5개 항구를 개방했다.

일본은 1853년 6월 미국의 동인도 함대 사령관 M.C. 페리 제독이 미국 대통령의 개국 요구 친서를 가지고 와 문호 개방을 요청했으나 듣지 않았다. 페리는 이듬해 1월 도쿄 앞바다에서 함대의 위력을 앞세워 막부에 개국과 통상을 요구했다. 페리의 위협적인 태도에 밀려 막부는 1854년 3월 미일화친조약을 맺는다. 일본은 시모다下田, 하코다테函館를 개항하고 미국 영사관의 일본 설치를 인정했다. 이어 일본은 미국과 1858년에 수호통상조약을 체결했다.

우리나라는 청나라와 일본이 서구에 문호를 개방한 뒤로도 오랫동안 쇄국정책을 고수했다. 일본은 군함 세 척을 서해안에 띄우고 무력시위를 하는 한편 서해안 측량을 핑계로 강화도에 접근, 연안 포대의 포격을 유도해 고의적으로 운요호 사건을 일으켰다. 미국의 페리 제독에 당했던 무력시위 방법을 그대로 조선에 원용했던 것이다. 일본은 구로다 기요타가黑田淸隆 전권대사를 한국에 보내면서 군함 두 척과 병력 400명을 거느리고 무력으로 협상을 요구했다. 조선은 일본과 1876년 병자수호조약을 체결함으로써 드디어 문을 열었다. 우리나라의 개항은 청나라보다 34년, 일본보다 16년이 늦은 셈이다.

일본 최초 미국 유학생 니지마 조

일본이 공인하는 최초의 미국 유학생은 니지마 조新島襄(1843~1890)다. 그는 정부의 허락을 받지 않고 미국으로 공부하러 간, 요즘으로 말하자면 불법 유학생이다. 일본도 개항 전까지 자국인이 외국인을 접촉하는 행위를 엄격히 금했던 탓이다. 그는 열여섯 살 때 해군 전습소에 들어가 네덜란드어와 수학, 항해술을 배웠다. 네덜란드 학문을 배우는 것이 당시 일본의 풍조였다. 본격적인 서양 교육을 받겠다는 간절한 생각에 니지마는 스물한 살인 1864년에 미국 상선 베를린 호를 타고 상하이를 거쳐 보스턴으로 갔다. 그는 1866년 고등학교인 필립스 아카데미를 졸업하고 이어 암허스트 대학에 입학해 1870년에 졸업을 했다. 참고로 필립스 아카데미 앤도버는 미 매사추세츠 주에 위치한 최고 명문고등학교로 조지 부시 대통령의 모교다. 암허스트 대학은 이른바 학부 중심 대학(리버럴 아트 칼리지)으로 〈US 뉴스 & 월드리포트〉가 2007년 매긴 대학 순위에서 2위에 오른 명문 중의 명문 대학이다. 그는 일본 최초 미국 유학생이자 미국에서 학사학위를 받은 최초의 인물로 기록돼 있다.

니지마는 1870년 앤드바 신학교에 입학해 1874년에 졸업했다. 미국에서 공부하며 기독교 신앙을 받아들인 그는 선교사가 되길 원했다. 니지마는 1871년 이와쿠라 사절단의 안내를 맡아 유럽으로 건너가 각국의 교육과정을 두루 시찰했다. 그는 앤드바 신학교를 졸업하던 해 일본에 기독교 학교를 세우기 위해 귀국하여 1875년 도시샤 영어학교同志社英語學校를 설립하고, 1877년에 도시샤 대학의 전신인 도시샤 여자학교를 세웠다. 도시샤 학교들을 종합대학으로 만들기 위해 다시 미국으로 건너가 모금 활동을 하다가 중도에 병사했다.

일본 기록들을 찾아보면 니지마 조보다 21년이 앞선 1843년에 미국에 간 학생이 있다. 그러나 일본에서는 이를 공식 유학 기록으로 인정하지 않는다. 소년 어부였던 만지로의 성이 최초에 무엇이었는지 확인되지 않고 기록에는 이름만 나와 있다. 그는 나중에 미국의 페리 제독이 일본의 개항을 요구하며 무력시위를 벌일 때 통역을 맡아 에도 막부로부터 그의 고향 이름을 딴 '나카하마中浜'란 성을 부여받았다. 그가 미국에 간 첫 번째 일본인인 것은 분명하나 최초의 미국 유학생으로 인정받지 못하는 것은 미국 학교에 다닌 기록을 찾지 못했기 때문인 것으로 보인다.

일본 비공식 첫 미국 유학생, 소년 어부 만지로

그기 미국에 건너가게 된 연유는 이렇다. 1841년 1월 다섯 명의 어부가 탄 작은 어선이 일본 근해에서 폭풍을 만나 표류하기 시작했다. 거센 파도 속에서 사투를 벌이던 어부들은 얼마 뒤 육지에서 멀리 떨어져 있는 조도鳥島에 상륙했다. 만지로는 그때 4세로 배에 탄 어부들 가운데 가장 어렸다.

만지로 일행은 이 섬에서 무려 143일 간 구조를 기다렸다. 7월 21일 섬 근처를 지나던 미국 포경선 존 하우랜드 호가 그들을 발견했다. 막부 시절의 당시 일본은 외국 선박의 일본 입항을 불허했고 일본인들이 외국인을 만나는 것도 법으로 금했다. 결국 일본 어부들은 처벌이 두려워 귀국을 포기한 뒤 미국 포경선을 타고 하와이까지 갔다. 다른 어부들은 일본으로 돌아가기를 희망했으나 나이 어린 만지로는 미국행을 원했다. 존 하우랜드호는 그를 태우고 1843년 미국으로 향한다. 존 하우랜드호 선원들은 만지로를 마스코트처럼 귀여워하며 '존 맨'이라고 불렀다. 이렇게 해서 만지로는 일본인으로서 처음 미국 땅을 밟게 된다. 그가 미국에서 어떤 학교에 다니고 어떤 공부를 했는지는 확실하지 않다. 그는 한창 서부 개척이 이뤄지던 골드러시 때 돈을 벌자 고향에 돌아가길 간절히 원했다. 만지로는 샌프란시스코에서 배를 한 척 구입해 1851년 드디어 일본으로 돌아갔다. 고향을 떠난 지 10년 만의 귀향이었다.

만지로가 미국에 가게 된 경위를 조사받고 고향에서 머물기를 2년여, 페리 제독이 무력을 앞세워 개항을 요구하던 시절이었으므로 에도 막부는 영어를 구사하는 그가 필요했다. 막부는 1853년 1월 그를 관리로 임명하고 무사 특권인 칼을 휴대하게 했으며 고향 이름을 따서 '나카하마'라는 성을 부여했다. 최초 일본 유학생의 화려한 성공이었다. 그가 표류한 끝에 미국에 건너가 공부하고 돌아온 이야기는 '일본판 로빈슨 크루소'로 널리 알려졌다.

해외 유학으로 따지면 1864년 미국으로 유학을 떠난 니지마보다 조선 침탈의 원흉인 이토 히로부미가 한 해 이르다. 이토가 속해 있던 조슈번長州藩은 1863년 이노우에 몬타를 비롯한 청년 네 명을 몰래 영국으로 유학을 보냈다. 그 시기에는 외국과의 교류를 엄격히 금했기 때문에 비밀리에 추진할 수밖에 없었다. 비록 단기 유학이었지만 그는 그곳에서 세계의 발전상과 급변하는 정세를 읽었다.

이토 히로부미도 영국 유학생

그가 영국에서 다녔던 학교는 런던에 있는 유니버시티 칼리지UCL다. 이 대학은 1826년 설립됐으며 영국 명문대학으로 인정받고 있다. 그는 영국 유학을 다녀온 뒤 출세를 거듭하여 초대 내각총리, 초대 추밀원의장을 지내는 등 근대 일본에서 가장 존경받는 정치가가 되었다. 그가 최초 유학생으로 인정받지 못하는 것은 유니버시티 칼리지에서 학위를 받지 못했기 때문인 듯하다.

사실 에도 막부는 이에 앞서 1861년 네덜란드에 유학생을 보내 해군학을 배워오도록 했다. 메이지유신 후 일본은 이와쿠라 도모미岩倉具視를 단장으로 하는 대규모 정부 대표단을 조직해 일년 10개월 동안 미국과 유럽 등 12개국을 돌며 서양의 문물을 익히도록 했다. 이 배에는 50여 명의 유학생이 타고 있었다. 나가이 나가요시長井長義(약학), 기쿠치 다이로쿠菊池大麓(수학), 야마가와 겐지로山川健次郎(물리) 등은 독일·영국·미국 등지로 유학해 선진 과학기술을 습득했다. 일본 과학의 기틀은 바로 이들이 마련한 것이다.

특히 이 배에는 일본 여성 교육의 어머니로 불리는 최초 여자 미국 유학생 쯔다 우메코가 타고 있었다. 그는 당시 아홉 살이었다. 그는 훗날 쯔다주크 대학을 설립했다. 메이지 천황은 이와쿠라 도모미를 따라 세계로 나가는 쯔다 우메코를 접견하며 열심히 하라고 격려했다. 이와쿠라 도모미 사절단에는 쯔다 우메코뿐 아니라 네 명의 여자 아이가 더 있었다.

이와쿠라 도모미 사절단이 태평양을 건넌 1871년에 조선에서는 신미양요가 일어났다. 1866년 조선이 대동강을 따라 올라온 미국의 제너럴셔먼 호를 불태운 데 항의해 미국이 군함 5척을 이끌고 강화도를 공격해 초지진 등을 점령한 사건이다. 일본이 미국과 손잡고 세계로 나가는 시기에 우리는 쇄국의 문을 더욱 굳세게 걸어 잠그고 있었던 것이다.

압도적인 일본의 유학 정책

메이지유신 이후, 일본은 젊은이들을 대거 해외로 보내기 시작했다. 1869년 50명에 불과했던 해외 유학생은 1870년 150명, 1873년에는 1,000명이 넘었다. 청나라를 훨씬 압도하는 수준이었다. 청나라도 1873년에 겨우 30명 정도의 유학생을 미국에 보냈을 뿐이다. 우리에게 여전히 버거운 나라이자 '가깝고도 먼 나라' 일본의 저력을 보여주는 대목이 아닐 수 없다.

청나라 청소년들의 미국 유학 프로젝트인 《유미유동留美留童》이란 책을 지은 첸강과 후장조는 자신의 책에서 19세기 중반 미국에 유학 온 일본 학생들에 관한 기록을 남겼다. 첸강 일행은 유미유동들의 흔적을 찾기 위해 미국 동부 코네티컷 주 스프링필드의 몬슨 아카데미Wilbraham & Monson Academy에서 학적부를 뒤지던 순간 숨이 멎을 정도로 놀라운 사실을 발견했다. 일본인 유학생들의 기록을 보게 된 것이다.

당초 이 학교는 중국 최초 미국 유학생 룽훙이 1847년 새뮤얼 브라운 목사의 손에 이끌려 입학했던 학교다. 나중에 청나라가 파견한 소년들도 이 학교를 다녔다. 그런데 이 학교에 일찍이 일본 학생들이 유학했던 것이다.

첸강 일행은 기록을 통해 메이지유신 초기에 일본 학생들이 태평양을 건너 유학을 갔던 사실을 확인했다. 1847년 중국의 룽훙을 포함한 세 명의 어린이를 미국으로 데려갔던 브라운 목사는 몇 년 뒤 일본으로 건너가 활발한 활동을 전개하며 어린 일본 학생들을 다시 미국에 데려가 공부시켰다. 몬슨에 있는 브라운 목사 가족묘지에는 일본인 학생 묘가 두 개 있다고 한다. 브라운 목사를 따라와 미국에서 공부하다가 사망한 유학생이 스승 옆에 잠들어 있는 것이다.

조선 최초 일본 유학생 유길준이 1881년 일본으로 건너가 게이오의숙에서 공부했으니 만지로와 비교하면 40년 늦은 것이고 니지마 조와 비교해도 17년, 이토 히로부미의 영국 유학과 비교하면 18년이나 늦은 것이다.

일본인 미국 유학생들 가운데는 조선이 미국에 유학생을 파견하기

10여 년 전인 1870년대에 이미 시카고 대학에서 박사학위를 받은 이
들이 나오고 있었다.

중국 최초 미국 유학생 룽훙

　서양 강국의 끈질긴 문호개방 요구를 거부하던 청나라는 아
편전쟁에서 영국에 패배한 후 1842년 굴욕적인 난징조약을 체결했
다.

　이에 따라 서양 문물이 물밀듯 밀려왔고 5년 뒤인 1847년, 광둥성
출신인 19세 청년 룽훙은 친구 황콴, 황성과 함께 새뮤얼 브라운 목
사를 따라 화물선 헌트리스 호에 올라 미국으로 향했다.

난징南京 조약

1842년 8월 아편전쟁阿片戰爭의 종결을 위하여 영국과 청나라가 체결한
강화조약. 장닝조약江寧條約이라고도 한다. 13조로 되어 있고, 1843년 6
월 홍콩에서 비준서가 교환되었다. 그 주요 내용은 다음과 같다. ① 홍콩
을 영국에 할양한다. ② 광저우廣州 · 샤먼廈門:Amoy · 푸저우福州 · 닝
보寧波 · 상하이上海 등 5개 항을 개항한다. ③ 개항장에 영사領事를 설
치한다. ④ 전비배상금으로 1,200만 달러와 몰수당한 아편의 보상금으로
600만 달러를 영국에 지불한다. ⑤ 행상行商, 즉 공행公行과 같은 독점상
인을 폐지한다. ⑥ 수출입 상품에 대한 관세를 제한한다. ⑦ 청나라와 영
국 두 나라 관리가 대등하게 교섭한다.

98일 간 인도양과 대서양을 거쳐 미국에 도착한 룽훙은 매사추세
츠 주 몬슨 아카데미에서 공부를 하고 예일 대학교에 입학해 1854년
중국인 최초로 예일 대학교 졸업생이 된다. 중국인 최초의 미국 유학
생으로 첫 학사학위 소지자가 된 것이다. 함께 유학을 왔던 황성은
1848년 병을 얻어 중국으로 돌아갔고, 황콴은 영국으로 건너가 스코
틀랜드 에든버러 대학교 의과대학에서 7년 간 공부했다. 그는 청나
라 최초 서양의사로서 광저우에서 개업을 했다.

서재필이 1889년에야 조지워싱턴 의과대학에 진학했으니 서양 의
사를 배출한 양국의 시간 격차는 약 40여 년이나 된다. 룽훙은 그 뒤
중국에 돌아와 리훙장과 손을 잡고 청나라 어린이들의 미국 유학 프
로젝트를 구상해 실천에 옮긴다. 이 이야기는 첸강과 후칭초가 쓴
《유미유동》이란 책에 상세히 나와 있다.

청나라 정부는 1872년부터 1886년까지 모두 214명의 유학생을 외
국에 보내 공부시켰다. 이 가운데 룽훙이 추진한 미국 조기유학 정책
에 따라 9세부터 15세 사이의 아이 120명이 네 차례에 걸쳐 미국에
건너갔다. 또 7차에 걸쳐 94명이 유럽으로 가 해군학과 육군학을 공
부했다. 1876년 리훙장은 7명의 학생을 독일로 보내 3년 동안 육군
학을 배우고 오게 했다. 1876년에는 옌푸 등 푸저우 선정학당 학생들
을 영국 런던의 그리니티 로열 해군학교에 입학시켜 해군학을 공부
하도록 했다. 이들은 후에 리훙장이 이끄는 북양해군에서 주력함을
이끄는 함장으로 활약하며 일본 해군과 용감하게 싸운다.

청나라, 유미유동 프로젝트

청나라의 유학생은 1900년 이후 급격히 늘어난다. 청나라가 기울어가고 있었음에도 새로운 학문을 배우고자 하는 열기는 갈수록 뜨거웠다. 위안스카이는 1902년 55명의 학생을 일본 육군학교에 유학보냈다. 이후 각 성에서도 인재들을 선발해 일본으로 보냈다. 이후 일본 유학은 유행처럼 번졌고 많은 청년들이 자비를 들여서 일본으로 갔다. 특히 1906년 중국이 과거시험을 폐지한 이후 더 많은 지식인들이 유학을 떠났다. 20세기 중국의 유학 붐은 이렇게 시작됐다.

첸강이 쓴 《유미유동》에 따르면 1902년 중국에서 일본으로 유학을 간 학생들은 600명이 넘었다. 일본 유학생들이 급격히 늘어나자 청나라 정부는 자국 유학생들을 보호하기 위해 총감독관을 일본에 파견했을 정도다. 1904년 초 일본 유학생은 1,300명에 이르렀고 1905년 말에는 8,000명, 1906년 가을에는 무려 1만 3,000명에 달했다고 한다. 1907년 일본은 재일 중국인 유학생 수가 1만 7,860명이라고 발표했다. 심지어 300명의 지방관원들도 도쿄 법정대학 단기과정에서 18개월 동안 법률, 정치, 재무, 외교 등을 학습했다.

이 시기에는 미국 유학도 활발했다. 중국 당국은 경자배상금을 이용해 1909년부터 1918년까지 모두 499명을 미국에 유학시켰고 이로 인해 대대적인 미국 유학 붐이 일었다. 그 결과 각종 국비 유학 혹은 자비 유학도 덩달아 급증했다. 1917년에 미국에서 공부하는 학생은 1,170명에 달했고 귀국한 학생만도 400명이나 됐다.

서태후로 잘 알려진 청나라 자희태후는 1901년 7월 각국 주재 청나라 외교관들에게 다음과 같이 말했다.

정치는 무엇보다 인재에 달려 있다. 듣자하니 외국으로 유학을 나간 상인들의 자제 가운데 자못 능력이 뛰어난 사람이 있다고 한다. 각국 주재 대신들은 외국 대학에서 학업을 하여 전문적인 분야에 정통한 이들을 세심하게 살피되 자신의 능력을 증명해주는 사람이 있거나 기록을 가진 자들은 직접 확인한 뒤 분류하여 귀국시켜라. 주무처가 보고

경자배상금

1900년 경자년에 의화단의 난으로 미국·러시아·독일·영국·일본·이탈리아·오스트리아 등 8개국의 간섭을 불러왔고 이를 수습하기 위해 청나라가 8개국 이외에 벨기에·네덜란드·포르투갈·스페인·스웨덴·노르웨이 등 피해국 6개국에 군비 손실비용 등 9억 822만 냥 상당의 백은을 1902년부터 1940년까지 39년 간 지불하기로 한 것을 말한다. 미국은 1906년 경자배상금으로 중국에서 대학을 만들고 중국 학생들의 미국 유학비용으로 쓰도록 했다. 미국은 1908년 경자배상금의 절반인 1,160만 달러를 중국에 돌려주고 미국에 공부하러 오는 중국 유학생들의 학자금 지원에 사용하겠다고 발표했다. 청나라는 1911년 중국 학생들의 미국 유학 업무를 지원하기 위해 베이징에 '칭화유미예비학교淸華留美豫備學校'를 만들었고 이 학교가 1924년에 칭화대학으로 바뀌었다. 경자배상금으로 미국에 유학한 중국 학생들은 후에 중국의 학계를 주름잡는 인물들이 된다. 1930년대 들어 미국으로 가는 유학생이 일본 유학생 수를 능가했다.

해오면 그에 의거하여 대신을 파견해 그들의 학업 성취 수준을 점검하고 분야별로 시험을 보도록 할 것이다. 또한 그 결과에 따라서 그들을 직접 면담한 뒤 진사, 거인으로 선발하겠다.

자희태후는 1901년 9월 16일 다시 조칙을 내려 각 성에서 인재를 선발해 외국에서 공부시키도록 했다. 그녀는 "인재양성이야말로 당금의 급선무다. 예전 허베이, 시추안 등지에서 학생을 선발하여 외국에서 공부시켰던 예에 준하여 각 성의 총독과 순무는 빠짐없이 처리하도록 하라"고 지시를 내렸다. 이렇게 중국에서 유학바람이 불자 고관 자제들이나 이미 벼슬을 하고 있는 이들까지 관직을 버리고 유학에 오르기도 했다. 독일의 라이프치히 대학에서 철학, 미학, 문학, 심리학을 공부했던 차이위안페이蔡元培는 한림을 지냈던 인물로 용감하게 공명을 버리고 유학을 떠났다. 중국 근대 언론인으로 이름을 날린 횡위안성黃元生은 과거에 급제해 진사 벼슬을 했던 인물로 일본 중앙대에서 법률을 공부했다. 이렇듯 근대 중국을 일으킨 상당수의 인물들이 근세 초기 해외 유학파였다.

11

한일병합에서 해방까지

유학파 지도자들

1910년 한일병합으로 우리 국권을 찬탈한 일본은 조선에 대한 우민화 정책의 하나로 조선 학생들의 일본 유학을 철저히 통제했다. 조선총독부는 1911년에 일본으로 유학가는 조선인을 감시 감독하는 이른바 '유학생 규정'을 공포하고 자격과 기준을 강화했다. 특히 조선인이 과학기술을 배우는 것을 철저히 차단했다.

한일병합 이후 1920년대 중반까지 이공계 유학생 14명 가운데 졸업생은 단 두 명뿐이었다. 그런 상황 속에서도 조선의 유학생들은 발군의 실력을 유감없이 발휘했다. '씨 없는 수박'을 만들어낸 우장춘 박사는 1919년 도쿄제국대학 실과를 졸업하고 연구에 정진해 1936년 같은 대학에서 농학 박사학위를 취득했다. 일본의 악랄한 방해에도 불구하고 세계로 나가려는 조선 청년들의 기개와 의지를 꺾을 수는 없었다.

일본은 1919년 3·1운동 이후 초대 총독 데라우치가 추진한 문화 정책 영향에 따라 조선인에 대한 교육 문호를 확대했다.

서울대 이영훈 교수가 저술한 《해방 전후사의 재인식》을 보면 1920년대 조선의 적령기 아동 취학률이 20~30퍼센트까지 높아졌다. 1930년대에 이르면 적령기 아동 취학률이 남자의 경우 60퍼센트가 넘게 된다. 중학교 이상의 고등교육도 크게 확대되어 일본으로 유학 가는 조선인 학생 수가 급격히 늘났다. 일부 자료에 따르면 1940년대 일본의 조선인 유학생이 3~4만 명에 달했다는 기록이 있다. 중학교 학생들도 경제적 능력이 뒷받침되면 일본으로 갔다고 한다.

1900년대 초부터 1960년대까지 한국 근현대사의 거목들 가운데 상당수는 유학파다. 우선 초대 대통령 이승만은 29세에 유학을 떠나 워싱턴에 있는 조지워싱턴 대학교에서 학사, 하버드 대학교에서 석사, 프린스턴 대학교에서 박사학위를 받았다. 오래 전 자료들은 그에 대해 철학박사라고 썼으나 미국 대학 박사학위의 총칭인 'Ph.D' 즉 'Doctor of Philosophy'를 직역했기 때문이다. 정확히 그가 받은 것은 정치학 박사학위다.

우리나라 두 번째 대통령이자 4대 대통령인 윤보선은 영국 스코틀랜드의 글래스고에 있는 스캘리시 학교에서 일년을 공부했다. 이어 잉글랜드 버밍험에 있는 우드부르크 대학교에서 일년, 잉글랜드의 옥스퍼드에서 3개월을 수학한 뒤 1924년 스코틀랜드 수도 에든버러에 있는 에든버러 대학교에 입학했다. 그때 그의 나이 27세였다. 그는 질병으로 2년 간 휴학하는 등 졸업하기까지 우여곡절을 겪은 뒤 1930년 에든버러에서 문학사 학위를 받았다. 윤보선은 대통령 및 국회의원에 출마했을 때 에든버러 대학에서 석사학위를 땄다고 밝혔으나 사실 학사학위를 받는 데 그쳤다.

우리나라 세 번째 대통령 박정희는 만주국 군관학교 예과를 수료하고 일본제국 육군사관학교를 졸업했다. 국내 학교가 아닌 외국 학교를 졸업했으니 엄격히 본다면 그 역시 유학파다. 그러나 그 당시는 일본이 우리나라를 통치하고 있던 시기이므로 일본육사 졸업을 과연 유학이라고 할 수 있을지는 의문이다.

참고로 11~12대 대통령인 전두환, 13대 대통령 노태우의 최종 학력은 육군사관학교다. 고급장교 시절 미국에서 잠시 교육을 받은 것으로 되어 있으나 유학으로 보기에는 무리다. 이후 김영삼, 김대중, 노무현 대통령은 모두 한국에서 학교를 다닌 국내파다. 김영삼의 최종 학력은 서울대학교 철학과, 김대중의 최종 학력은 목포상고다.

내각책임제하에서 총리를 지낸 장면은 1917년에 서울대학교 농생명과학대학의 전신인 수원고등농림학교를 다녔다. 그후 1925년 미국 뉴욕의 가톨릭계 학교인 맨해튼 대학교 문과를 졸업했다.

해방 후 이승만 김구와 함께 '우익의 3영수'로 알려진 민족지도자 김규식은 1896년 서재필의 권유와 언더우드의 주선으로 미국 유학 길에 올라 1903년 미국 버지니아 주 로노크 대학교을 졸업하고 1904년 프린스턴 대학교에서 석사학위를 취득했다. 고아였던 그는 1886

년 5월 언더우드에게 발견돼 그의 집에서 성장했다. 교육이 그의 삶을 바꿔놓은 것이다.

제1공화국 때 서울시장과 외무부장관을 지냈고 4·19 직후 과도 정부 수반을 지낸 허정은 보성전문학교를 졸업하고 미국 유학을 떠났으나 건강이 좋지 않아 정식으로 학교를 졸업하지 못했다. 제1공화정 때 제1야당인 한국민주당 당수로 2대 부통령을 지낸 김성수는 1911년 일본 와세다 대학교 정치경제학과에 진학을 했다. 김성수가 일본에서 공부할 즈음 함께 하던 이들은 송진우, 장덕수, 현상윤, 최두선, 김준연, 박용희, 이강현, 조만식, 김병로, 신익희, 김도연, 조소앙, 김우영, 홍명희 등 우리나라 근현대사에 큰 족적을 남긴 이들이다.

송진우는 1910년 와세다 대학교에 입학했으나, 그해 일제에 의해 국권이 침탈되자 충격을 받고 귀국했다. 이듬해 다시 도일, 메이지 대학교 법과에 입학한 후 유학생 친목회 총무, 호남유학생 회장 등으로 항일운동을 벌였다. 한국 근대문학의 선구자인 최남선은 1904년 황실 유학생으로 소년반장이 되어 도쿄부립 중학에 입학했으나 3개월 만에 귀국했다. 1906년 다시 일본으로 건너가 와세다 대학교 지리역사학과에 들어갔으나 1907년 모의국회 사건으로 퇴학당했다. 사학자이자 교육자였던 현상윤은 일본 와세다 대학교 사학과를 졸업하고 독립운동에 참가했다.

고당 조만식은 1908년 중학을 졸업하고 일본으로 건너가 세이소쿠正則영어학교에서 3년 간 공부했다. 1913년 메이지 대학교 법학부를 졸업하고, 정주의 오산학교 교사로 있다가 1915년 교장이 되었다. 이후 민족지도자로 이름을 떨쳤다. 1949년 외무부장관과 1951년 유엔대사를 지낸 임병직은 1913년 미국으로 유학해 오하이오 주 디킨슨 대학교에서 수학하고 명예법학 박사학위를 받았다

연희대학교 총장과 문교부 장관을 지냈던 백낙준은 농부의 아들이었으나 선교사들의 도움으로 영창소학교, 신성학교를 졸업하고 중국 텐진의 신학서원을 거쳐 1916년 미국 예일 대학교에 유학해 박사학위를 받았다. 그는 예일대 최초 한국인 박사다. 교육학자로 이화여자대학교 대학원장, 대한교육연합회장, 한국교육학회장과 이후 문교부 장관, 멕시코 대사를 지낸 오천석은 1931년 컬럼비아 대학교에서 박사학위를 받았다.

우리나라 최초 신학 박사는 1927년 미국 리치몬드에 있는 유니언 신학교에서 학위를 받은 남궁혁이다. 그는 1922년 프린스턴 신학교에 입학, 1924년 신학 석사가 됐고 이후 유니언 신학교에 입학했다.

2, 4, 5, 6, 7대 국회의원을 지낸 한국의 대표적인 여성 정치인 박순천은 1926년 일본여자대학교 사회학과를 졸업했다. 정치가였던 김준연은 도쿄 대학교를 거쳐 1922년 독일 베를린 대학교에서 정치와 법률을 공부했다. 독립운동가 겸 정치인인 조소앙도 일본 메이지 대학교 법학과를 졸업했다. 광복 후 특명전권대사 겸 주일대표부 대사로 활약하다가 1952년 대통령 후보로 나서기도 했던 신흥우는 배재학당을 졸업한 후 1896년 서재필 등과 협성회 조직에 참가하다가 미국에 건너가 사우스캐롤라이나 대학교를 졸업하고 1911년 배재학

당 교장에 취임하였다.

조병옥씨는 컬럼비아대 박사 아닌 석사

제1공화국 때 자유당 소속 대통령 이승만에 맞서 민주당 대통령 후보로 선거에 나섰다가 중도에 서거함으로써 뜻을 이루지 못한 조병옥은 '박사'로 알려져 있으나 학계에서는 그가 박사학위 과정을 끝내지 못한 것으로 보고 있다. 현 〈동아일보〉 사장인 김학준 전 인천대 총장이 쓴 〈역대 대통령과 총리의 박사학위– JP 11개, DJ 9개, YS 8개, 박정희는 없었다〉라는 글을 보면 "그(조병옥)는 대통령 출마를 앞두고 1959년 출간한 《나의 회고록》에서 자신이 1925년 미국 컬럼비아 대학에서 〈조선의 토지제도〉라는 논문으로 경제학 박사를 받았다고 썼다. 그러나 컬럼비아 대학에는 이와 관련된 자료가 전혀 없다. 다만 그가 경제학 학사와 경제학 석사를 받고 박사과정에 재적했던 기록은 남아 있다. 그래서 학계는 그가 학위논문을 제출하지 못한 채 귀국한 것으로 결론을 내리고 있다."고 썼다.

제2공화국 때 윤보선 대통령으로부터 총리 지명을 받았으나 국회 인준을 받지 못해 총리직에 오르지 못한 김도연은 1931년 워싱턴의 아메리칸 대학교에서 경제학 박사학위를 받았다. 해방 후 한민당 간부로 활동하다 암살당한 장덕수는 1916년 와세다 대학교 정경학부를 졸업하였다. 그는 1920년 〈동아일보〉 주필을 지낸 뒤 1923년 미국으로 건너가 이승만, 허정과 독립운동을 하다가 1928년 컬럼비아 대학교에서 철학 박사학위를 받았다. 도산 안창호는 1902년 미국으로 유학을 갔으나 그곳 동포들의 어려운 처지를 보고 생각을 바꾸어 공부를 포기하고 교민 지도에 나섰다,

일본 제국주의에 맞서 항일 군사노선 투쟁 독립운동을 전개했던 박용만은 24세였던 1904년 미국 유학길에 올랐다. 이해는 광무 8년으로 우리나라에서는 보기 드문 개척자적 유학생이라 하겠다. 그는 헤이스팅스 대학에 진학했고 3학년 때인 1909년 미 네브래스카에서 사관생도를 배출하는 한인소년병학교를 설립하는 등 경술국치 일년 전부터 독립운동을 시작했다.

제1공화국 때 부통령으로 있다가 4 · 19혁명으로 비참한 최후를 맞은 이기붕은 어려운 환경에서 선교사의 도움으로 보성고등학교를 마친 뒤 일본을 거쳐 도미하여 아이오와 주 데이버 대학교에서 문학을 전공했다. 1956년 민주당 대통령 후보로 유세 도중 호남선 열차 안에서 뇌일혈로 급서한 신익희는 1908년 한성외국어학교를 졸업하고 와세다 대학교 정경학부에 입학해 1913년에 졸업한 유학파다. 이 이외에도 이 시기에 활동한 상당수의 지도급 인사들 대부분이 유학을 다녀왔다.

한국 근대 주요 과학자들은 거의 유학파

조선이 세계로 눈을 돌린 1880년대부터 과학기술을 발전시킨 인물들도 대부분 해외에서 유학한 사람들이다. 특히 조선이 근대

화에 눈을 뜰 무렵 서구의 기술을 들여온 사람들 거의가 일본에서 공부했다. 서재필의 동생인 서재창은 일본에서 양잠 기술을 배우고 돌아와 농업기술을 보급했다. 강홍대, 김한목, 방한영, 서상면도 양잠 기술을 배우고 온 이들이다. 안형중, 박정선은 방직 기술, 하정룡, 이창원, 김연육, 이응규, 원희정은 제지 기술과 인쇄 기술을 배우고 왔다.

전북대학교 김근배 교수는 〈한국 과학기술자와 과학 아카이브〉란 논문에서 1880년대부터 1970년대까지 활동한 우리나라 100인의 한국 근현대 과학기술자 대다수가 유학생들로, 이들을 보면 한국 유학사의 흐름을 파악할 수 있다고 말하고 있다. 대표적인 몇 명을 들어보자.

김 교수가 이공학 분야의 선구자로 거명한 윤치호는 1885년 중국 상하이로 건너가 미국 남감리회가 운영하는 상하이 중서대학 Chinese–Anglo College에서 공부를 했다. 그는 1888년 10월 중서대학을 졸업하고 미국 테네시 주 내슈빌에 있는 벤더빌트 대학교 신학부에서 공부했으며 이후 1890년 9월 조지아 주 옥스퍼드에 있는 명문 에모리 대학에서 수학했다.

천연두 예방을 위해 우두를 도입한 지석영은 일본 정부기관인 위생국에서 두묘 제조법을 배웠다. 우리나라 최초 의학 박사는 윤치형으로 1924년 일본 큐슈제국대학에서 학위를 받았다. 의사이자 의학자인 장기려는 1940년 일본 나고야 대학교에서 의학 박사학위를 받았다. 의사로 서울대 총장을 지낸 윤일선은 일본 교토 제국대학 의학과를 졸업했다. 1938년에 한국인 최초로 안과 전문의원을 개원한 공병우 박사는 일본 나고야 제국대학에서 의학 박사학위를 받았다. 의사이자 국회의원이었던 이용설은 세브란스 의전을 졸업한 후 미국의 노스웨스턴 대학교에서 박사학위를 받았다. 이 시기 한국 의학계 거물들은 모두 미국과 일본에서 유학을 하고 학위를 받았다.

이공학 분야의 인물들도 예외는 아니다. 한국 최초 비행조종사인 안창남은 일본에 유학해 조종사가 되었고, 한국이 낳은 위대한 수학자 장기원은 연희전문을 졸업한 뒤 1929년 한국인 최초로 일본 센다이에 있는 도호쿠東北 제국대학 수학과를 졸업했다. 한국의 이론화학자로 양자역학을 화학반응 연구에 도입한 과학자 이태규는 일본 교토 대학교 화학과를 졸업하고 이학 박사학위를 받았다. 1917년에 설립된 연희전문학교가 배출한 첫 졸업생 중 하나인 이원철은 미국 북장로교의 학비 지원을 받아 미시간 대학교에서 천문학을 공부한 후 1926년 조선인 최초 이학박사가 됐다.

우리나라 최초의 공학 박사는 최황이다. 그는 1934년 미 오하이오 주립대에서 박사학위를 받았으나 이 시기에는 과학 분야뿐 아니라 음악·미술 등 예술 분야에서도 상당수 유학파들이 활동했다.

12

해방 이후 근대화 주역이 된 유학파

해방 이후 정부 유학 정책

식민지하에서 학생들이 유학을 떠나는 나라는 주로 일본이었고, 미국은 상대적으로 인원이 적었다. 그러다 이후 주요 대상국이 미국으로 바뀌었다. 1952년 이후 독일, 프랑스를 비롯한 유럽 국가들과 호주, 중국 등으로 대상국이 확대됐지만 미국 유학생 숫자가 압도적으로 많았다. 이 시기 유학은 정부의 지원 없이 개인이 비용을 부담하는 것이었고 그러다 보니 부유한 계층 자녀들이 많았다. 병역 기피를 위한 도피성 유학도 적지 않았다.

해방 이후 1950년대 중반까지는 정부 차원의 유학 지원 정책이 전무했다고 해도 과언이 아니다. 전쟁 이후 폐허에서 나라를 다시 일으키는 데 온힘을 쏟았던 시기였으므로 공부는 사치였다. 이런 가운데 서도 정부는 1951년 1월 외국유학 자격고시를 만들었고 1953년 자비 유학에 관한 규정을 제정했다. 정부는 나아가 1955년 정부 파견이나 국제협력에 의한 기술 훈련을 제외한 유학은 문교부의 인정을 받도록 하는 '외국유학 자격고시 및 설정에 관한 규정'을 만들었다. 그러나 어수선한 시기에 이런 규정이 제대로 시행될 리 없었다. 1957년에는 유학생에 관한 자격심사가 강화되어 '해외 유학생에 관한 규정'이 제정되었는데 그 내용은 자연계 유학을 중시하는 것이었다.

이 시기 정책은 유학을 적극적으로 장려하기보다는 억제 일변도였다. 경제개발 5개년 계획 아래 부족한 재원을 마련하기 위해 외국 차관을 들여오는 상황이었으므로 외환 관리 차원에서도 유학은 통제 대상이었다. 이런 상황에서 유학을 갈 수 있는 이들은 부유층뿐이었고 일반인들에게 유학은 상대적 박탈감만 안겨주었다. 지금도 유학에 대해 많은 사람들이 부정적으로 보는 것은 이때 깊이 뿌리내린 인식에 기인한다. 이러한 소극적이고도 방관적인 유학 정책은 1970년대 중반까지 계속되었다.

미국 유학파 형성과 '두뇌 유출'

한 통계에는 해방 이후 미군 주둔 당시 유학생들의 85퍼센트가 미국으로 유학을 떠난 것으로 되어 있다. 《해방 전후사의 재인식》을 공동집필한 서울대 이영훈 교수는 당시 유학생들의 상황을 이렇게 밝혔다.

전쟁 이후 많은 수의 학생과 관료와 군인이 그 기간에 해외 유학의
길을 떠났다. 1953~1966년 사이 7,400명의 학생이 해외 유학을 떠났
으며, 50년대에 걸쳐 2,400명의 공무원이 해외 단기훈련이나 시찰을
다녀왔고, 9,000명 이상의 장교가 해외 훈련을 받고 돌아왔다. 다녀온
주요 국가는 미국이었다.

1950년부터 1965년까지 15년 동안 미국으로 이주한 한국인은 1만
5,000여 명이다. 이 가운데 미군과 결혼을 하여 이주한 여성이 6,000
명이고 미국인들이 입양해 데리고간 전쟁고아가 5,000여 명이었다.
나머지 3,000여 명은 유학생들이었다. 경제적으로 곤궁했던 시기에
3,000여 명이 유학을 떠났다는 것은 대단한 일이다.

우리 사회가 1960년대 이후 급속한 발전을 이룩할 수 있었던 여러
요인 가운데 교육의 힘이 가장 컸다고 생각한다. 하지만 국내 대학에
서 양성된 엘리트들이 그런 대로 국내에서 활용된 반면 외국 대학에
서 공부한 인력은 국내로 재투입되지 못했던 사례가 많았다.

인재 유출은 당시 한국에 국한된 문제가 아니라 전세계적인 숙제
였다. 미국을 중심으로 한 선진국에서 수준 높은 교육을 받은 개발도
상국 인재들이 귀국하지 않고 그 나라에 눌러앉아버렸기 때문이다.
이를 가리켜 이른바 '두뇌 유출brain drain'이라고 한다. 1960년대 두
뇌 유출 현상은 개발도상국의 과학기술 발전에 큰 저해 요인으로 작

용했다. 당시 한국의 두뇌 유출도 그 어느 나라 못지않게 심각한 상황이었다.

원인은 개인에게도 있었지만 한국을 비롯한 개발도상국 스스로에게 문제가 있었다. 공부를 마치면 본국에서 알맞은 일터를 얻어 배운 지식을 펼치겠다는 사람들이 많았으나 본국이 이를 수용할 여건을 갖추지 못했던 것이다.

해방 후 여성 유학파 과학자들

지금도 그렇지만 당시에 인문·사회과학 분야보다 이공계 분야의 유학생 숫자가 많았다. 해방 후엔 여성 유학생들도 돋보였는데 이는 과학기술 분야에서도 예외가 아니다. 여성들은 경제적 곤란과 남녀차별 등으로 유학을 떠난다는 것이 매우 어려웠으나 적지 않은 여성들이 이를 극복하고 용감하게 해외로 나갔다. 비록 소수였지만 유학은 여성들이 사회로 진출하는 데 든든한 디딤돌 역할을 했다.

여성들의 유학에 관한 자료가 대단히 부실해 세세하게 살펴보기는 어렵다. 문교부의 1973년 말 자료에 따르면 해외에서 대학원 과정을 마치고 귀국해 각자의 영역에서 활동한 여성 과학기술 인력은 총 42명으로 박사 30명, 석사 12명인 것으로 알려졌다. 그러나 상당수가 누락돼 실제는 이보다 훨씬 많았을 것으로 추정된다.

이들 중 박사학위 소지자는 15명으로 이학 3명, 의·약학 5명(보건간호 3명), 농학 1명, 가정학 5명, 교육학 1명이었다. 여성의 전유 분야처럼 간주되던 간호 및 가정학을 전공한 사람이 많았고, 남성적인 분야로 인식되던 공학 전공자는 한 명도 없었던 것으로 조사됐다.

1950년대 후반 국내 대학을 졸업하고 미국으로 유학을 떠나 박사 학위를 취득한 여성은 생물학 전공자인 이유한(미국)과 김윤덕(캐나다), 화학 전공의 모정자(미국), 장혜원(미국), 물리학의 조균행(미국) 등이다. 이들은 국내로 돌아오지 않고 현지에 남아 활동을 했다.

과학기술 분야의 해외 유학 활성화

해방 이후 유학생들은 주로 의학과 이공계 분야를 공부했다. 당시 미국에서 시작돼 발전을 거듭하던 경영학과 행정학에 관심을 가진 사람도 있었지만 한국 내 수요가 많지 않았다.

한국 해부학회 자료에는 "한국전쟁이 끝난 이후 각 분야에 미국 문화가 영향을 미치기 시작하였고, 1950년대 후반부터 많은 해부학 자들이 해외 유학(주로 미국의 의과대학)을 떠났다. 따라서 그동안 일 본식 교육 풍토에 젖어 있던 의학 교육이 서구화되어가는 시발점이 이 시기였다고 볼 수 있다."고 기록돼 있다. 1950년대 후반부터 1960 년대 전반기까지 해부학회 회원들이 유학을 떠난 대학과 인원을 살 펴보면 미네소타 대학교 3명, 뉴욕 대학교, 위스콘신 대학교, 예일 대학교, 미시간 대학교, 캘리포니아 대학교, 버지니아 대학교 각 1명 인 것으로 나타났다. 원자력 분야에서도 꽤 많은 학생들이 정부 지원 으로 유학을 떠났다. 한국 과학기술이 초보 단계에 머무르고 있었음에도 한국은 1957년 원자력 사업을 계획했고 정부 지원과 미국의 후원으로 1956년부터 원자력 분야 연구 유학생을 미국 등에 보내기 시작했다. 1956년부터 1963년까지 7년 동안 원자력 분야를 연구하기 위해 떠난 유학생은 모두 189명이었다. 아쉽게도 이들 대부분은 공부를 마친 후 귀국하지 않았다.

새로운 엘리트, 군 유학생

노정현 전 연세대학교 교수는 자신의 저서인 《한국 근대화론》에서 한국을 근대화시킨 세 그룹의 파워엘리트로 관료, 군 그리고 기업을 꼽았다. 그 가운데서 군은 1960년대까지 가장 강력한 근대화 추진세력이었다. 1950~60년대 한국의 정치세력으로 등장한 군부는 같은 시대에 우리나라뿐 아니라 제3세계에서도 강력한 힘을 발휘했다. 한국군은 분단과 전쟁 그리고 미군의 주둔이라는 특수한 상황으로 더욱 막강한 힘을 발휘했다. 자료들을 보면 한국군은 1946년 남조선국방경비대로 시작할 때 6,000명에 불과했으나 전쟁이 한창이던 1952년 25만 명으로 늘었다. 이후 계속 증가해 현재는 60만 명에 이른다. 노 교수의 말처럼 1970년대 초반까지 한국군 장교들은 우리사회에서 가장 교육 수준이 높은 집단이었다. 그때까지 기업들은 재벌로 성장하기 전의 미성숙한 단계였고 근대화의 세 축 가운데 하나인 공직사회는 고시를 통해 인재를 뽑아 양성했지만 군 장교들만큼 교육이 보편화되지 못했다.

한홍구 성공회대 교수의 《한국 현대사》를 보면 1953년부터 1966년까지 선발시험을 통과해 해외로 유학한 사람은 모두 7,398명으로, 그중 86퍼센트인 6,368명이 미국으로 갔다. 그러나 이들이 학업을 마치고 귀국한 비율은 6퍼센트에 지나지 않는다. 반면 한국군 장교는 1950년대에만 무려 9,000여 명이 미국의 각종 군사학교에 파견되어 교육받고 돌아왔다. 물론 장교의 미국 연수 기간이 일반 유학생들의 유학 기간에 비해 짧았다고는 하지만, 군은 다른 집단들과는 비교가 안 될 정도로 많은 해외 유학 경험자들을 보유했다. 지금은 교육 및 훈련에서 대기업이 관료조직과 군대를 앞서고 있지만 1960년대까지 군은 유학을 통해 양성된 엘리트를 바탕으로 우리 사회를 이끄는 가장 강력한 집단이었다.

재미있는 사실은 이 시기 북한도 유학 정책을 통해 인재를 양성하고 있었다는 것이다. 관련 자료에 따르면 북한은 1958년 당시 6,147명의 유학생을 외국에 보내 교육시켰다. 이 시기에 북한 대학생 수가 2만 9,000명이고 한 해 대학 졸업생이 5,000여 명이었으니 유학생 비율이 대단히 높았다. 1958년 한 해에 귀국한 유학생 수가 900명이고 이 가운데 200명이 소련에서 공부한 것으로 되어 있다.

본격화한 유학 바람

1970년대 이전까지 우리나라 유학 정책은 통제 위주였다. 앞서 설명했듯이 '먹고살기도 어려운데 무슨 공부 하려고 달러를 소

비하느냐 는 것이 그 이유였다. 그러나 1970년대 들어 국제교류가
활발해짐에 따라 해외 유학 정책도 변화를 맞게 되었다.

유학에 대해 비교적 관대해지고 정부가 이를 정책으로 관리하기
시작한 것은 1977년 국비 유학생 제도가 마련되고부터다. 정부는
1979년 해외 유학에 관한 규정을 신설해 일년에 네 차례 유학생을 선
발했다. 유학 문호가 본격적으로 개방된 것은 1980년대 들어서다. 자
비 유학이 급격히 증가하자 정부는 유학을 자유화하지 않을 수 없었
다. '세계화' 는 이 시기 전 지구적인 화두였다. 우리나라도 그 흐름
에서 예외가 될 수 없었다. 1970년대에 연간 600명 선이었던 유학생
수는 1980년대 중반 이후에는 연간 7,000명 수준으로 10배 이상 증
가했다. 유학생 숫자는 계속 늘어 1998년 10만 9,000명에서 2005년
에 21만 4,000명, 2006년에 24만여 명으로 집계됐다.

정부는 1987년을 전후해 유학의 과열을 막기 위해 일시적으로 유
학생 자격 기준을 강화하는 조치를 취했지만 곧이어 해외여행 자유화
정책, 세계화 정책으로 유학에 대한 규제를 대폭 완화했다. 이어 1988
년에는 자비 유학의 자격을 고등학교 성적 10퍼센트 이내의 학생에
게 한정시켰던 조항을 폐지했다. 이 같은 조치는 수학능력이 부족한
학생들이 도피성 유학을 떠나면서 사회 문제로 대두되기도 했다.

정부는 2000년 국외 유학에 관한 규정을 개정해 중학교 졸업 이상
의 학력을 가지면 자비 유학을 할 수 있도록 했다. 또 예체능계 초·
중등학생은 학교장의 추천을 받은 경우에 한해 시·군·구 교육청의
유학자격심사위원회 심사를 거친 후 유학할 수 있도록 했다. 그러나

사실 이 규정은 사문화되었고 조기유학이 대세처럼 되어버렸다. 일부에서는 이미 사문화된 규정을 개정해야 한다는 목소리가 높다. 비록 사문화된 규정이지만 이를 어기고 해외로 공부하러 간 불법 유학생은 계속 늘어나고 있으며 지난 2002년 국정감사 결과 불법 조기유학생이 해마다 100퍼센트씩 증가하는 것으로 나타났다.

국비 유학생

국비 유학의 역사는 참으로 오래다. 신라시대 견당유학생들이 우리나라 국비 유학생의 원조라고 할 수 있다. 신라, 고려, 조선을 거쳐 근대적인 국비 유학생 제도가 마련된 것은 1955년 당시 문교부가 '외국유학 자격고시 및 설정에 관한 규정'을 만들고부터다. 그러나 이 규정은 전쟁 끝이라서 제대로 시행되지 못했다. 1958년 이승만 정부가 미국 국비 유학생 100명을 뽑은 적도 있지만 4·19혁명이 일어나면서 중단됐다. 국비 유학생 프로그램을 관장하고 있는 국제교육진흥원도 국비 유학의 본격적인 시작을 1977년 이후로 잡고 있으며, 통계도 이 해를 기점으로 한다.

국비 유학생은 1977년부터 1996년까지 총 1,508명이 선발됐으며 1997년 이후에는 매년 적게는 24명 많게는 53명까지 선발되어 2004년까지 총 1,768명이 선발되었다. 분야별로는 공학이 913명, 이학계가 449명으로 전체의 77퍼센트를 차지하고 있다. 이들은 현재까지 45개국 108개 분야에서 이 제도를 이용해 석·박사과정을 마쳤다.

국비 유학생 배출 현황

(단위 : 명)

구분	학위과정(석사 · 박사)					전문요원 과정(박사)	합계
	인문 · 사회계	외국어계	공학계	이학계	소계		
'77~'96	206	90	848	364	1,508	–	1,508
1997	11	–	25	17	53	–	53
1998	21	–	13	5	39	–	39
1999	14	1	7	10	32	7	39
2000	12	1	5	14	32	8	40
2001	12	1	4	13	30	8	38
2002	13	–	6	11	30	5	35
2003	10	–	3	9	22	2	24
2004	14	–	2	6	22	7	29
합계	313	93	913	449	1,768	37	1,805

출처 : 국제교육진흥원(2005). 국비 유학생 귀국 후 취업현황

〈동아일보〉가 국비 유학생 파견 30주년을 맞아 2006년 6월 보도한 바에 따르면 1977년부터 2005년까지 국비 유학생 1,761명의 출신 대학은 서울대가 1,180명(67퍼센트)으로 1위를 차지했으며, 이어 한국외국어대(100명), 연세대(85명), 고려대(68명)의 순이었다(국제교육진흥원이 2005년 내놓은 자료와 〈동아일보〉가 취재한 자료 사이에 7명의 차이가 있다).

또 이를 학부 전공별로 분류하면 기계공학 129명(7.3퍼센트), 저자공학 107명(6.1퍼센트), 화학공학 95명(5.4퍼센트), 금속공학 78명(4.4퍼센트) 등 상위 10위를 모두 이공계가 차지했다. 20위권에 든 인문계의 전공은 교육학(32명, 1.8퍼센트, 12위)과 경제학(2명, 1.2퍼센트, 17위)뿐이다.

국가별로 보면 미국이 단연 1위로 전체 유학생 가운데 78.1퍼센트 (1,375명)를 차지했다. 영국이 109명(6.2퍼센트)으로 그 뒤를 이었으며 일본 52명(3.0퍼센트), 독일 39명(2.2퍼센트) 등의 순이었다.

국비 유학생들은 외국에서 공부를 마친 뒤 어떤 길을 걸었을까? 국제교육진흥원에 따르면 국비 유학생 가운데 대학교수(전임강사 이상)로 임용된 사람은 846명으로 전체의 48퍼센트를 차지했다. 해외에서 학위를 받고 서울대 교수로 임용된 인원만 121명이다. 이어 국책 및 민간부문 연구소에 다수가 취업했고, 일부는 기업에 취업한 것으로 나타났다. 1999년 이전에는 학위과정 선발자의 경우 국내에서 의무복무를 하도록 했으나 이후에는 그런 규정을 폐지했다.

이들의 진로를 보면 신라의 견당유학생들이 당나라의 사신으로 귀국해 고위직에 올랐던 것과는 아주 다르다. 〈동아일보〉는 국비 유학생 가운데 유명인사로 진대제 전 정보통신부 장관, 박진 한나라당 의원, 김대환 전 노동부 장관, 명정수 전 유한대학장, 송지용 LG생명과학기술연구원 상임고문 등을 꼽았다. 진 전 장관은 1기 국비 유학생으로 1977년 9월부터 1980년 8월까지 미국 스탠퍼드 대학교에서 전자공학을 전공했다. 진학을 원했던 대학으로부터 장학금을 받지 못해 1976년 유학이 좌절된 진 전 장관은 국비 유학생 제도를 이용해 미국으로 떠났다. 박진 의원은 1983~89년 영국 옥스퍼드 대학교에서 국제법을 공부했으며, 김대환 전 노동부 장관도 옥스퍼드 대학교에서 경제학을 전공했다. 국비 유학생들이 사회적으로 드러나지 않는 것은 이공계 전공자가 많기 때문이다. 초기의 국비 유학생들은 이

미 50대 후반이나 60대 초반에 접어들어 이제는 자신의 전공 분야에서 원로 대접을 받고 있다.

어떤 분야를 공부하고 있나

요즘에는 조기유학이 많아졌지만 유학의 최종 목표는 역시 박사학위를 받는 것이다. 많은 유학생들이 외국 대학에서 어떤 분야를 공부하고 있는지 궁금해진다. 우리나라는 국내외를 막론하고 박사학위를 취득할 경우 한국학술진흥재단에 신고를 하도록 되어 있기 때문에 그 실태를 파악할 수 있다.

한국학술진흥재단 홈페이지(http://www.krf.or.kr/html/rip/sistat.

국내 박사 학위 취득 분포

	학위종별	인원수(명)		학위종별	인원수(명)
1	공학박사	7,935	13	경제학박사	1.733
2	농학박사	1,292	14	교육학박사	1.466
3	문학박사	4,504	15	목회학박사	478
4	법학박사	663	16	보건학박사	93
5	신학박사	1,247	17	사회학박사	434
6	약학박사	231	18	수산학박사	67
7	의학박사	429	19	수의학박사	99
8	이학박사	5,118	20	정치학박사	1.005
9	철학박사	2,483	21	치의학박사	32
10	가정학박사	94	22	한의학박사	40
11	간호학박사	36	23	행정학박사	350
12	경영학박사	1,283		합계	31.112

한국인 박사 100명 이상을 배출한 미국 대학

학위종별	인원수(명)	학위종별	인원수(명)
컬럼비아	189	플로리다 주립	158
코넬	201	하버드	104
조지아텍	183	아이오와 주립	244
인디애나 블루밍턴	219	MIT	129
캔사스 주립	110	뉴욕	143
미시간 주립	290	노스웨스턴	190
노스캐롤라이나 주립	181	펜실베니아 주립	332
오리곤	149	로체스터 뉴저지-번스윅	154
퍼듀	333	뉴욕 주립 버펄로	250
스탠퍼드	127	시라큐스	109
뉴욕주립 스토니룩	123	오하이오 주립	454
텍사스 A&M	552	UC 버클리	214
조지아	222	UC 로스앤젤레스	213
UC 데이비스	102	일리노이대 시카고	121
시카고	132	메릴랜드대 파크	144
아이오와	289	미네소타	335
미시간	366	네브라스카 링컨	130
미조리 컬럼비아	212	피츠버그	173
펜실베이니아	177	텍사스 오스틴	635
남가주	240	하와이 마노아	154
플로리다	258	유타	116
일리노이 어바나 샴페인	463	윈스콘신 메디슨	511
워싱턴	213		

한국학술진흥재단 2007년 자료

htm)에는 다음과 같은 통계가 나와 있다. 1982년부터 2007년까지 각 분야별로 신고된 사람은 총 3만 1,112명이다. 공학박사가 7,935명으로 가장 많고, 이학박사 5,118명, 문학박사 4,504명, 철학박사 2,483

명, 경제학박사 1,733명, 교육학박사 1,466명, 농학박사 1,292명, 경영학박사 1,283명, 신학박사 1,247명, 정치학박사 1,005명이다.

국가별로는 총 64개국이며 나라별로는 미국 1만 7,807명, 일본 5,192명, 독일 2,520명, 프랑스 1,407명, 영국 1,235명, 중국 730명, 러시아 451명, 대만 355명, 캐나다 351명, 필리핀 314명 순이다.

미국 대학 가운데 100명 이상의 한국인 박사를 배출한 대학은 48개 대학으로 1위는 텍사스대 오스틴 캠퍼스다.

유학 대상국 중 두 번째인 일본에서 한국인 박사를 배출한 대학은 총 212개 대학이다. 이 가운데 100명 이상의 박사를 배출한 대학은 11개로 도쿄 대학교 845명, 도코쿠 대학교 361명, 교토 대학교 331명, 오사카 대학교 324명, 규슈 대학교 320명 순이다.

13

한국 파워 엘리트로 성장한 유학파

서울대 출신, 미국 박사학위 취득 세계 2위

우리나라 해외 유학생은 2006년 말 기준으로 미국 9만 3,728명, 영국 2만여 명, 호주 1만 8,000여 명, 캐나다 2만 8,000여명, 뉴질랜드는 2만 명 정도다. 유길준이 1883년에 한국인 최초로 미국 유학을 갔으니 2007년은 미국 유학 124주년이 되는 해다. 한국 유학생은 어느새 미국 내 해외 유학생 가운데 가장 많은 수를 차지하고 있다. 미국 이민세관ICE은 2006년 말 미국에서 공부하는 각국 유학생 중 한국 학생이 전체(63만 998명)의 14.9퍼센트로 1위라고 발표했다. 미국에서 공부하고 있는 국제 유학생 10명 가운데 1.5명이 한국 학생인 셈이다. 한국 유학생은 2005년과 비교해 14.4퍼센트나 증가했다. 이 가운데 초중고생만 3,749명이다. 방문비자 등으로 공부하는 학생까지 포함하면 숫자는 훨씬 더 늘어난다. 미국으로 일년 미만의 단기 유학을 떠난 우리 학생들 숫자가 지난해에 1만 2,000여 명이 넘었다.

한국 유학생 수는 인구나 경제 규모 면에서 우리보다 앞서는 중국과 인도, 일본을 모두 앞지르고 있다. 또 양적인 면뿐 아니라 질적인 면에서도 으뜸이라는 평가를 받고 있다. 이를 입증하는 통계 하나를 소개하겠다.

시카고 대학은 2005년에 최근 5년 간 미국 내 대학에서 박사를 배출한 사람의 출신대학을 분석한 결과 서울대가 미국 대학을 제외하고 세계 모든 대학 중 1위를 차지했다고 발표했다. 미국 대학 전체를 포함한 순위를 봐도 미국 UC 버클리에 이어 서울대가 2위를 기록했다. 1999~2003년 미국에서 박사학위를 취득한 사람 중 서울대 졸업생이 1,655명이었다. 이 기간 중 연세대는 720명으로 5위, 고려대는 445명으로 8위를 기록했다. 미국 대학 박사학위 취득자 순위로만 따지면 한국 대학들이 세계적 수준에 있다는 것을 말해준다.

〈중앙일보〉가 한국의 파워엘리트 3만 1,800명을 분석해 펴낸 《대한민국 파워엘리트》란 책을 보면 두 가지 재미있는 결과가 눈에 띤다. 하나는 한국의 파워엘리트로 유학파의 힘이 증가하고 있다는 것이고, 또 하나는 과거 학연으로 연결되던 고리들이 느슨해지면서 폐쇄적 동문 집단의 존재 자체가 해체될 것이라는 분석이다.

3만 1,800명을 출신 학교별로 분류해보면 서울대 학부 출신은 1만 528명으로 32.7퍼센트를 차지하고 있으며 고려대 2,874명, 연세대

2,562명으로 이른바 'SKY' 대학들이 전체 엘리트의 절반인 49.5퍼센트를 점하고 있다.

유학생 학부 출신으로 와세다대가 1위

파워엘리트들의 외국 대학 학부 출신을 보면 일본 와세다대가 89명으로 1위를 기록했으며 주오대(87명), 하버드대(79명), 니혼대(53명), 메이지대(45명), 도쿄대(44명), 컬럼비아대(42명), 조지워싱턴대(38명), UC 버클리(37명), 조지타운대(30명), 스탠퍼드대(28명), 옥스퍼드대(25명), 뉴욕대(20명), 게이오대(20명), 교토대(18명), 규슈대(17명), MIT공대(17명), 오하이오 주립대(16명), UC 로스앤젤레스(16명), 케임브리지대(16명), 런던대(16명), 워싱턴대(15명), 미네소타대(15명), 아메리칸대(15명), 워싱턴 주립대(13명), 하와이대(13명) 순이다. 여기서는 학부 출신만을 보았을 뿐이다. 석사와 박사학위를 취득한 대학까지 따진다면 파워엘리트 그룹의 유학파 숫자는 훨씬 많아질 것이다.

《대한민국 파워 엘리트》에서도 지적했듯이 향후 국내 대학 중심의 학연 네트워크에 상당한 변화가 있을 것으로 보인다. 최근 학연에 의한 네트워크가 대단히 약해지는 것을 볼 수 있다. 엘리트를 배출하는 학교가 다양해지면서 상위권 대학 쏠림 현상이 느슨해졌기 때문이다. 조기유학은 물론 학부로 유학을 떠나는 학생들이 급격히 늘면서 장래에 유학파들끼리 국내 대학 출신자들처럼 네트워크를 형성하거나, 그렇지 않더라도 개별적으로 파워엘리트 그룹에 대거 진입할 가능성이 높다.

앞서 살펴보았듯이 미국 내 유학생들의 14.9퍼센트가 세계 최고 수준의 대학에 진학하고 있다. 이들이 학업을 끝내고 귀국하는 시기를 지금부터 10년 뒤로 잡을 때 이들의 파워가 지금보다 상당히 커질 것으로 전망된다. 그렇다고 한국을 이끌어온 단단한 학연 파워그룹이 단번에 유학파로 대치되기는 어려울 것이다. 유학파들의 출신 대학이 제각각 다르고 개인적 성향이 강하기 때문이다.

유학파라는 동질감을 갖고 세력을 형성하기는 어렵지만 개개인이 갖고 있는 자질과 능력 면에서 국내 명문대학 출신들과 치열한 경쟁을 벌일 것으로 보인다. 그들이 능력을 발휘할 수 있는 여건만 마련된다면 강력한 엘리트 집단으로 부상할 가능성은 얼마든지 있다.

미국 대학에 재학 중인 한국 학생

한미교육위원단이 2007년 내놓은 '2005~2006학년도 미 대학 한국 학생 재학 현황' 자료에 따르면 미국에 있는 약 4,500여 개 대학 가운데 한국 국적의 학생이 다니고 있는 학교는 1,050개에 이른다. 세계 100위 안에 드는 미국의 명문대학에도 많은 한국 학생들이 재학 중인 것으로 나타났다. 이를 살펴보면, 하버드대 244명(학부생 29명, 이하 괄호 안 학부생 숫자), 프린스턴대 52명(25명), 예일대 162명(29명), 펜실베이니아대 404명(71명), 컬럼비아대 635명(62명), 브라운대 111명(49명), 코넬대 451명(205명), 듀크대 215명(65명), UC 버클리대 312명(120명), 워싱턴 세인트루이스대 239명(80명), 카네기멜론대 406명(170명) 등이다. 이들 대학은 미국에서도 20위권 안에 드는 세계 최고 수준의 명문대학이다.

이밖에도 미국 〈US 뉴스 & 월드 리포트〉가 선정한 미국 대학 100위 이내의 학교에 다니는 유학생들을 보면 조지아텍 356명, 노스웨스턴대 216명, 일리노이 어바나 샴페인 1,149명, 퍼듀대 755명, 보스턴대 515명, 미시간 앤아버 844명, 미네소타대 447명, 뉴욕대 747명, SUNY 버펄로 606명, 오하이오 주립대 863명, 남가주대 807명, 조지워싱턴대 209명, 조지타운대 213명, 플로리다대 534명 등이다. 학부 기준 100명 이상이 재학 중인 학교만 해도 39개 학교나 된다.

미국 명문대 한국인 재학 현황

구분	학생수		
	대학	대학원	합계
하버드	29	240	269
예일	28	100	128
프린스턴	30	45	75
스탠퍼드	85	310	395
컬럼비아	180	400	580
브라운	60	50	110
유펜	80	300	380
코넬	246	225	471
다트머스	40	15	55
MIT	23	237	260
UC 버클리	100	400	500
합계	901	2322	3223

〈중앙일보〉 2007년 6월 5일자 보도 자료

〈중앙일보〉가 2007년 5월 미국 동·서부 명문대학을 직접 찾아 조사한 바에 따르면 한미교육위원단이 내놓은 2005~2006학년도 자료보다 유학생 수가 더 많다.

동부의 하버드, 예일, 프린스턴, 브라운, 컬럼비아, 코넬, 다트머스, 펜실베이니아 등 8개 아이비리그 대학들 그리고 명성과 실력에서 이들 대학 못지 않은 MIT와 스탠퍼드, UC 버클리 등 몇몇 대학들을 합치면 그 수가 3,200명이 넘는다. 여기에 듀크, 칼텍, 노스웨스턴과 같은 명문대학 재학생 수를 합치면 올해 서울대 학부 입학생(3,100여 명)보다 훨씬 많은 수다.

이들 대학은 객관적으로 봐도 서울대나 연·고대보다 수준이 높다. 이들 명문대에 입학하는 한국 유학생 수는 해마다 증가해, 올해는 대원외고, 민족사관고, 서울과학고, 한국과학영재학교 등 4개 고교에서만 80여 명을 보냈다. 스탠퍼드대의 경우 올해 35명의 한국 학생을 뽑았다. 중국을 제치고 처음으로 유학생 수 1위를 차지했다고 한다. 다른 명문대에서도 한국 유학생 수가 1~3위를 차지했다.

1800년대 중후반 일본과 중국의 유학생들이 물밀듯이 미국으로 몰려갈 때 조선은 단 한 명도 미국에 보내지 못했다. 당시 일본이 1,000여 명을 미국에 보냈고 시카고 대학에서는 벌써 일본 유학생 박사가 배출되고 있었음에도 우리는 미동도 하지 않았다. 중국도 15세 전후의 청소년들을 대거 선발해 국가 차원에서 미국에 유학을 보냈다. 이른바 유미유동이다. 그들은 귀국해 고국에서 많은 활약을 했다. 그로부터 백수십 년 만에 한국은 유학생 수에서 일본과 중국을 앞질렀다. 아직 한국이 해외에서 양성된 고급 두뇌들을 제대로 활용할 여건을 마련하지 못했지만 잠재적인 국가 역량을 키워가고 있다고 말할 수 있다.

수정이 필요한 한국의 유학 정책

해방 이후 1980년까지 유학을 가려는 사람은 고등학교 이상을 졸업하고 유학자격시험에 합격해야 했다. 그러다가 고교 졸업자가 아니더라도 유학을 갈 수 있도록 한 것이 1981년이다. 이후 여러 차례 정책이 바뀌고 다양한 규제를 했으나 실효를 거두지 못했다. 한때는 학부모를 세무조사하고 송금 액수를 제한했으며 병역 혜택을 주지 않는 등 규제조치를 단행하기도 했으나 지금은 유학에 관한 관련 규정들이 사문화된 상태이다. 지금도 엄격하게 이야기하면 중학교 이하에서 유학을 떠나는 것은 불법이다. '국외유학에 관한 규정'에 따르면 초등학교와 중학교 교육이 의무교육이기 때문에 이를 중단하는 것은 불법이다. 하지만 조기유학생을 처벌하기도 어렵다. 2000년 4,397명이던 조기유학생 수가 2005년에는 2만 400명으로 6년 만에 4.6배나 증가한 것이다. 규제하기에는 너무 많은 숫자다.

지금은 왜 그토록 많은 학생들이 조기유학을 떠나는가에 대한 원인을 규명하고 그 수요를 조절해야 할 때다. 지난 2005년 김홍원이 8,000명을 대상으로 실시한 '조기유학에 관한 국민의식조사 연구'(한국교육개발원)에 따르면 첫째가 영어 습득 및 국제적 안목 기르기

(33.3퍼센트)였고, 둘째는 경쟁 완화와 다양한 교육 기회 제공(20.9퍼센트), 셋째가 사교육비 부담(11.6퍼센트), 넷째가 외국 학력 선호(11.2퍼센트) 였다. 이에 앞서 2001년 김홍주가 실시한 조사에서는, 조기유학의 원인으로 영어 습득(36.4퍼센트), 우리나라 학교교육에 대한 불만(35.5퍼센트), 과다한 사교육비(34퍼센트), 학벌주의와 대입경쟁(24.5퍼센트), 국제경쟁력 제고(15.4퍼센트) 등이 꼽혔다.

이런 모든 정황들을 놓고 볼 때 조기유학을 떠나게 하는 가장 큰 원인은 공교육의 부실이다. 이 문제가 해결되지 않고서는 조기유학을 막을 수 없다. 다양한 교육 수요를 정확히 파악하고 그에 따른 대책을 수립하는 방향으로 해법을 모색할 단계다.

유학 문제는 국가 차원의 인재양성과 관리라는 측면에서 다뤄야 한다. 유학 비용 때문에 경상수지가 악화된다는 식의 부정적인 시각으로만 볼 것이 아니라 글로벌 시대에 국제 수준의 고급 두뇌들을 양성하고 이 인재들을 어떻게 국가발전에 활용할 것인지 모색해야 할 시점이다.

현재 유학 문제와 더불어 제기된 현안이 인재 유출 문제다. 우리나라의 인재 유출 상황은 심각하다. 지금도 해외 유학생 10명 가운데 7명은 돌아오지 않겠다는 생각이다. 미국 국립과학재단NSF 자료를 분석한 결과 한국 박사학위 취득자 가운데 미국 잔류 비중이 42퍼센트(1992~1995년)에서 70퍼센트(2000~2003년)로 급증했다. 삼성경제연구원이 몇 해 전 발표한 자료에 따르면 우리나라를 떠난 핵심 인력이 대략 8,000여 명(해외 취업)에 이른다. 이들 대부분이 미국 등에서 공

부한 석·박사들이다. 이들이 해외로 빠져나감으로써 발생하는 손실
이 연간 20조 원 이상이라고 추정하기도 한다.

세계 각국은 고급 두뇌를 유치하기 위해 정부 차원에서 팔을 걷어
붙이고 적극적으로 나선 지 이미 오래다. 미국은 '21세기 미국 경쟁
력법', 캐나다는 '신이민법' 등을 통해 각국 인재들을 끌어들이고 있
다. 그러나 우리는 인재를 유치할 능력은커녕 떠나는 인재들을 잡을
여력도 없는 형편이다. 아일랜드 정부는 우수 과학자를 선발하여 특
별 연구실을 제공하고 연봉과 별도로 사용에 제한을 두지 않는 연구
비를 1인당 600만 달러씩 지급한다. 중국도 우수인재에게 중국화폐
200만 위안(한화 24억 2,600만원)을 주고, 연구실과 연구인력 제공, 배
우자 직장 제공, 자녀에게 국제학교 입학 허용, 이중국적 허용 등 파
격적인 대우를 해주고 있다. 가장 많은 유학생을 해외에 내보내고 있
는 나라로서, 인재 양성 및 인재 활용정책을 제대로 세워야 할 시점
이다.

변호사로 국회의원을 역임한 J씨는 깊은 산골 출신이다. 그의 부친은 남의 집에서 새경을 받고 일하던 머슴이었다. 월사금을 낼 수 없어 초등학교조차도 갈 수 없었던 그는 그의 뛰어난 능력을 알아본 동네 사람들의 도움으로 시골에서 중학교를 졸업하고 서울의 명문 고등학교에 입학했다. 그곳에서도 월반을 했을 만큼 성적이 우수했던 그는 서울대에 입학해 2학년 때 사법시험에 합격했다. 천재적 자질을 타고 났지만 그냥 시골에 머물렀더라면 그 역시 머슴이 되었을지 모른다.

1894년 갑오경장 이후 문벌, 반상제도의 혁파를 통해 사농공상의 신분제도가 무너졌다. 본인의 의지와 관계없이 신분이 세습되는 일은 없어졌으나 부나 권력에 의한 사회적 불평등은 여전히 존재한다. 계급사회에서 머슴의 아들은 머슴이어야 하지만 계층사회에서는 고시나 선거에 의해 머슴의 아들이 변호사도 되고 국회의원도 될 수 있다. 이것을 가능하게 하는 가장 중요한 요소는 교육이다. 그러기에 교육은 희망이다. 줄기세포 Stem Cell가 모든 장기세포로 분화가 가능하듯이 교육은 그 모든 것을 만들어낼 수 있는 가능성을 내포하고 있다.

해방 전후사에서 김구 선생과 함께 우리 정치사에 큰 족적을 남긴 김규식 선생은 길거리에 버려진 고아였다. 그는 선교사인 언더우드에게 발견돼 그의 집에서 자랐고 미국 프린스턴 대학교에 입학했다. 연세대학교 총장과 문교부 장관을 지낸 백낙준 박사도 평안북도 정주의 가난한 농부 아들이었으나 선교사의 도움으로 예일 대학교에 입학해 박사학위를 받고 한국 근대사에 큰 족적을 남겼다.

1980년대 시작된 우리 사회의 유학 바람은 지금 유학 열풍으로 바뀌었다. 해마다 유학생 수가 증가해 2006년 현재 24만여 명이 해외에서 공부하고 있다고 한다. 앞서 이 책에 소개한 것처럼 한국의 근대사를 이끈 많은 지도자들이 해외에서 교육을 받고 귀국해 그 배움을 실천함으로써 역사의 큰 봉우리가 되었으나, 해외 유학이 반드시 사회적 성공을 보장하지는 않는다. 우리 사회의 문제로 등장하고 있는 해외 유학생들의 탈선과 귀국 후 부적응을 보면 그렇다. 그러나 여러 문제점에도 불구하고 해외 교육은 '고급 인재' '고급 두뇌'를 양성하는 '못자리'임에 틀림없다. 우리나라처럼 부존자원이 부족하고 땅덩이가 좁은 나라가 살아갈 유일한 방법은 인재를 키우는 것이다.

1943년 영국 총리 윈스턴 처칠은 하버드 대학교 졸업식에 참석해 "미래의 강대국은 인재의 제국이 될 것이다. 미래 국가들은 부존자원이 아닌 인재를 놓고 치열한 전투를 벌일 것이다."라고 말했다. 처칠의 예언처럼 세계 최강국인 미국은 최고의 인재 양성국인 동시에 블랙홀처럼 인재를 흡수하는 국가가 되었다.

필자는 지난해에만 약 400명의 학부모들과 학생들을 상담했다. 대부분 자녀 유학에 대해 자문을 구하는 엄마 아빠들이었다. 필자는 그분들에게 성공하는 유학의 5가지 조건을 설명해주었다.

첫째, 유학의 목적을 분명히 해야 한다. 한국에서 공부를 못하니 외국에라도 보내야겠다는 식의 유학은 100퍼센트 실패한다. 왜 그 많은 돈을 들이고 어렵게 유학을 가는지에 대한 분명한 목표가 설정되어야 한다.

둘째, 학생의 능력과 의지다. 외국에서 제대로 공부하려면 한국에서보다 더 노력해야 한다. 다만 공부 방법이 다를 뿐이다. 유학이 공부 지옥 한국을 탈출하기 위한 수단이 되어서는 안 된다. 학습 능력이나 잠재력도 중요하지만 무엇보다 아이가 적극적이고 스스로를 통제할 수 있어야 한다. 부모에게 등 떠밀려 가는 유학은 실패할 확률이 대단히 높다.

셋째, 부모의 경제력이다. 아무리 서렴한 학교를 찾아도 어쨌든 한국보다 비용이 많이 드는 것은 분명하다. 충분한 학비 조달 계획이 서지 않은 상태에서 유학을 떠나면 실패하기 쉽다. 물론 눈높이를 낮추면 한국에서보다 저렴한 비용으로 공부할 수 있으나 이것이 보편적인 방법일 수는 없다.

넷째, 철저한 준비다. 그냥 무작정 떠나서는 안 된다. 언어에서부터 공부 계획까지 절처한 준비를 해야 실패를 줄일 수 있다.

다섯째, 유학의 시기다. 앞서 유학의 목적과도 어느 정도 일맥상통하는 부분이지만 유학의 성공조건 가운데 어느 시기에 떠나느냐는 매우 중요하다. 미국에서 대학 입학을 목적으로 한 장기 유학은 중학교 2~3학년이 최적이지만 어학 습득을 위한 단기유학이라면 그 전이라도 괜찮다.

이 책은 성공하는 자녀교육을 계획하는 부모들과 더 넓은 세상으로 나가려 꿈을 키우는 꿈나무들을 위해 썼다. 심리학자 빅터 프랭크는 "꿈은 그 꿈을 꾸는 사람의 것"이라고 말했다. 교육은 그 꿈을 현실로 만들어줄 가장 강력한 도구다. 인재가 곧 미래인 글로벌 시대에 유학을 꿈꾸는 꿈나무들에게 이 책이 큰 용기와 힘을 주기를 기대한다.

KBS, 〈역사스페셜〉 2006년

가톨릭출판사편 《조선순교자전》 가톨릭출판사, 1961년

구한국외교문서 〈유학생백명의 도일과 인도지시〉

국사편찬위원회 편 《윤치호 일기》 1973~1989년

권석봉 《영선사행에 대한 고찰》 역사학보, 1962년

김구정 《성웅 김대건전》 가톨릭 출판사, 1961년

김기주 《개화기 조선의 대일유학정책》 근대사방, 2005년

김도태 《서재필박사 자서전》 을유문고, 1972년

김수미 〈개화기 여성의 근대의식 형성에 관한 연구〉 명지대학교 교육대학원,
       1997년

김영호 《유길준의 개화사상》 창작과비평, 1998년

김원모 《조선 보빙사의 미국사행 상.하 (1883)연구》

김장동 《사실의 소설화와 설화의 주제화》 새미

김학준 〈역대 대통령 총리의 박사학위〉 신동아, 1999년

김홍원 〈조기유학에 관한 국민 의식 조사 연구〉 한국교육개발원, 2005년

김홍주 〈한국교육의 현실과 조기유학의 명암 : 한국교육개발원〉 2001년 두산백
       과사전

매일경제 '외국 대학 동문들 미국 메릴랜드대' 2006년

박기환 〈근대초기 한국인의 일본 유학〉 일본학보 1998년

박영준 《서재필과 일본 군사유학》

배희길 《김대건 안드레아 신부》 성바오로 출판사, 1990년

서재필 《회고 갑신정변》 나남, 1947년

신복룡 《개화당과 갑신정변에서의 서재필 활동》 민음사, 1993년

올리버 로버트 《신화에 가린 인물 이승만》 건국대 출판부, 2002년

유길준 《유길준 전서》 일조각, 1971년

유영익 《갑오경장연구》 일조각, 1990년

유영익 《이승만의 삶과 꿈》 중앙일보사, 1996년

유영익 《한국근현대사론》 일조각, 1992년

유영익 《젊은날의 이승만》 연세대 출판부 2002년

유홍렬 《한국천주교회사》 가톨릭 출판사, 1981년

윤병희 《유길준 연구》 국학자료원, 1998년

이광린 《개화승 이동인》 일조각, 1973년

이광린 《미국 유학시절의 유길준》 일조각, 1974년

이광린 《서재필의 개화사상》 서재필 기념회편, 2003년

이광린 《윤치호의 일본 유학》 일조각 1989년

이광린 《일제 어윤중》 연세대출판부, 1993년

이광린 《개화 초기 한국인의 일본 유학》 일조각, 1986년

이원순 《김대건의 서한》 정음사, 1975년

이원순 《한국천주교회의 역사》 성요셉출판사, 1987년

이인화 〈한국사의 세계인-고속 출세끝 좌절한 최치원〉

이정식 《구한말의 개혁 독립투사 서재필》 서울대학교 출판부, 2003년

이정식 《초대 대통령 이승만의 청년시절》 동아일보사, 2002년

이종찬 《서재필의 생애와 사상》 조선의학사 제6권 2호, 1997년

이태진 외 〈심포지움:서유견문의 종합적 검토〉 〈진단학보〉 2000년

정옥자 〈신사유람단고〉 〈역사학보〉 27집, 1965년

정진석 〈독립신문. 서재필 문헌해제〉 1996년

조광 《조선후기 천주교회사 연구》 고려대민족문화연구소, 1988년

최광만 《교육 50년사》 교육부

최덕수 《개화기 일본의 조선인 유학정책의 성격》 〈국사관논총〉 1996년

최완수 '우리문화바로보기 27, 28' 〈신동아〉 2001년

최완수 '한중 최치원 학술 세미나 개막연설' 〈신동아〉 2001년

최은희 《여성을 넘어 아낙의 너울을 벗고》 문이재 펴냄, 2203년

최준 《을미망명자의 소환문제-한일양국간의 외교분쟁》 일조각, 1976년

한국과학재단 《우리나라 최초의 여성 과학자는》

한철호 《친미개화파연구》 국학자료원, 1998년

홍사중 《상투틀고 미국에 가다》 홍성사, 1983년

홍원표 《독립협회의 국가건설 사상-서재필과 윤치호》 한국외국어대학교, 1997년

꿈을 찾아 떠난 젊은이들

첫판 1쇄 펴낸날 2007년 12월 30일
첫판 2쇄 펴낸날 2009년 5월 8일

지은이 | 이강렬
펴낸이 | 지평님
기획 · 마케팅 | 김재균
기획 · 편집 | 김정희
본문 조판 | 성인기획 (02)360-4567
필름 출력 | 삼화전산 (02)2263-2651
종이 공급 | 화인페이퍼 (02)3275-0526
인쇄 · 제본 | 한영문화사 (031)903-1101

펴낸곳 | 황소자리 출판사
출판등록 | 2003년 7월 4일 제2003-123호
주소 | 서울시 종로구 누상동 10 엘빙하우스 101호 (110-041)
대표전화 | (02)720-7542 팩시밀리 (02)723-5467
E-mail | candide1968@hanmail.net

ⓒ 이강렬, 2007

ISBN 978-89-91508-40-8 03900